高等教育经济管理类专业系列教材
——荣获华东地区大学出版社第七届优秀教材奖

商务谈判理论与实务

（第 4 版）

周忠兴　编著

东 南 大 学 出 版 社
·南京·

内 容 提 要

　　本书在对商务谈判进行深入理论研究和大量经验总结的基础上编著而成,既有对谈判原理和规律的透彻描写,又有对谈判实务和技巧的翔实介绍,同时加入了丰富而生动的案例分析和技能训练;尤其是在谈判的理念、原则及谈判的策略及战术等方面有了较大的创新和提高,使之更切合现代商务实践的要求。

　　本书自 2003 年出版以来,深受广大教师和学生的好评,在以往多次修订的基础上,本次改版经过主体原创,在以下几个方面作了较大的突破:一是按照任务导向、能力导向的原则重新建立课程体系,有的章节属首次编写;二是根据商务谈判实践的需要,创新地剖析了一些理论上很难涉及但实践中却很重要的问题;三是丰富了鲜活的案例,增加了实训与技能训练项,使学员能更好地理解与运用谈判的原理与技巧。

　　本书既可作为本科院校及高等职业院校管理、营销、文秘、贸易等专业的教材,亦可作为企事业单位商务人士的培训和自学用书。

图书在版编目(CIP)数据

商务谈判理论与实务 / 周忠兴编著. —4 版. —南京:东南大学出版社,2023.3
ISBN 978-7-5766-0642-3

Ⅰ.①商… Ⅱ.①周… Ⅲ.①商务谈判 Ⅳ.①F715.4

中国国家版本馆 CIP 数据核字(2023)第 013790 号

责任编辑:张绍来　责任校对:张万莹　封面设计:顾晓阳　责任印制:周荣虎

商务谈判理论与实务(第 4 版)
Shangwu Tanpan Lilun Yu Shiwu　(Di-Si Ban)

编　　著:周忠兴	
出版发行:东南大学出版社	
社　　址:南京市四牌楼 2 号	邮编:210096
网　　址:http://www.seupress.com	
经　　销:全国各地新华书店	
印　　刷:江苏凤凰数码印务有限公司	
开　　本:787 mm×1 092 mm　1/16	
印　　张:13.75	
字　　数:350 千字	
版　　次:2023 年 3 月第 4 版	
印　　次:2023 年 3 月第 15 次印刷	
印　　数:38 501—39 500 册	
书　　号:ISBN 978-7-5766-0642-3	
定　　价:38.00 元	

本社图书若有印装质量问题,请直接与营销部联系。电话(传真):025-83791830

前　言

新冠疫情以来，企业经营和商务活动受到了一定的限制，使得线上商务活动剧增，商务谈判的方式和工具发生了很大变化，但商务谈判的基本规律和方法没有变。

为了更好地帮助读者提升商务谈判的理念思维与实战技能，突出实用性、易学性和规范性，本次再版在以下几个方面做出了修订：

一是重新梳理了全书的章节结构，其中第一、第二、第三章的结构做了较大调整，使得全书的结构更加严谨，逻辑更加清晰。

二是对案例重新进行收集整理，去掉了一些老旧、西方色彩太浓的案例，增添了更多鲜活、中国本土的案例，以更好地适应国际国内环境的变化，彰显中国文化，传播中国故事。

三是在全书主要章节新增了贴近现实的"技能测试（训练）"项目，这是本书的一大探索和突破，避免了纯粹的"纸上谈兵"，通过对测试题不同选择的精辟透彻分析，可以更好地帮助读者理解谈判理论，提高实战技能，同时增加读者的阅读兴趣，引导其探索究竟。

四是对全书内容和文字进行了进一步的精简凝练，删除了一些实用性不强、表达繁复的内容，同时补充了一些谈判理论的最新研究成果，以达成本书简洁精炼的写作风格。

本书在写作中得到了一些企业家朋友的帮助和指正，以及笔者助理的协作配合，还有东南大学出版社各位编辑的鼎力支持，在此一并致以诚挚的谢意！

诚然，由于经验和水平所限，本书还存在着诸多需要进一步改进的地方，敬请各位读者不吝指正。欢迎来信与作者（334131700@qq. com）进行进一步的探讨和索取教学 PPT 及练习答案。

周忠兴于江苏经贸学院
2023 年 2 月 10 日

目　　录

第1章　认识商务谈判

【本章要点】

☐ 谈判能解决什么问题？

☐ 什么时候需要谈判？

☐ 谈判的主流理论有哪些？

☐ 商务谈判的基本原则是什么？

【技能测试】

你请几个朋友去一家生意很好的餐厅吃饭，由于处于高峰期，服务员实在忙不过来，你们等了许久还没人前来服务，于是你准备：A. 生气不吃了，起身离开；B. 大声叫唤，叫服务员赶快过来；C. 什么不说默默等候；D. 服务员来了后骂他一顿；E. 找到领班，叫她免费送点饮料。

选择 A 显然不合适，你请客还没吃就走了，而且你的坏情绪会传染别人；选择 B 很正常，但也许无法解决问题，如果可以他早就该来了；选择 C，你是一个好人，但让朋友干坐久等，你如何交代？选择 D，说明你很强势，但你的指责于事无补；E 应该是好的选择，说明你具备谈判解决问题的思维，一方面免费的饮料可以让你们边喝边等，不至于急躁难耐，另一方面你合情合理的解决办法最能为一时未搞好服务的领班所接受，皆大欢喜。很多情况下，我们可以用谈判解决矛盾或冲突。例如酒店房间的电视看不了，免费送一杯酒水补偿行不行？前台忘了准时叫早让你误点，免费帮你打个出租车可以吗？如果只是一味抱怨或横加指责，那么除了坏心情也许什么都得不到。

1.1　谈判的内涵与意义

［案例］

基辛格说媒

基辛格堪称当代最著名的谈判大师。一次，基辛格主动为一位穷老农的儿子说媒，想试试自己的折中之技。他对老农说："我已经为你物色了一位最好的儿媳。"老农回答说："我从来不干涉我儿子的事。"

基辛格说："可这姑娘是罗斯切尔德伯爵的女儿（罗斯切尔德是欧洲最有名望的银行家）。"老农说："嗯，如果是这样的话……"

基辛格找到罗斯切尔德伯爵说："我为你女儿找到了一个万里挑一的好丈夫。"罗斯切尔德婉言拒道："可我女儿太年轻。"

基辛格说："可这位年轻小伙子是世界银行的副行长。""嗯……如果是这样……"

基辛格又去找到世界银行行长,道:"我给你找了位副行长。""可我们现在不需要增加一位副行长。"基辛格说:"你知道吗,这位年轻人是罗斯切尔德伯爵的女婿。"

于是世界银行行长欣然同意。基辛格功德无量,促成了这桩美满的婚姻,让穷老农的穷儿子摇身一变,成了金融寡头的乘龙快婿。

所谓的"基辛格谈判策略"是:告诉甲一个"秘密",又告诉乙一个"秘密",再告诉丙一个"秘密"。因为他深知甲、乙、丙之间将互相封锁消息,要在许多年以后才会相互公开各自掌握的所谓的"秘密",而在此之前,他早已达到了自己的目的。基辛格运用自己高超的谈判技巧把看似不可能的事变成了可能,说明了谈判技巧的魅力和谈判力量的巨大。学习谈判原理和技巧,将帮助我们学会解决矛盾和困难,使我们在工作和生活中获得更多的成功。

1.1.1 谈判的定义

1)谈判的由来

"谈判"一词就其字面意义是指人们为了解决某一问题而进行"谈"与"判"。英文中把正式的谈判称为"Negotiation",把商业中的讨价还价称为"Bargaining"。谈判的历史几乎和人类活动历史一样悠久。在原始社会,人们有时为了处理部落内部的一些公共事务或解决部落之间的一些冲突,往往需要聚在一起进行商谈和决定,以解决分歧,缓和矛盾,平衡利益,这就是谈判的最初形式。随着人类社会的发展,人们之间的交往越来越频繁,需要处理的各种关系或矛盾越来越多,谈判的事项和领域也就逐步扩大,谈判作为一项利害性和智慧性的活动也日益为人们所重视,谈判策略和技巧也越来越被人们所认识和运用。

历史上,许多重大事件无不闪烁着谈判者超人的智慧和精彩的谈判技巧。春秋战国时期,苏秦、张仪凭三寸不烂之舌,成合纵连横之功,开中国说家之先河;晏子出使楚国,扬国威而不辱使命;蔺相如大义凛然,据理力争,方能完璧归赵;诸葛亮舌战群儒,促成吴蜀联盟,才有赤壁大战,形成三国鼎立之势。

回顾中国近现代的历史,许多重要时刻无不与谈判活动联系在一起,无论是清末诸多丧权辱国的"条约",还是民国时期的"西安事变""重庆谈判""北平谈判",以及改革开放以来中国长达15年的加入世界贸易组织(WTO)的谈判等,都充分说明了谈判活动的重要性和智慧性,所谓"三寸不烂之舌,强于百万之师"。在现代社会,大到解决国际之间的纠纷,小到处理个人之间的恩怨,人们都需要利用谈判。

2)谈判的定义

关于什么是谈判,世界各国谈判学者以自己的理解作了多种多样的定义。本书从谈判的产生条件和本质特征出发,将谈判定义为:"所谓谈判是指有关各方为了自身的目的,在一项涉及各方利益的事务中进行磋商,并通过调整各自提出的条件以达成一致的过程。"

以上定义说明了以下几点基本内涵:一是谈判的主体是有关各方,所谓各方是指其利益是独立的;二是谈判具有鲜明的目的性,是为了自身的利益,不是没有目的的闲谈;三是谈判的客体是一项涉及各方利益的事务,不是随随便便的事,因此它是较正式的,当事人也是比较重视的,而且要做出决定;四是谈判的过程是一个磋商和调整的过程,是一种平等地位的互相协商和妥协,是一种心理斗争艺术,而不是强迫、命令或武力威胁;五是谈判的成功和谈判的完成以达成一致为标志,没有达成协议就意味着谈判没有成功或谈判没有完成。

1.1.2 谈判的基本特征

1) 谈判是合作与竞争的辩证统一

谈判既是合作,亦是竞争;合作是基础,竞争是关键。谈判的合作性表现在谈判是一种互利互惠的活动,谈判者要考虑对方的合理利益,谋求一致,实现双赢;谈判的竞争性表现在谈判同时是一种斗智斗勇的活动,谈判者都在为追求自己的最大利益而与对方较量,谈判充满着压力和对抗,是一场典型的没有硝烟的战争。没有合作,就没有谈判的基础;而没有竞争,就不能争取自己的利益。只讲竞争不讲合作,是一种狭隘的利己主义,不是高明的谈判;只讲合作不讲竞争,就不能维护自己的合理利益,也不是有效的谈判。因此,谈判要追求合作与竞争的辩证统一,是"合作的利己主义",即在保持合作的基础上追求己方利益的最大化。

2) 谈判各方存在自己的利益底线

如图 1.1 所示,假设谈判的双方为甲、乙两方,整个圆代表谈判的总利益。a 是甲方必须从谈判中获得的最低利益(底线),c 是乙方从谈判中必须获得的最低利益(底线),b 则是双方谈判的空间。如果 $x<a$,或者 $y<c$,甲方或乙方必然退出谈判,两者均使谈判破裂。

了解和把握谈判的底线是非常重要的。一方面要维护好自己的底线,另一方面要照顾到对方的底线,无视对方的最低需要,无限制地逼迫对方,最终会因对方退出而使自己到手的利益丧失。因此,在谈判中要把握好妥协和进攻的"度",争取双方的合理利益。

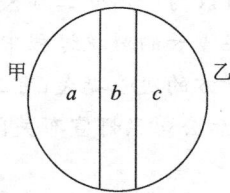

图 1.1　甲乙双方的谈判边界

3) 谈判的基本工具是语言,主要方式是说服对方

谈判是在平等自愿基础上沟通协商的过程,其基本工具是语言艺术,而说服对方接受自己的条件则是语言艺术的集中体现。虽然在谈判中不排除采用一些非语言的工具和非说服的方式,但它们不是主旋律。这是采用谈判方式使对方接受自己的条件与采用非谈判方式使对方接受自己的条件(如强买强卖、一口价等)的一个根本区别。

4) 谈判的根本目的是实现己方的谈判目标

谈判具有鲜明的目的性,这种目的性不能简单地归结为达成协议,而要取决于谈判者的谈判目标。谈判目标总体来说可分为两类:一是以达成协议为主;二是以争取利益为主。两种不同的谈判目标决定了不同的谈判思路和策略,但无论哪一种谈判目标,谈判者都会有自己的利益目标。因此,谈判的根本目的是实现己方的谈判目标(目标有近有远),而不是一味地追求眼前的利益或谈判协议的签订。显然,谈判目标一方面制约着谈判活动的进行;另一方面谈判目标是否清晰、可行也影响着谈判的有效性。

5) 影响谈判结果的主要因素是人员、实力、时间和信息

影响谈判结果的因素既有主观因素,也有客观因素;既有内因,也有外因。其中谈判人员的素质和能力是影响谈判结果的核心因素,谈判成效如何,关键取决于谈判者的主观能动性的发挥。

谈判实力,或称谈判力量,是指谈判者在谈判中所拥有的能够影响和制约对方的各种有利因素或条件,它来源于诸多方面。美国著名谈判专家荷伯·科恩认为,力量是谈判中最重要的决定性因素,包括竞争的力量、冒险的力量、法定的力量、伦理的力量、惯例的力量、认同的力量、专家的力量、满足对方的力量、投入的力量、坚持的力量、说明的力量、情绪的力量等方面。

时间影响着谈判者的准备程度、需求程度和压力程度,从而改变着双方的力量对比,时间不同,对谈判者的心理影响不同,谈判者所做的选择亦不同。因此,时间制约着谈判结果。

信息是作出决策的前提,谈判者所拥有的相关信息的多少及其真伪直接影响着谈判者的决策和行动,在谈判中谁拥有信息优势,谁就拥有主动权。因此,信息影响着谈判的结果和成效。

1.1.3　谈判的意义

[案例]

对抗导致双输

一家小轮胎公司原来一周只开工 4 天,经理为了加强产品在市场上的竞争力,希望能将工作日改为一周开工 5 天。但是,工会拒绝接受,工会的理想目标是周五不开工。

在漫长的对抗过程中,公司一再表明,如果工会不肯合作的话,公司将可能被迫关闭。看来资方的决心挺大,可工会的决心更大,不肯做出任何让步。双方的斗争又持续了一段时间,最后公司只好宣布关闭,工人随之失业。

在以上案例中,因劳资双方缺乏谈判意识和谈判艺术,导致了两败俱伤,本来可以"双赢",结果变成了"双输"——工厂关闭、工人失业;尤其是工会拒绝用谈判的思路来解决问题,一味以拒谈、对抗来迫使资方接受自己的条件,其结果是因小失大。

1)谈判是实现交换的重要手段

交换促进了人类社会的发展,但交换的实现离不开谈判。通过谈判,双方可以提出各自的需要,进行协商,讨价还价,调整条件,从而达成一致,实现交换。

2)谈判是解决冲突的有效方式

自人类社会有史以来,就离不开冲突,国家与国家之间有争端,组织与组织之间存在分歧,人与人之间产生纠葛。解决这些矛盾,不外乎几种方式:一是武力;二是诉讼;三是谈判。而谈判无疑是首选和最佳方式,在谈判未果的情况下才会考虑采用其他两种方式。通过谈判,冲突双方可以探索多种方案进行合作,各取所需,从而消除分歧,化解矛盾,平息争端,达成一致。可以这样说,和平时代谈判是解决两个利益主体之间分歧和冲突的主旋律。

3)谈判可以充分反映各方的意愿和需求

与威胁、强迫、命令不同,谈判是在双方平等自愿的基础上进行的,谈判者可以充分提出自己的意愿和要求,充分交换意见,互相沟通,探讨合作,从而有利于最大限度地发现和满足各方的需要,实现互利、双赢。

4)谈判有利于增进谈判各方的关系

基于谈判的平等自愿和充分沟通,谈判者通过谈判不仅满足了各自的需要,而且通过彼此交往和合作增强了双方的感情和信任,建立了良好的关系,从而有利于实现双方的长期合作和友好合作。但是谈判作为实现交易的一种方式,也存在一定的局限性。因为谈判活动是一种策略性的竞争与合作活动,往往有一个互相试探、从虚到实的过程,因此一般比较耗费时间。此外,谈判双方为准备谈判及谈判的进行也会投入一定的人力、物力、财力,是有时间成本、经济成本和机会成本的,因此谈判并不适用于所有的交易或合作。在一些情况下,用非谈判的方式去解决问题可能更经济、更有效,如零售商店的明码标价,一些企业在销售上的"统一价"和"一口价"等。一般来说,越是重要、复杂的事务或越是大型、高额的交易,就越需要谈判。

1.1.4 什么时候需要谈判

1) 能不谈判则不谈判

如前所述,谈判是需要成本的,能不用谈判解决问题自然最佳,为了提高交易的效率和效益,能不谈判则不谈判。例如实力相差悬殊的两方,强大者的初始条件可能就是最终条件或者谈判的空间很小;再如采用招标或拍卖,价低或价高者得,无须谈判。我们只有在必要的情况下才去谈判。

2) 需要谈判的前提

(1) 谈判双方的条件具有可谈性　首先,谈判产生的直接前提是谈判双方的交易条件存在着一定的分歧或差距,所以才需要商谈,显然没有分歧或分歧很小就不需要谈判,直接成交就可以了;其次,双方的交易条件须存在一定的联系或相对接近才有可能谈判,如果条件相差太远或根本没有达成一致的可能性,就不可能也没有必要谈判,如"基辛格说媒"中老农的儿子与银行家的女儿几乎没有谈判的可能性;相反,世界银行的副行长与银行家的女儿就有谈判的可能性了。再次,谈判之所以能进行,是因为谈判双方的交易条件是可以调整的,存在着商谈的余地;相反,"一口价""明码标价"等方式能更快或更好成交则无须谈判,命令或胁迫对方接受自己的条件就不是谈判。

(2) 合作可能产生的收益值得谈判　谈判很多时候并不是一对一的交换,甲方的一对乙方可能是二或更多,对甲方价值不大的东西对乙方可能价值很大,反之亦然,通过价值的博弈可能使双方的整体收益更大,即 $1+1>2$,这就值得谈判;通过谈判中的平等沟通和交往,可以更好地发现和满足各自的真实需求,实现互利双赢和彼此信任,建立起长期合作关系,这也值得谈判。当双方的交换条件不甚明朗或存在变数,但合作具有潜在价值或未来前景时,谈判往往是最佳的方式。

1.2 商务谈判的基本特性

1.2.1 商务谈判的概念

所谓商务谈判,是指经济主体之间为了完成某项交易和实现各自的经济目的,以交易条件为核心进行的磋商和讨价还价的过程。

商务谈判具有谈判的一般特征,但是其谈判主体、目的和内容与其他谈判有着明显的区别,它反映的是商业事务关系,以营利为目的。

1.2.2 商务谈判的特点

1) 鲜明的经济性

商务谈判主体洽谈的是商业活动事务,目的是为了实现各自的经济利益,它能以金钱的多少衡量谈判的效果;同时,商务谈判注重谈判的成本与效率,经济效益的多少是谈判成功与否的主要标志之一;可以说,没有经济利益的驱使,就不可能有商务谈判的动机。这种鲜明的经济性,决定了商务谈判与其他谈判不同的游戏规则。

2) 平等互利性

与其他谈判比较,商务谈判具有更多的平等互利性。商务谈判是在平等自愿的基础上展开的,虽然有谈判实力的差异,谈判不可能绝对平等,但不存在以大欺小、以强凌弱的强迫或剥削;同时商业活动天生就具有互利性,即通过交换互相满足了对方的需要,而不是只满足单方的需要。

3) 一定的对抗性

商务谈判虽具有对抗性,但这种对抗主要体现在经济利益上的竞争,是一种和平基础上的商业游戏,不构成对人格和人身的伤害,不牵涉价值立场与政治主张,这与政治、军事等谈判中你死我活、明枪暗箭的斗争性质上是截然不同的。因此,商务谈判无国界,在对抗中一定要注意"度",不可过头或变味,既要懂得对抗的艺术,也要懂得合作的艺术,俗话说:"生意不成情意在。"

4) 对象的可选性

与其他类型的谈判不同,商务谈判的对象往往不是唯一的,而具有相当的选择性,尤其是随着经济区域的不断扩大和市场竞争的日愈加剧,无论是作为买方还是卖方,商务合作的对象都越来越广泛,同时由于市场情况的瞬息万变也加强了谈判对象的不确定性。商务谈判的这种特点,决定了选择谈判对象和增强谈判力的重要性。

5) 环境的多变性

商务谈判主要面对的是经济环境,而经济环境最大的特点是复杂多变和不确定性,不仅存在着极大的地区差异,而且时间对环境的影响甚大,尤其是随着经济的全球化和信息爆炸,这种变化的速度在不断加快,所谓"唯一不变的是变"。环境的变化对商务谈判有着重要的制约,同时对谈判各方的影响是不同的,这就充分说明了分析谈判环境和选择谈判时机的重要性。

6) 价值规律制约

商务谈判的功能在于促进商品生产和交换的发展,它必须在遵循价值规律的基础上进行。其一,商务谈判必须以双方的等价交换为原则,只有在等价交换的基础上,谈判才能成功;其二,商务谈判受到市场供求关系的影响,供求关系不仅影响着双方的谈判实力对比,还制约着双方的利益分配。可以说,每一次谈判的具体结果,都是价值规律作用的体现。

7) 以价格为核心

虽然商务谈判涉及的因素不只是价格,谈判者的需要或利益也不是唯一表现在价格上,但价格几乎是所有商务谈判的核心内容,这是因为价格集中地体现了谈判双方的利益。价格谈判受到很多因素的影响,如供求关系、质量、数量、付款等,同时谈判双方在其他利益因素上的得与失和多与少,又可以折算为一定的价格,通过价格的升降得到体现,因此,价格是所有利益的互换器和平衡器。商务谈判的这种特点,一方面要求我们要始终把握价格这个中心,坚持自己的利益;另一方面也不要仅仅局限于价格,要善于拓展思路,发现和组合多种利益因素,提高谈判成功率。

1.2.3 商务谈判的内容

商务谈判是商业事务的谈判,包括了商品买卖、劳务买卖、工程承包、咨询服务、中介服务、技术转让、合资合作等方面的谈判。但不论是哪一方面的商务谈判,一般都包括合同内和合同外谈判两个部分的内容。

1) 合同之内的谈判

(1) 价格(金额)的谈判　商务谈判的价格是指谈判双方让渡的金额,而不只是指商品价格。价格是商务谈判的核心,也是谈判中最敏感、最艰难的谈判,是商务谈判策略与技巧的集中体现。价格谈判包括了价格术语、价格计量、单价与总价、相关费用等方面的内容。

(2) 交易条件的谈判　是指围绕价格为中心相关构成条件的谈判,它们与价格相辅相成、相互影响,并可以通过价格体现出它们的状况,是谈判者利益的主要组成部分。这些交易条件主要包括:标的、数量、质量、付款方式、结算条件、期限、服务、交货方式、保证等。

(3) 合同条款的谈判　合同条款是构成一份完整、有效的合同所必不可少的部分,是价格和交易条件的补充与完善,是履行合同的保证。它主要包括双方的权责约定、违约责任、纠纷处理、合同期限、协议变更与解除、补充条款、合同附件等。

2) 合同之外的谈判

合同之外的谈判,是指合同内容以外事项的谈判,是谈判的一个必要组成部分,为谈判直接创造条件,同时影响合同本身的谈判效果,因此也是要加以重视的。主要包括以下几个部分:

(1) 谈判时间的谈判　即关于谈判举行时间的谈判,谈判时间可能是一方决定的结果,也可能是双方协商的结果。谈判时间不同,双方的准备程度不同,外部环境的变化不同,双方的需求程度不同,对双方的影响是不同的。因此,谈判者要尽量争取于己方有利的时间。

(2) 谈判地点的谈判　即关于谈判举行地点的谈判,一般来说,主场谈判比客场谈判更有利。谈判到底在哪一方举行,往往由谈判实力强的一方决定,但也是可以通过谈判策略争取的。

(3) 谈判议程的谈判　即关于谈判的议题时间安排的谈判,该谈什么、不该谈什么,先谈什么、后谈什么,主要谈什么、次要谈什么等,对谈判结果的影响是显而易见的。谈判议程是谈判策略的重要组成部分,其确定往往是双方协商或互相认同的结果。

(4) 相关事宜的谈判　如谈判参加人员的确定,谈判活动的相关规程,谈判场所的布置等等,往往也是可以通过协商去争取于己方更有利的情况。

1.2.4 商务谈判的分类

1) 按谈判所在的国度划分

(1) 国内商务谈判　指谈判双(多)方均属一个国家之间的商务谈判。

(2) 国际商务谈判　指谈判双(多)方属于两个及以上国家之间的商务谈判。

表1.1即为国内商务谈判和国际商务谈判的主要区别。

表 1.1　国内商务谈判与国际商务谈判的主要区别

区别项	国际商务谈判	国内商务谈判
交易地域	国际	国内
交易对象	不同国籍	同一国籍
合同支付	一般用外汇	本国货币
适用法律	自主选择	不能自主
管辖法律	多个司法体系	单一司法体系
引用惯例	国际	国内
文化背景	不同国家间的差异	一国不同地区的差异
交易语言	双方选择	本国语言
履约环节	复杂	相对简单
争议处理	国际仲裁	国内仲裁或诉讼
外交政策	影响大	无

2) 按谈判者的主体资格划分

(1) 自主谈判　即谈判者亲自参加的谈判,谈判的所有事宜完全自主,无须假借他人。其优点是直接、高效,但缺点是可能不专业,耗费自己时间,回旋余地小,故自主谈判不是唯一选择。

(2) 委托谈判　即谈判者通过授权委托第三方(如律师、代理商)代理进行谈判,其优点是更加专业,节省自己时间,无须顾忌情面,回旋空间较大,如二手房买卖、财产分割、人事猎头、非专业的重大交易等,就更适合采用委托谈判;但其缺点是代理人往往以成交、而非你的最佳利益为目标,同时你还得付出一笔代理费,这就需要委托人设定好谈判底线并及时与代理人沟通。

(3) 影子谈判　即谈判者聘请第三人(影子)为己方谈判,但其谈判目的是不真实的,这种谈判的代表也是虚假的,意在假借谈判刺探军情。非真实谈判也是谈判的一种谋略,其目的在于摸清对方的动向或底细,以为真实谈判所用。

[案例]

购买二手房的谈判方法

假如你想买一套二手房,没有什么比打听卖主的真正价格更费劲的事了。但有一种方法可行,那就是找一个替身。

你的替身会见了卖主并询问价格。卖主开价 56 万元,你的替身立即还价 32 万元。卖主可能被激怒,不愿成交,但不管怎样,你基本可以弄清他的心理价位。下一步是等待几天,另找一个替身,用一种稍微不同的方式试探,报一个稍高的价格,但在条款上极其苛刻。第二个替身会搜集更多的情报,帮助你把一个较低的价格塞进卖主的头脑,使卖主明白,只有在这个价格水平上才有可能成交。此后,你就可以正式出场了,你不仅可以得到一个较低的价格,而且不会引起卖主的反感。

3）按参与谈判主体各方的多少划分

(1) 双方谈判　又可分为:①一对一谈判。谈判双方的代表都是一个人的谈判,其特点是简单直接,便于沟通,但缺少谈判的配合,适用于简单事务的谈判。②小组谈判。一般是指谈判各方的人数在 2 至 12 人的谈判,是商务谈判的主要形式,其特点是成员配合重要,要求适当选配小组成员,明确各自的分工和权责。③大型谈判。一般是指谈判各方的人数在12 人以上的谈判,适用于项目重大、级别高、程序复杂的谈判。大型谈判往往阵营强大,组织严密,配有不同专业类型的谈判班子。

人数规模不同的谈判,谈判的复杂程度和谈判涉及的人员范围等亦不同;规模越大的谈判,谈判的复杂程度越高,涉及的人员范围越广,谈判所需的准备也越充分。

(2) 多方谈判　是指谈判参与方三方以上的谈判,谈判的局势会更加复杂,信息处理量会更大,各方利益的平衡协调也更加困难,而且几方结成联盟对付另一方的可能性也更大。多方谈判需要谈判各方平等参与,制定和互换流程角色(如主持人、记录员、计时员、程序管理员等),集思广益,共享信息并系统化提出建议。

(3) 联盟谈判　是指两方以上的谈判者联合起来与另一方的谈判,如消费者针对厂商的维权谈判,联盟各方因为利益诉求大致一致,所以有基本共同的谈判目标,但由于联盟成员各自情形不同,众口难调,且联盟缺乏强制性的约束,因此联盟谈判常常成效不佳,为此联盟成员间必须推选出代理人,建立必要的信任关系和沟通机制,并明确联盟的运作基本规则。

(4) 群间谈判　是指各方都是社会群体而非正式组织的谈判,如学生会成员与学校行政人员之间的谈判,学生群体之间的谈判,村与村之间的谈判,工会和资方的谈判,种族之间的谈判等。群间谈判,各方往往都认同自己的群体,而对对方的群体抱有成见,因此需谈判各方坦诚相待,对事而不对人,寻求公平价值,重利益而非立场。

4）按谈判所在的地点划分

(1) 主场谈判　是指谈判场所在己方所在地的谈判,主场谈判因己方更适应或掌握更多的主动权,因此往往有利于己方。

(2) 客场谈判　是指谈判场所在对方所在地的谈判,客场谈判往往更有利于对方。

(3) 中立地谈判　是指谈判场所在第三方中立地的谈判,其对双方的影响更平等。中立地谈判往往适用于谈判双方冲突激烈或对双方有重大影响的谈判,如国际争端。

5）按谈判接触的方式划分

(1) 面对面谈判　是指谈判当事人面对面进行的谈判。面对面谈判往往更生动活泼,更能准确地反映当事人的意图,双方往往也更容易沟通和接近,谈判的效果也就更好,因此成为谈判的主要形式。其缺点是比较耗时,也容易受到场地和时间的制约,因此往往适用于谈判的正式阶段。

(2) 电话谈判　是指谈判当事人以电话形式进行的谈判。电话谈判具有方便、省时、高效、不太正式等特点,因此,往往适用于惯例交易或谈判的试探、缓和阶段,为面对面谈判作准备。但电话谈判有着易造成误解、没有足够的时间考虑、对方比较容易拒绝、无法验证等缺点。正如有些事情适合面谈,而有些事情适合电话交谈,电话谈判本身也是谈判策略的一部分。

（3）网络谈判 随着时代的发展,互联网成为重要的沟通方式。网络谈判是指主要通过电子邮件、微信、QQ等互联网媒介进行的谈判,其实质是书面谈判。网络谈判具有方便、灵活、严谨、精炼、成本低等特点,是现代商务谈判的重要方式。有时候限于时间、地点等因素或碍于情面、双方的关系等特殊原因,网络谈判比面对面谈判或电话谈判更合适。

6）按谈判内容与谈判目标的关系划分

（1）实质性谈判 是指谈判内容与当事人的谈判目标或利益具有直接关系的谈判,如价格、质量、付款、运输、服务、保证等的谈判。

（2）非实质性谈判 是指谈判内容与当事人的谈判目标或利益没有直接关系的谈判,如谈判的时间、地点、议程、人员安排、谈判规程等。非实质性谈判往往是为实质性谈判的顺利进行作铺垫的,但不能错误地认为它无关紧要或仅仅起从属性作用,实际上非实质性谈判往往对实质性谈判及谈判结果具有重要影响。

7）按谈判各方的准备和进展程度划分

（1）探询性谈判 也称非正式谈判,是指谈判各方接触性、试探性的谈判,一般起着通报情况、沟通关系的作用,它往往为正式谈判探索前景、扫除障碍,对谈判双方一般都没有实际的约束作用。如当双方的谈判需求或意图不是很明朗时,就可采用非正式谈判以作进一步的了解。非正式谈判,双方派出的往往也是非正式谈判代表,如较低级的职员等。

（2）实务性谈判 是指谈判各方对谈判已有一定的准备后正式进行的谈判,即谈判内容和行为对谈判当事人具有实际的利害关系和约束力,是谈判的主体阶段。

（3）决定性谈判 又称关键性谈判,是指决定谈判结果和成败的最后一轮谈判。谈判的主题常常是前面谈判遗留下来的难点或棘手问题,谈判人员往往是双方的决策性人物。

8）按谈判者所处的谈判地位划分

（1）优势谈判 即一方谈判实力明显强于对方、处于相对优势的谈判。优势谈判具有更广泛的策略选择,谈判者往往倾向于采用竞争型或强硬型谈判,以追求己方的最大利益。

（2）劣势谈判 即一方谈判实力明显弱于对方、处于相对劣势的谈判。劣势谈判中,谈判者往往采用合作型或温和型谈判,以尽力实现己方的谈判目标。不能认为,劣势谈判就一定是低效谈判,实际上,只要谈判者采用的策略得当,一样可以实现高效谈判。

（3）均势谈判 即谈判双方的实力相差不大、没有明显优势或劣势的谈判。均势谈判中,谈判者采用的策略更加灵活和原则,强调扬长避短、避实击虚,尽力争取谈判的主动权。

应该看到,大多数谈判都没有绝对的优势或劣势,谈判实力都是相对的、动态的,可能此时是优势、彼时是劣势,兹事占优、它事居下,因此谈判者应根据一时一事灵活运用谈判策略。

9）按谈判各方对谈判的意识程度划分

（1）有形谈判 是指谈判各方已经意识到谈判开始或存在的谈判,亦即谈判各方对谈判的对象、目的、内容和议题已有较清楚的认识。

（2）无形谈判 是指谈判一方已经开始谈判或作谈判的准备,而另一方尚未意识到这种谈判的存在。无形谈判常常是谈判的一种谋略,在对方不知觉的情况下,作谈判的充分准备,以增强己方的谈判实力或寻找有利的谈判时机。无形谈判一般通过对方不知悉的方式实施,如宣传造势、搜寻于对方不利的证据、摸清对方的底细等,一旦条件成熟,则与对方开展有形谈判。

10) 按谈判议题进行的程序划分

(1) 纵向谈判 是指上一个议题是下一个议题的前提条件的谈判,即谈好一个议题再接着谈下一个议题,若上一个议题未谈成,则没有必要谈下一个议题。纵向谈判往往从一方或双方最关心的问题开始,具有节约时间、直奔主题的特点,适用于时间要求紧、筛选谈判者等情况的谈判,但其易导致谈判的僵局或破裂,从而影响谈判的效果。

(2) 横向谈判 是指下一个议题不以上一个议题为条件的谈判,即一个议题谈不成,可以接着谈另一个议题。横向谈判往往从双方最易谈成的议题开始,具有灵活、氛围较好、最大限度地促进谈判的成功等优点,其缺点是相对比较耗时。

1.3 商务谈判的主要理论

1.3.1 谈判谋略理论

谈判谋略理论是以中国古典的战争谋略理论为基础形成的独具东方色彩的谈判理论,如《鬼谷子》《孙子兵法》《三国演义》等。它将谈判看作是一场心理战,以谋略作为谈判的基础。所谓谈判心理战,是指谈判者以语言和媒介为工具,影响对方的情感和意志,强化对方的心理压力,从而使其转变态度和立场,作出有利于己方的决策。这种心理战既不同于军事、政治的你死我活的斗争,亦不同于各种竞技比赛你输我赢的较量,它以突破对方的心理防线为基本途径,以谋求双方的共同利益为主要目的。

1) 谈判谋略的构成要素

(1) 造势 运用传播工具制造有利于己方的谈判形势和气氛,为取得谈判主动权做无形的舆论准备以及有形的物质、人员方面的准备。造势的谋略特征是调动一切可以调动的力量为己服务,有放大实力之功能。正如孙子所言:"故善战者,求之于势,不责于人,故能择人而任势。任势者,其战人也,如转木石。木石之性,安则静,危则动,方则止,圆则行。故善战人之势,如转圆石于千仞之山者,势也。"优秀指挥员能够求之于势或巧造于势提高其战斗力。

(2) 治气 士气是战斗力的重要组成部分。治气,就是要运用谋略瓦解对手的士气,并激励己方内部的士气。《孙子兵法》中说:"三军可夺气,将军可夺心。是故朝气锐,昼气惰,暮气归。故善用兵者,避其锐气,击其惰归,此治气者也。"谈判者运用谋略破坏对手的自信心,使其怀疑自己的能力和计划,进而使对方谈判组的士气下降;同时,谈判者亦要注意设谋防止对手对己方的心理瓦解。在有些谈判活动中,必须采用团结合作的方式才能达到目的,此时治气的谋略是消除双方不融洽的因素,加强交流,创造良好的谈判气氛。

(3) 治心 治心的谋略核心是谈判者应用谈判心理战突破对手的心理防线,使对手对己方的方案、观点认同、内化,直至接受。在谈判中,对手一般存在着逻辑防线、情感防线、伦理防线等,谈判者应以深刻的洞察力发现对方的谈判需要和动机,认清其情绪变化的社会背景及利益关系,把握其心态,调控其需求,使其心理活动与己发生相容和共鸣。

(4) 治力 谈判是双方或多方谈判实力的较量。治力,就是设法增强己方的谈判实力,而削弱对手的谈判实力。要做到治力,必须要充分了解对手的实力及影响其实力的主要因素,避实击虚,以己方的长处迎对对方的短处。

（5）治变　谈判是一个动态的过程,原定的谈判计划和方案应根据谈判桌上的变化及时调整。《孙子兵法》中说:"兵无常势,水无常形;能因敌变化而取胜者,谓之神。"治变谋略要求谈判者具有灵活的战术意识和良好的谋略心理,因地制宜。

[案例]

大将狄青造"天意"

有一次,大将狄青征讨侬智高,军队刚出发就遇到许多困难,军队颇多怨言。为统一全军将士的意志,狄青取出一百个铜钱,拿着与神誓约:"此行若能大获全胜,那么,我投这些钱,一定面都朝上。"左右随从劝阻道:"要是不能全部朝上,恐怕容易动摇军心,还是不投的好。"狄青意志坚决,不听劝告。众将士全神贯注地观看,只见狄青踮脚注目,将手一挥,一下将钱投出,一百个铜钱全部面朝上落地上,众人立刻欢呼起来,声震山林旷野。狄青也十分欢喜,回顾左右的人,命取一百个钉子,立刻将钱钉住,又扣上青纱笼。狄青亲手加封说:"等我军胜利回师,在此拜谢神灵,届时再取走钱。"

后来,狄青果然大获全胜。凯旋班师时,路经此地,履行诺言,拔钉取钱。此时,大家才发现,一百个铜钱都是两面钱,正反面一模一样。

2）谈判心理战的谋略原则

（1）战略性谋略原则　谈判心理战的战略性谋略原则是:不战而屈人之兵,即不用实施心理战就能达成谈判的目标。其指导思想是以付出最小的代价来取得最大的收益,它是《孙子兵法》的最高谋略原则,也是现代谈判的最高谋略原则。

（2）战术性谋略原则

① 示形原则:示形,就是通过某种手段将谈判的利益信息传播至对手,以影响和支配对手的心理。可以采用明示吸引对手的吸引力,影响其决策思维;也可以采用暗示,影响其无意识,使观点、意图一点一滴地渗透到对手的意识圈内,逐步改变其态度立场。

② 击虚原则:无论谈判对手多么强大,也会有影响其实力持续下去的弱点。击虚原则要求谈判者了解对手的谈判实力的虚实,采用避实击虚谋略,对对手的虚实施心理战,削弱对手的实,从而增强己方的谈判实力。

③ 迂直原则:以迂为直。谈判具有一定的对抗性,双方都力图说服对方,使自己得到更大的利益。以迂为直,就是要尽量减少正面冲突,避免力量的直接消耗,采用谋间接路线,避实击虚,以小的牺牲获取大的胜利。《孙子兵法》中说:"军争之难者,以迂为直,以患为利。故迂其途,而诱之以利,后人发,先人至,此知迂直之计者也。"

④ 出奇原则:攻其不备,出其不意。谈判实力不是一个固定的、直观的物体,而具有一定的潜在性和可变性。在谈判活动中,谈判者向对手突然宣布己方的某一决定,或揭露对方处于保密之中的情报、计划、动向等,均可达到出奇制胜的目的。《孙子兵法》中说:"凡战者,以正合,以奇胜。故善出奇者,无穷如天地,不竭如江河。"出奇原则的功能是在短时间内增强己方的谈判实力,对方因猝不及防,决策能力下降,因而导致其谈判实力也下降。

⑤ 威慑原则:主要用于军事谈判、调节冲突谈判。其含义是:通过显示现有的或潜在的强大威力,迫使对方心理上感到恐惧,使其放弃某种企图,消除实施该企图所带来的危

险。威慑的实施常常是通过暗示来完成的,其效力取决于被暗示人的心理素质和谈判实力。

⑥ 让步原则:让步的谋略在于放弃小的利益而谋求长远的、更大的利益。让步是一种妥协的方式,而妥协的目的具有多重性,为了进而主动退,是一种高超的谋略。主动让步可以为解决矛盾带来希望,具有相当的灵活性。当然,让步是在不损害己方的根本利益基础上实施的。

⑦ 共鸣原则:谈判双方只有在认识上一致,在观点上形成共鸣,才可能使谈判成功。共鸣原则,就是要设法突破对手的心理防线,削弱其对抗意识,接对方从心理上认同、接受和信任己方,从而创造良好的谈判气氛和效果。

3) 谈判心理战的基本方式

(1) 攻击式　即向对手实施心理压力,使其在压力面前放弃自己的条件或予以妥协,或导致其思维紊乱,意志力削弱,决策能力下降。

(2) 劝导式　即调控对方的需要,以劝导人的态度入手,应用明示与暗示方法,先满足对手的某种需要,再调控其需要和动机,从而达成改变其态度、转化其立场的目的。

(3) 妥协式　即向对方作出让步。实施谈判心理战,不仅要能主动进攻,还要善于妥协。让步策略体现了谈判的特点,即为了取,必须予。让步是满足对手某种需要,调节其谈判动机,改变谈判立场态度的良策,成功的谈判离不开有效的让步。但让步的实施,不是被动的撤退,而是以柔克刚,以退为进的谋略。

1.3.2　谈判博弈理论

1) 博弈论的基本内涵

"博弈论"译自英文 Game Theory,其中 Game 一词的英文基本含义是游戏。游戏(如下棋、打牌、竞赛等)都有一个共同特点,即策略或计谋起着举足轻重的影响作用。当确定了游戏的基本规则后,参与各方的策略选择将成为左右游戏结果的关键因素。现实生活中的许多活动都可以说是"博弈",如体育竞赛、经营决策、政治竞选、军事斗争、商务谈判等,因为它们与一般游戏一样,是在一定规则之下,参加各方的决策较量,这就是博弈现象。

博弈有多种形式,其中最主要的有非合作博弈、合作博弈、零和博弈与变和博弈。

(1) 非合作博弈　这种博弈对一方来讲可能收益更大,但双方的总体收益会下降,同时风险也更大(比双方合作的收益更低)。

(2) 合作博弈　是指双方通过合作均得到了合作剩余(合作产生的更大价值),但对一方来说也可能比不合作的收益低。但是合作博弈需要双方拥有充分的交流和信息,一旦双方不进行信息交流,就难以实现对每一个当事人都有利的合作利益。这种情况就是所谓的"囚徒困境"。

"囚徒困境"是一种非合作性的博弈状况。假设有两个犯罪嫌疑人被分别关在隔离的房间里受审,他们彼此之间无法进行交流和通气。警察分别向两个犯罪嫌疑人表明:如果一个人招供,而同伙不招供,招供者会被关半年,而同伙会被关 10 年;如果都招供,将各被关 5 年;如果都不招供,将各被关 1 年。我们知道,对这个博弈来讲,两个犯罪嫌疑人最佳的策略选择是互相合作即都不招供,这样将被关 1 年。但关半年是最吸引人的,因此两个犯罪嫌疑人都可能有招供的动机,这样结果是各被关 5 年。

（3）零和博弈　是指在既定的利益中进行的分配型博弈，一方收益的增加必定是另一方收益的减少。在这种情况下，双方的利益是对立的，不管怎样分配，总的收益不变。如交易双方的矛盾焦点集中在价格上。

（4）变和博弈　是指谋求把"蛋糕"做大，让每一方都能多分的博弈。其研究的是进行不同的策略组合，使博弈各方的利益之和增大，这就需要合作双方集思广益，相互配合，精诚合作。

2）博弈论在谈判中的运用

（1）确定博弈的风险值　所谓风险值是指双方在谈判中的最低利益要求（底线），如果合作的条件低于双方的"底线"，则合作不可能成功。因此每一方都必须接受至少等于风险值的条件，谈判的合作解一定是风险值加上合作剩余的分配。从博弈论来分析谈判，只有双方合作，才会有剩余。例如甲方想卖掉一套房子，最低要价 30 万元，乙方刚好有 50 万元想买一套二手房，他看了这套房后，认为价值 40 万元。因此交易一定是在 30 万元与 40 万元之间，如果双方合作，则产生了合作剩余 10 万元，如果以 35 万元成交，则甲乙双方各得到了 5 万元的剩余。

（2）确定全部合作剩余　风险值确定后，会形成双方合作的剩余。合作剩余既有显现的利益，也可能有潜在的利益。谈判双方应善于分析和发现全部的剩余，去构建合作方案。如我国江苏仪征化纤工程上马时实行对外招标，德方公司中标标的是 1 亿多美元。正是这一次他们在世界上最大的化纤基地中标，才使得他们连续在全世界 15 次中标。那么这 15 次中标就是德方额外的剩余，这是中方在后续谈判中的重要筹码。

（3）构建变和谈判方案　即利用合作剩余和潜在价值，把蛋糕做大，使每一方都多得，达成双赢。为此双方需要充分沟通，把握各自的真实需求，进行有效的组合匹配，各取所需。在零和博弈中，各方为了在博弈中占上风，都不想让对方了解自己的真实想法，并尽量争取从对方得到更多的利益，因此有可能使博弈合作不成功，其博弈结果也是不确定的。

[案例]

不弄清对方的需求导致零和

两个人争一个橘子，最后协商的结果是把橘子一分为二，第一人吃掉了分给他的一半橘子，扔掉了皮；第二个人则扔掉了橘子，留下了皮做药。

1.3.3　谈判公平理论

谈判要成功，必须要遵守一些原则和标准，才能更有成效，而公平就是人们所要依据的一个重要原则，公平理论对谈判有重要指导意义。

1）公平理论的基本内涵

公平理论是美国行为学家亚当斯在 20 世纪 60 年代提出的。亚当斯根据人们认知公平的基本要素，提出了衡量人们分配公平感的公式：$O_1/I_1 = O_2/I_2$。式中：O_1 为当事人得到的结果；I_1 为当事人的投入；O_2 为别人得到的结果；I_2 为别人的投入。

由于公平理论的建立主要是从人们认知的心理感受出发的，因此当亚当斯公式两侧相等时,人们就会感到公平。这说明人们在对待分配是否公平时,并不是比较所获得结果绝对量的多少,而是与他人比较所获与所付出的比值。

2)不公平感的消除

(1)扩大自己所得或增大对方投入以及减少自己付出或减少对方所得　但实际上,除减少自己付出外,其他三种情况自己都不能控制。因此,当人们产生不公平感时,就会以消极情绪减少自己的投入,如消极怠工、敷衍了事。

(2)改变参照对象,以避开不公平　改变参照对象,可以很快消除人们的不公平感。这就是俗话所说的"比上不足,比下有余"。

(3)退出比较,以恢复平衡　在现实生活中,人们不公平感的产生多是在参照物的比较下形成的,因此,消除不公平感最简单的办法,就是退出比较。当比照物消失后,不公平感也随之消失。

谈判活动中的公平感十分微妙,与谈判者的言行举止和谈判技巧息息相关。如谈判中的一方可能只做出了很少的让步,但另一方可能会觉得公平;相反,一方可能做出了很大的让步,但另一方可能仍会觉得不公平。因此,谈判者必须学会增强对方的公平感,给予对方更多的心理满足。

3)公平的判断标准

[案例]

穷人和富人如何公平分金币?

一个穷人和一个富人在海边钓鱼,不幸的是他们的鱼钩绞在了一起,两人只好合力将鱼钩拉了上来。意想不到的情况发生了,在两个鱼钩绞缠处竟挂着一个沉甸甸的钱袋,钱袋里装着100块金币。两人喜出望外,都想独吞这笔钱,从互不相让到大动干戈,最后只好诉诸法院。4位法官作出了4种裁决:

法官甲的裁决是以不同经济能力的人所具有的不同的心理承受能力为依据,按7∶3的比例对这笔钱进行了分配,富人得到了70块,而穷人只得到了30块。在他看来,30块金币对穷人来说是一个大数目,穷人得30块金币要比富人得70块更加高兴。

法官乙是以"补偿原则"为裁决的标准,分配的比例不变,只是交换了受益人,富人得到了30块,而穷人得到了70块。在他看来,法官甲的裁决就好比乌龟与兔子的赛跑,两者如果同时起步,那么乌龟将会被兔子越甩越远,真正的公平是让乌龟先跑一程,然后使两者同时到达终点。

法官丙的裁决则是尊崇"绝对公平"的原则,既然是两人合力钩上来的,那么理所当然两人应各得一半。

法官丁从税务的角度出发,做出了新的裁决。他以纳税的标准作为分配的原则,将两人分到的钱以完税的数目作基数,基于富人的税率比穷人高,富人纳税后的所得比穷人少,故而将100块金币按纳税的比例进行了分配,富人得到65块,但需纳税30块,与穷人不纳税的35块正好相等。

公平的4种分配方案如表1.2所示。

表 1.2　公平的 4 种分配方案

分　配　方　案	适用情况举例
方案一：以心理承受的公平为标准	赈灾救助经常按人们的收入多寡进行募捐
方案二：以实际需要的补偿为标准	穷国与富国义务的不平等
方案三：以绝对平均分配为标准	子女遗产继承，社会救助金的发放
方案四：以实际所得平等为标准	企业给职工的工资较低，但以较高的福利找平

公平理论对谈判的指导意义主要在于：第一，由于公平的评价标准不同，绝对的公平实际是不存在的，因此谈判中就要对合作中利益分配的公平标准先尽力达成共识与认可；第二，公平感是一个支配人们行为的重要准则，如果人们感觉到不公平，就会产生消极行为，因此应设法增强人们的公平感；第三，无论在什么样的公平分配方法中，心理因素的影响作用越来越重要了，因此谈判中应善于从心理的角度增强对方的公平感。

1.3.4　谈判需要理论

谈判需要理论由美国谈判学会主席、大律师杰勒德·尼尔伦伯格在总结心理学家马斯洛"需要层次论"的基础上提出。"需要层次论"认为，人的基本需要可以分为生理需要、安全需要、社交需要、尊重需要和自我实现需要 5 种需要，并且是从低到高而演进的。以此为理论基石，尼尔伦伯格在《谈判艺术》（*The Art of Negotiating*）一书中，系统地提出了"谈判需要理论"。

"谈判需要理论"认为，需要是谈判产生的基础和动因，因为人类的每一种有目的的行为都是为了满足某种需要，对谈判主体而言，如果不存在某种未被满足的需要，人们就不会走到一起谈判了；谈判者应去发现与谈判各方相联系的需要，对驱动着对方的各种需要加以重视，以选择不同的方法去影响对方的动机；谈判可以划分为 3 个层次：个人与个人之间的谈判、组织与组织之间的谈判及国家与国家之间的谈判；在任何一种非个人的谈判中，都存在着两种需要，即组织（或国家）的需要与个人的需要，谈判者不仅要重视组织的需要，更要重视个人的需要，通过发现和诱导个人的需要，进而影响他的立场、观点，致使谈判向有利于己方的方向发展。

需要理论在谈判中的应用如表 1.3 所示。

表 1.3　需要理论在谈判中的应用

需要的层次	在谈判中的主要运用
生理需要	合理安排谈判者的衣、食、住、行
安全需要	除了身体安全外，更主要是合作的安全（人品、产品质量、信誉等）
社交需要	融洽的关系，友谊的建立，情感的交流
尊重需要	希望受到尊重、肯定、赞美和特别优待
自我实现需要	希望有成功感（达到目标）、成就感（实现自我价值）

谈判需要理论以心理学为基础，为研究和制定谈判策略提供了一个有用的框架和途径，对指导各种类型的谈判活动均具有现实意义。其核心是，谈判者要善于重视、发现和引导对

方的需要,通过对需要的恰当控制来达成谈判的目标。

1.3.5 谈判实力理论

美国著名谈判学家约翰·温克勒长期从事谈判技巧的研究,并在此基础上进行理论升华,在《讨价还价的技巧》(*Bargaining for Results*)一书中比较系统地提出了"谈判实力理论"。他认为,谈判技巧运用的依据和成功的基础是谈判实力,技巧的运用与实力的消长有着极为密切的关系;建立并加强谈判实力的关键在于对谈判的充分准备和对对方的充分了解。通过恰当的语言和交往方式,在对手面前树立或加强关于己方的印象,探索彼此的力量对比,采取一切可能的措施增强己方谈判实力,掌握主动权,是谈判成功的主要技巧。

温克勒还极为强调谈判行为对谈判的影响,认为当事人在谈判过程中的行为举止、为人处世对谈判的成败至关重要,谈判者在谈判中的行为将被看作是他所代表的组织的素质中最有说服力的标志。针对商务谈判,温克勒提出了"十大谈判原则"和具有普遍适用性的"价格—质量—服务—条件—价格"逻辑循环谈判法则,即如果对方在价格上要挟你,就和他谈质量;如果在质量上苛求你,就和他谈服务;如果在服务上挑剔你,就和他谈条件;如果在条件上逼迫你,就和他谈价格,如此循环,而不能直接和轻易地在价格上作出让步。

1) 谈判实力的含义与特点

所谓谈判实力是指谈判者在谈判中相对于谈判对手所拥有的综合性制约力量,它不仅包括谈判者所拥有的客观实力(如企业经济实力、科技水平、独特性、规模、信誉、品牌等),更包括谈判者与对方相比所拥有的心理势能,而这是谈判策略和技巧运用的主要来源。谈判实力强于对手,就能在谈判中占据优势、掌握主动,取得于己方更有利的谈判结果。

谈判实力具有以下特点:

(1) 综合性 谈判实力来源于影响谈判结果的各种因素,既包括客观因素,也包括主观因素;既有外部因素,也有内部因素。它受到多种因素的影响和制约,决不能简单地将其等同于经济实力或固有实力。

(2) 相对性 谈判实力不是绝对力量,而是相对力量,它只有针对某一特定的谈判对手、谈判环境和谈判事项时才有意义,它是经谈判各方对比后所形成的相对力量,同时不存在不受环境和事物制约的谈判实力。

(3) 动态性 正因为谈判实力是一种相对力量,因此它是可变的。谈判者可能在此时实力强于对手,但在彼时实力又可能弱于对手;可能在此事上实力强于对手,但在另一件事上实力又可能弱于对手。由于谈判者的谈判技巧和行为举止对谈判实力影响甚大,而这些因素是微妙变化的,因此谈判实力也是微妙变化的。这种微妙性,不仅决定了谈判实力的可变性,而且决定了谈判更多的是一种心理斗争。

(4) 认知性 谈判实力如何主要取决于对方的主观认知,对方认可的谈判实力才是真正的谈判实力。这就决定了谈判实力具有一定的可变性和隐蔽性,真实的谈判实力一般不会轻易显露出来。因此,谈判者要懂得实力的展示方式和使用时机,而不可将自己的实力底细轻易泄露给对方。

2) 影响谈判实力的主要因素

(1) 交易内容对双方的重要性 交易内容对一方越重要,说明该方的需求程度越高,其主动权就越差,因此谈判实力就越弱;反之,谈判实力就越强。

(2) 交易条件对双方的满足程度 交易条件对一方的满足程度越高,说明交易条件对其越有利,其让步或回旋的余地越大,在谈判中就越主动,因此谈判实力就越强;反之,谈判实力就越弱。这就是为什么"出价要高、还价要低"的道理所在。

(3) 竞争对手的强弱　谈判者面临的竞争对手越多,实力越弱,其所承受的压力就越大,谈判的主动权和影响力就越差,显然,谈判实力就越弱;反之,谈判者面临的竞争对手越少,或优势越明显,或独特性越高,谈判实力就越强。

[案例]

不会谈判应聘失败

王先生因为某种原因已失业一年多了,现在急需一份工作。他来到一家玩具公司,向主管经理递上了求职书和证明。经理扫了一眼他的材料,问了声:"过去的一年里你干了哪些工作而使你在这个社会上不落伍呢?"

问题很尖锐,王先生鼓足勇气回答道:"干得不多,当过一阵家庭教师和顾问。"经理说了句:"谢谢,我以后再找你。"王先生听了这句话心里很不舒服,以致失去冷静,脱口说出:"那么,什么时候?你能给我定个日子吗?"

就是这句话让经理看出来他确实需要这份工作,他现在没有选择的余地。经理呆板地说:"将来由我们的办公室跟你联系。"王先生显得无奈又无助:"但是什么时候?"经理说:"这有什么关系?反正你不会到别的地方去。"

确实,王先生使自己置于没有选择的余地,他失去了竞争的权力。最终,他也没得到这份对他来说十分重要的工作。

(4) 谈判者信誉的高低　谈判者的信誉包括资信状况、业绩记录、企业形象、知名度、美誉度、口碑、社会影响等因素,信誉越高,谈判实力就越强。在商务谈判中,信誉是谈判者最宝贵的资本,是构成谈判实力最重要的组成部分之一。

(5) 谈判者经济实力的大小　经济实力通常表现为谈判者的资金状况、规模、技术水平、经营状况、市场占有率等,经济实力越强,谈判者的承受力和影响力就越强,谈判实力自然越强。但需要再次指出的是,经济实力不等于谈判实力,它只是形成谈判实力的基础因素和潜在条件。在谈判中要注意,不要简单地通过外在的一些东西去判断对方的经济实力和地位。

【技能训练】

你的一个本地新客户第一次来你公司拜访,身穿大牌服装,手戴劳力士金表,脚穿古驰皮鞋。在他离开时,你如何判断他的实力? A. 站在马路边等出租车;B. 请你的助理帮他叫辆车;C. 坐进他停在路边的小型家用轿车;D. 坐进有私人司机的豪华轿车。

选择 A,尽管他穿着豪华,一般情况下应实力较差,但不能完全确定,或许是他的专车堵在路上了,又或许是他的司机没有及时赶来;选择 B,一般可能有点地位,但这种权力的道具并不能说明他的真实地位和实力;选择 C,一般情况下地位和实力普通,但也不能完全确定,或许他是一个环保人士,或者不在乎车;选择 D,一般情况下有一定实力,但也可能车是他租来的或借来的,又或者可能是二手车。我们不能简单地通过外表去判断或受其影响,还得进一步了解。

（6）谈判时间耐力的高低 时间是改变谈判实力对比的重要因素,谈判者对时间的耐力反映了需求的强度和迫切程度,时间耐力越强,谈判的承受力和主动性越强,谈判实力自然就越强。因此,谈判者在谈判中应有充分的时间余地和耐心。

[小资料]

唯一卖主与唯一买主的谈判

在谈判技巧研讨上,常有这么一个练习:一个人必须将一辆二手车设法卖给另一个人。汽车的卖主被告知,只有唯一的这么一个买主,而且汽车日渐破损,这将成为不利条件(但是,这一信息并没有告诉买主)。同样,买主也被告知,他必须买下这辆汽车,因为它是市场上这种款式的汽车中仅存的一辆(但是也没告诉卖主这一情况)。做买卖的双方必须尽可能把这笔交易做好。

最后的结果会怎样? 好处总会跑到战斗得最顽强、最坚持的人那里去。谁经得起时间的考验,谁就可能得到更多的利益。

（7）谈判信息掌握程度 在谈判中,谁具有信息优势,谁就具有主动权。相关信息的多少、真伪、及时性等信息掌握程度与谈判实力息息相关,两者基本上成正比。

（8）谈判人员的素质和行为举止 谈判人员的基本素质、谈判能力、谈判技巧及为人处事等,对谈判实力亦具有十分重要的影响,毕竟谈判是通过人来完成的。选择优秀的谈判人员,谈判人员的举止适当,是增强谈判实力的重要途径。双方谈判实力的对比如表 1.4 所示。

表 1.4 甲乙双方的谈判实力对比

事　　项	甲方实力	乙方实力
甲方登门联系一项对甲乙双方均有利可图的业务	弱	强
甲方急于想谈成业务	弱	强
甲方对乙方提出的某些问题不够了解	弱	强
甲方一直受到乙方的推崇	强	弱
对甲方的某些要求,乙方模棱两可	弱	强
甲方待人热情大方,但对谈判却有些吹毛求疵	强	弱
甲方坐着,乙方站着	强	弱
甲方请乙方进房间	强	弱
甲方人员权力较大,乙方人员则常请示上级	强	弱
甲方衣着整洁,乙方衣着脏乱	强	弱
甲方对谈判业务很感兴趣,愿意亲自跑腿	弱	强
甲方在与乙方谈判时,又与第三方谈判同一项目	强	弱
甲方人员私下要求乙方人员或私下贿赂乙方人员	弱	强
甲方的贿赂被乙方人员接受	强	弱

事　　项	甲方实力	乙方实力
甲方论证问题时资料充足,乙方人员一时难辨真伪	强	弱
甲方对谈判的成败不关心或表现兴趣不大	强	弱
甲方在一项协议达成时总愿意主动给乙方一些甜头	强	弱
甲方人员对乙方的谈话总是多听、多记、多问,少表态	强	弱

3) 温克勒提出的商务谈判的十大原则

(1) 只有在非谈不可的情况下才去谈判　这句话有两重含义:一是没有必要谈判就不要谈判,如果不用谈判就可以解决问题,那自然是最理想的结果;二是不要轻易给对方讨价还价的余地,应努力使自己处于一种没有必要讨价还价的地位,即使要作让步,也要让对方感觉至多只能在枝节问题上交涉,核心问题是不可谈判的。

(2) 一定要有所准备　通常,谈判开始的15分钟内就可明了谁占优势,尽管后面的谈判还长,但在此期间内,谈判的总体框架已确定下来了。因此事先一定要充分准备,以捷足先登,在没有准备的情况下应尽量避免谈判。应尽一切可能了解对方,对方的需求如何,问题在哪里,谁是做决定的人等等,那些进行了详尽的调查研究并做了充分准备的谈判人员,他们的亮相将分外有力,因为他们了解自己要达到的目标,也能确立对方的期望,就能更好地掌握谈判的主动。相反,仓促应战,或在自己没有意识的情况下就被卷入谈判,那么其谈判地位是非常脆弱的。

(3) 要通过给予对方更多的心理满足来增强谈判的吸引力　谈判者一方面需要保持强硬的姿态,在主要问题上尽量坚持不作让步,或让对方先提出条件以保持主动;另一方面又需使对方保持对谈判的兴趣,增强其心理满足感,如给对方适当的称赞,让对方感觉所得来之不易,人家已作出了重大牺牲,也给自己下了台阶等。谈判的技巧来源于给对方心理上的更多满足,而不是实际利益上的更多满足。

[案例]

不情愿的卖家

一位不动产投资商事业非常成功,手下有众多不错的物业。其采用的策略非常简单:以适当的价格和条件购买适当的房产,然后持有一段时间,等物业升值后,再以一个更高的价格卖出去。许多小投资客户都找上门来,希望从他众多房产中买走一处。

他会认真读完对方的报价单,然后抬起头来,看着对方,一边挠着耳朵,一边说:“你不知道,在我所有的产业当中,我对这一块有着特殊的感情。我想把它保留下来,留给我的女儿作为毕业礼物,所以除非你给的价格非常合适,否则我想我是不会出手的。你知道,这块产业对我来说有着特殊的意义。不过还是要感谢你的报价,为了公平起见,同时也为了不浪费双方的时间,我想请问,你最多可以出到什么价钱?”就这样,通过这种方式,他一次又一次地在几秒钟的时间里,从客户那里多赚了成千上万元。

(4) 使用你的力量,但开始时不宜操之过急　谈判者要善于使用力量来增强对对方的影响力,因此在谈判过程中应把己方相对于对方的力量关系盘算清楚,并决定是否有必要提高己方的力量。如可以通过让对方感到内疚、问心有愧,或邀请对方到你的办公室等方式,来提高你的力量。但使用力量时不宜过急或过于直露,这样会使对方加强防备,最好通过暗示或间接的方式来展示力量,如来自第三者的影响、舆论的压力、非正式渠道等。

[案例]

表达实力不当合作告吹

在某一次中美合作建厂的谈判中,美方代表对于中方提出的各项条件都十分满意,尤其是对于中方的厂长是一位踏实稳重又具有开拓和冒险精神的人,这非常符合美方代表的要求。就是看中这一点,谈判才进展得非常顺利。就在谈判进入尾声,中方举行的酒会中,这位厂长可能出于显示自己厂子实力的目的,向美方代表说道,现在他领导的工厂员工已达到2 000人,每年能为国家创收600万元人民币。本来厂长的意图是想显示工厂的实力,争取美方的好感,赢得谈判。但是恰恰相反,本来顺利进行的谈判在这次酒会后被无限期地搁置,到底问题出在了什么地方呢?

原因就出在了酒会上。在美方看来,一个拥有2 000人的工厂,每年的净营业额才600多万元人民币,相当于不到100万美金,这与美方的要求还有很大一段距离,但厂长却把这当作了炫耀的资本,这让美方大失所望,于是美方决定放弃此次合作计划,另谋他选。

(5)让对手们去竞争　孤注一掷是谈判的大忌,谈判者的热情和兴趣都会使对方不肯让步,而过于急切则是一种虚弱的信号。不要这样做,要使对方为了得到你的注意而竞争,除了选择适当的时机,你还需要一个能成为对方势均力敌的对手的竞争者。无论何时,作为卖方,你总可以找到一个质量比你差而价格比你高的竞争者;而作为买方,你总可以找到一个出价比对方低而质量比对方好的竞争者。

(6)给自己留有余地　当你获取时,应提出比你预想的目标还高些的要求(如你想要20,那么先提出要25);当你付出时,应提出比你预想的目标要低些的要求(如你愿意给10,那么先提出给7)。总之,你作出的最后结果,应略好于对方最初的料想。给自己留有适当的余地,不仅可以增加谈判的主动权,还可以增强对方的满足感。一般情况下,决不可把自己的底牌一次亮给对方,或根本不给对方讨价还价的空间。

(7)智圆行方　优秀的谈判者不会轻易地暴露自己能做到或愿意做到的是什么,也不会透彻地把自己需要什么及为什么需要等告诉对方,他们总是在十分必要的情况下,才会把自己的想法一点一滴地透露出来;同时,他们绝不会暴露出他们正在承受的压力。另一方面,谈判者也没有必要去做一个说谎的人,保持正直非常重要,他所说的话必须要让对方信得过,如果作了什么承诺,那就得遵守它;如果要放弃,则必须给自己留一条很好的退路。谈判者可以说是一种难对付(或有磨劲)的人,也可能很狡猾(但最好不要明显地让人感觉是这样),不管怎样,他必须给人以信任感。谈判者的个人品质若能被对方所喜欢,会大大有利于谈判。

(8)多听少说　谈判不等于演讲,也不同于推销,并非要滔滔不绝,口若悬河。恰恰相反,好的谈判者懂得多听、少说,这是因为要尽可能多地了解对方的情况,并通过问和听对双方的相互关系施加某种控制,不可过多地泄露己方的信息而失去主动。优秀的谈判者总是让对方先把他的情况透露出来,在说明自己的情况时说得不多不少,仅仅为了引起对方的兴趣足矣,且仅提必要的问题,并仔细倾听对方的回答。

(9) 要与对方的期望保持接触　谈判中提出高要求是很值得的,但必须与对方的期望保持一定的接触,如果要求过高,使对方失去了谈判的兴趣,对方就会撤退。谈判中的高要求应该是可以浮动的,首先应用信号试探,以期设置好对方的谈判期望;同时你的要求和对方的要求之间距离越大,你必须发出的信号也应该越多,你必须做更多的事使对方靠近你,直到彼此均在对方的期望范围之内为止。

[案例]

高价不成交,低价却成交

崭新的救生衣通常每件要卖 50 元,在交易会的货摊上一个商人以每件 38 元销售。一个路人以一种带有挑衅性的口气说,他愿意出 28 元买一件。商人拒绝与他交谈。过了一会儿,商人无意中听见有个男人在对他妻子说,他想买一件救生衣,刚才经过一个摊子时,那儿的救生衣每件才卖 25 元。他问他的妻子是否记得那个摊子在什么地方。就在这对夫妇要离开的时候,那位男人似乎注意到了商人的救生衣,他彬彬有礼地询问:"这位先生也许愿意每件也卖 25 元,是吗?"接着他说他的妻子和孩子们都快要没饭吃了,如此等等,他说了不少。双方都笑了起来,商人嘟哝着这位客人让他赔本了,尽管如此,他还是以 25 元的价格卖给了他。

头一个买主因没有在价格上与商人进行接触所以失败了,他突如其来的 28 元,大大低于商人的设想。商人不喜欢他,不想跟他做生意。但是在第二种情况下,那位男人与他妻子的对话是有预谋的,虽是故意但又不明显,那么男人在商人听觉所及的范围内发出了信号,影响了商人的期望。他们继而又想走开,这使得商人认为他将失去一位可能的买主。就这样,他们一边有礼貌地开着玩笑,一边把生意做成了。

(10) 让对方习惯于你的大目标　谈判者应努力追求所能得到的最大值,而不能轻易地放弃。谈判者要懂得"降落伞"效应,即先把价格的降落伞在较高的空中打开,并慢慢地向地面飘落,直到进入对方的视线范围内为止。为了使对方习惯于你的大目标,使用信号是极为重要的技巧。所谓信号,是指通过非正式渠道让对方了解你的目标和要求。使用信号的好处在于,一方面它表明了你所追求的高度,对对方产生某种心理影响和心理适应;另一方面它不是正式和具体的承诺,而具有相当的灵活性。

1.3.6　原则谈判理论

哈佛大学教授霍沃德·雷法(Howard Raiffa)、罗杰·费希尔(Roger Fisher)、威廉·尤瑞(Willian Ury)等人,在系统研究了各种不同类型谈判的基础上,于 20 世纪 70 年代末期,提出了一种普遍适用的谈判理论,后人称其为"原则谈判法"(Principled Negotiation)。这种理论不是根据谈判过程,而是根据价值和公平的标准达成协议,它不采用诡计,也不故作姿态;它使谈判者既能得到所希望的结果,又能不失风度。它的基本要点有下述 4 个:

1) 人与问题

强调人与问题分开,对事不对人。因为谈判者都是有一定感情的人,当出现意见分歧时,情感与问题的客观是非容易纠缠不清,因此人与问题应分开,并分别处理。根据谈判者的个性,而非谈判各方的利益去计划谈判内容往往会导致无效的谈判;如果将谈判当作对意志的检验,而不是共同解决问题的活动,谈判也就失去了意义。

把人与问题分开,首先要有准确的理解:

① 各方都应设身处地地从对方的角度去理解,并努力体会他们坚持意见的感情程度。

② 对谈判中流露出来或掺杂进去的感情成分应明确地指出,并视为是合理的;公开讨论双方的感情而不是针锋相对,有助于防止谈判陷入毫无成果的相互指责。

③ 双方之间必须存在清楚的交流,积极地听取对方的陈述,交流对问题的看法,而不是指责对方的缺点,并直接表明利益的所在,可以增加达成满意结果的机会。

2) 利益与立场

主张谈判的重点应放在利益上,而非立场上。立场和利益的区别在于一个人的立场是进行决策的基础,一个人的利益则是采取某种立场的根源。在利益方面进行协调往往会收到更好的效果,因为对于每一种利益通常存在几种立场都可以使之满足。例如,一家商场里租户的生意普遍不景气,于是商场的很多租户要求减租金,而商场自身也难,不同意降租金。但是,租户真正的目的是减租金吗?实际上"减租金"只是租户的一个立场,其目的是"活下来"。因此。除了减租外,只要是能让租户活下来的办法,如减少营业面积,加强营销推广,分期付租等,就能化解分歧,达成一致。

[案例]

房地产代理保证金之争

在房地产开发项目中,相当多的项目都采取代理销售的方式。代理销售谈判的焦点问题之一是保证金的缴纳问题,即开发商要求代理商缴纳一定的保证金,作为履行合同的保证。但是,诸多代理商往往因为资金问题不愿或无力缴纳这笔保证金,谈判往往就此僵持乃至破裂。这就是立场之争。开发商立场背后的利益是确保合同中销售计划的完成,而非保证金本身,对动辄上亿元的项目而言,区区几十万元或数百万元的保证金只是一种督促形式,根本起不到保证的作用,因此,保证金不是目的。其实,为了督促合同的履行,并非只有保证金一种方法,例如可以将代理佣金与销售进度挂钩,在完成一定销售进度之前,代理商不得结取佣金等。如此,双方的利益均可实现,协议也更容易达成。

3) 意见与选择

在作出决定之前,应先构思各种可能的选择,寻找各种能够包容双方共同利益的可能的解决方案。创造对双方都有利的选择,就是要寻找更大的馅饼,而不是争论切开的"小蛋糕"中自己该有多大。

4) 标准与公平

当持反对意见的谈判者不愿妥协,坚持自己的立场而不是自己的利益时,最好的策略是坚持协议必须反映独立于各方立场的公平客观的标准。通过讨论客观的标准而不是固执己见,任何一方都不向对方让步,而是向公平的客观标准让步。这种客观标准可以是市场价值、已折旧的账面价值、竞争价格、重置成本、批发价格指数等。

原则谈判法在处理国际事务中发挥了积极的作用,如埃以和谈、中东和谈等。雷法等人认为,无论谈判对手的情况如何,如果能确切地知道他们真实的价值观、判断力和政治观点等,就可以在谈判中掌握主动权。原则谈判法更多适用于带有价值或政治偏见的谈判,如国际争端、政治冲突等,对商务谈判亦有一定的指导作用。但是,原则谈判法所要求的坦诚、公平、不用诡计等,在现实生活中尤其是在商务谈判中往往并不多见。因此,原则谈判法是一种比较理想化的谈判模式。

1.3.7 高效谈判理论

美国著名谈判学者沃顿商学院教授 G. 理查德·谢尔于 20 世纪 90 年代,在 *Bargaining for Advantage:Negotiation Strategies for Reasonable People* 一书中系统提出了高效谈判的 6 个基本要素,具有很强的指导性和实用性,在谈判界影响广泛。谢尔认为,高效谈判的方法是以信息为基础的谈判,要尽可能多地获取谈判情势和对方的可靠信息,并将谈判分为准备、交换信息、要求和让步、达成协定 4 个阶段。

1) 谈判风格

谈判风格是人们在谈判中所固有的行事习惯和沟通方式,它往往是由个人本性和后天环境长期影响形成的,不容易改变。良好的谈判,应该用自己习惯、自然、富有信心的方式进行,而不是强人所难,那样往往会事与愿违。因此,要追求高效谈判,谈判者首先要了解自己的风格偏好,并根据谈判情境的不同采取相应的谈判策略。谢尔将谈判风格分为竞争型、合作型、妥协型、规避型和迁就型五种类型;将谈判情境分为平衡型、关系型、交易型和默认型四种类型。

谢尔同时认为,无论哪种谈判风格,高效谈判都必须保持四种关键的思维习惯,即愿意做准备工作、高期望、耐心倾听和坚守正直的人格。

2) 目标与期望

高效谈判的第二个要素是谈判者要有乐观、合理、具体的谈判目标。首先,一个具体、有挑战性的目标将激发你的情绪并自我强化,获得"目标聚焦"所带来的重大优势;其次,能使对方能感受到你的自信和决心,你的高期望将给对方产生潜移默化的影响,带来对己方有利的结果。

谈判目标与底线有很大不同,目标是指你应该实现的最高的合理期望,而底线是指你能接受的最低条件。谈判应该围绕目标而谈,而不是围绕底线而谈。两者的动力和结果不可同日而语。同时,目标应该是自己根本的利益和需要,而不仅仅是价格;价格是重要的,但价值或长久的利益更重要。作为买方,重要的是物有所值,而不仅仅是低价;作为卖方,重要的是为未来的生意创造条件。

3) 权威的标准与规范

要使对方接受你的建议或要求,你必须找到最具说服力的东西,这就是权威的标准或规范,尤其是对方认为合情合理或者过去自己曾经采用的论据最为有效。它源于这样一种心理动力,即人们需要保持言行一致(一致性原则)。当你主张的标准、规范和谈论的话题在对方看来是正当的,你就能最大化地获得规范性优势。因此,预测对方偏好的标准,并将自己的建议限定在那些标准内,将是你最有效的谈判方法。

哪些是权威的标准与规范呢?主要包括法律法规、行业惯例、制度化标准、风俗习惯、市场公平价值、交易先例、权威主张等,甚至包括公司制度、政策、程序都可能成为有效的标准。

4) 关系

谈判是人与人之间的交往活动,双方关系如何会影响当事人的决策和行为方式。好的关系可以提高人与人之间的信任度和信心,减少顾虑和不安,增强安全感、可靠感,便利相互间的沟通。人际关系的核心是信任,如果双方互相信任,交易就易达成;反之,交易就更困难。基于互惠的稳定关系和可靠的交际往来是经济利益和个人满足感的巨大来源。

要建立良好的关系,首先必须保持正直的人格,给人以信任感,慷慨带来的是慷慨,公正带来的是公正;其次,寻求相似性,人们倾向于接受与自己某些方面相似的人(相似性原则);再次,诸如礼物、善意、关系网等都有助于建立和改善人际关系。

5) 对方的利益

高效谈判的一个重要特点是:具备从对方的角度看待问题的能力,什么样的立场才能符合对方的利益,同时有助于实现自己的谈判目标;哪些是对方反对你的原因,以便找到解决之道。理解对方真正所需要的东西是成功谈判的关键,但是这一点并不容易做到,因为大多数人都或多或少存在着人性中的不足:我们总是从自己的利益角度看问题。

关注对方的利益,首先要确定谁是决策者,只有真正的决策者才能清楚自己想要的是什么;其次,寻找共同立场,即符合双方利益的主张;再次,确定可能干扰协议达成的原因,为什么对方会说"不"呢? 最后,寻找既能解决对方问题,也能实现你的谈判目标的低成本方案。

[案例]

高价投标反而赢得合同

加利福尼亚海滨城垃圾清运业务招标。通过激烈竞争,凯利·莎贝代表公司以每吨43 美元的价格赢得了合同,该价格比竞争对手高出 5 美元。为什么价高反而中标? 原因是莎贝敏锐地认识到,海滨城的海滩是旅游和房地产收入的主要来源,但正慢慢地被侵蚀。她的公司垃圾倾倒地是亚利桑那的沙漠上,如果说沙漠富有什么东西的话,那就是沙子。她的公司的卡车不仅可以将垃圾运到沙漠,而且返回时可以拉着干净、清洁的沙子,将它们倾倒在海滨城正在失去沙子的海滩上。这一下就抓住了海滨城的真正问题所在,深深地打动了海滨城的官员,虽然价高,但价值更高。

6) 优势

优势是谈判的关键变量。优势是相对于对方的一种影响性或控制性力量,与谈判实力同义。优势作为一种力量,不仅有助于达成协议,而且可以按照自己的意图达成协议;拥有优势,即使是平庸的谈判者也可以表现出色。评价优势的一个根本标准是:交易失败的情况下哪一方损失更大? 损失越大,优势越小;损失越小,优势越大。

优势可以分为三种:积极优势,即以各方满足对方所需的相对力量为基础的优势;消极优势,也可称为威胁优势,即以各方夺去对方利益的相对能力为基础的优势;原则优势,即以一致性原则的运用为基础的优势。可以通过多种途径增强优势,如找到"谈判协议最佳替代方案"(BATNA,即 Best Alternative to a Negotiated Agreement),控制对方所需的资源,收集更多对方真正需求的信息,获得使对方不利的可信力量,运用对方难以拒绝的原则和标准,采取让对方不得不让步的行动,组建联盟等。

养牛人联盟增强谈判优势

20世纪90年代中期,美国的养牛者陷于绝望的境地,因为牛肉价格大幅下跌,养牛者亏损累累。问题出在哪里?几家农产品巨头企业控制了肉类加工业,养牛者别无选择,只有将牛卖给这些公司。每出售一头牛,养牛者亏损30美元,而肉类加工商每屠宰一头牛可获得30美元利润。北达科他州的养牛者为走出困境,决定组成联盟,合作成立北部草原优质牛肉公司,开始独立经营肉类加工。养牛者将牛出售给屠宰业巨头时,他们缺乏优势,但通过联盟直营,他们赢得了消费者的青睐。在这个过程中,他们获得了对屠宰业巨头和餐饮连锁店的双重巨大优势。

1.4 商务谈判的原则与程序

1.4.1 商务谈判的基本原则

1) 合法原则

随着市场经济的发展,商务活动越来越受到法律规范的制约。合法守法,是开展商务谈判最基本的要求,协议的内容与签订要合法,谈判的方式方法也要合法,要遵循平等自愿、公平竞争、诚信无欺的基本规则。合法原则,是商务谈判公正、有效进行下去的保证,也是协议或合同得到执行的保证。

2) 效益原则

商业活动的本性是追求己方尽可能大的利益,效益是商务谈判的首要和根本目标,没有强烈的效益意识就不可能成为一个优秀的谈判者,羞于谈利益,不敢争取自己的利益,轻易牺牲自己的利益,是谈判软弱无能的表现。正确的效益观,不应仅看到眼前、局部的利益,更要看到整体的、长远的利益;同时,还要注重谈判的效率,节约谈判的资源和成本。

3) 双赢原则

成功的谈判是双赢的谈判,商务合作的互利性为实现商务谈判的双赢奠定了良好的基础。优秀的谈判者善于发现对方的真实和核心需要,考虑对方的合理利益,并善于构思多种方案,把"蛋糕"做大,同时给予对方更多的心理满足。双赢不是平均分配,而是要让对方产生"赢"的感觉,而不只是一味追求己方的利益或眼前的利益,置对方利益和长远利益于不顾,因小失大。

4) 信雅原则

信,就是要诚实守信、注重信誉,要以诚相待、取信于人,要言必行、行必果,要讲信用、重信誉;信,是商业活动最基本的规则,也是企业最宝贵的资产,任何一个企业都不可把"信"字当儿戏。雅,就是要懂得文明礼貌,树立企业形象,在谈判中尊重对方,遵守礼节,仪态大方,待人言行有度,举止得体,有理有节,追求和坚持真善美。

5) 相容原则

相容,就是要互相包容,要允许有多种意见、多种方案,而不是"一条道"到底或者只有你错我对;要善于消融对方的情绪,不为对方的消极情绪所动;要善于建立有利合作的气氛,强化双方的认同感。同时,要将人与事分开,要重利益而非立场,以利益来弥合双方的立场。

[案例]

排废的电力公司如何平息渔民的怒气?

1973 年 6 月,一大群愤怒的渔民闯进了日本名古屋褚木电力公司,抗议这家公司下属的一座发电厂没有处理好废水问题,使大量海洋生物死亡,严重影响了渔民的生计问题。电力公司处于进退维谷的境地。

为了减少环境的污染,他们被迫采用低硫燃料,可这样一来,电的成本提高了,用户们又怨声载道。面对大声抗议的人们,该如何来平息他们的怒气呢?

电力公司的有关人员首先耐心地听完了渔民的倾诉,对渔民的损失表示同情,使他们觉得被人理解而逐渐平息了怒气。接着,公司人员向他们说明了公司的难处及将要采取的措施,使公众知道这是一家具有社会责任心的公司。最后,渔民们不仅理解了这家公司的方针、政策,谅解了他们的缺点与不足,而且还积极为公司出谋划策,使海水污染与企业生产的矛盾最终得到了解决。

1.4.2　商务谈判 APRAM 模式

APRAM 模式是指谈判是由项目评估(Appraisal)、制订计划(Plan)、建立关系(Relationship)、达成协议(Agreement)、维持(Maintenance)关系五个步骤和程序组成的,同时这五个部分是相互联系,相互促进的。APRAM 模式提供了一条通向谈判成功的简明道路。

1) APRAM 模式的前提

APRAM 模式的设计与实施有一个重要的前提,这就是必须树立正确的谈判观念,它是整个模式的灵魂。这种谈判观念包括:①谈判是协商而不是"比赛";②谈判双方的利益关系应是互利合作关系;③在谈判中除了利益关系还有人际关系;④谈判不仅应关注眼前还要放眼未来。

2) APRAM 模式的构成

(1) 进行项目评估(Appraisal)　谈判之前,必须对谈判面临的环境、谈判所处情境、双方的谈判实力、各自的利益需求、双方的谈判目标等进行恰当的评估,知己知彼,有的放矢,为谈判方案和计划的制订奠定可靠的基础。为此必须进行充分的调查了解和精心的谈判准备,不打无准备之战。"没有准备就不要上谈判桌",谈判的准备程度在很大程度上决定了谈判的成效,高效谈判必须从高效准备开始。

(2) 制订谈判的计划(Plan)　"凡事预则立",制订谈判计划是有效开展谈判、获得谈判成功的基本前提。在制订谈判的计划时,首先要明确本方的谈判目标是什么,其次要设法去理解和弄清对方的谈判目标,将这两者加以比较,找出双方一致和不一致的地方。对一致的地方,应首先由双方加以确认,以提高双方谈判的兴趣和信心,同时为下面的谈判打下良好的基础。对于双方利益不一致的问题,则要发挥双方的主观能动性和思维创造力,根据双赢的原则,积极寻找双方都满意的解决方案。

(3) 建立关系(Relationship)　在正式协商谈判之前,要建立与对方良好的关系,即要建立一种融洽愉快、相互信赖、有利谈判的关系。之所以要建立这种关系,是因为人们一般是不愿意向自己不了解、不信任的人下保证、签合同的。如果双方都已相互了解,建立了一定的信任关系,那么谈判的难度就会大大降低,谈判的效率和谈判成功的可能性也就大大提高。因此,可以说,谈判双方之间的相互信赖是谈判成功的基础。要建立双方之间的信任关系,做到以下三点至关重要。

① 使对方信任自己:对对方事业与个人的关心,良好的修养,周到的礼仪,工作的勤勉等都能促使对方信任自己。

② 要表现出自己的诚意:与不熟悉的人谈判时,表达自己的诚意是取得信任的有效方式,如可向对方列举一些本方在过去的交易中诚实待人的例子。

③ 最终使对方信任自己的是行动:要做到言必行,行必果。必须时刻牢记,不论自己与对方的信赖感是多么强,一次失约,彼此之间的信赖感就会崩溃,而信赖感一旦崩溃是很难修复的。

由此可知,如果双方的关系没有达成一定的程度,就贸然或勉强进入实质性谈判,是很难达到预期效果的,甚至有可能将事情搞糟。

(4) 达成彼此都能接受的协议(Agreement) 在谈判双方建立了相互信任的关系之后,即可进入实质性的谈判,通过充分沟通,积极协商,相互调整,达成一个于双方有利、双方都能满意和接受的协议。同时,谈判者还应清楚地认识到,达成满意的协议并不是谈判的终极目标,谈判终极目标应是:协议的内容能得到圆满地贯彻执行。因为,即使协议多么完美,如果对方不认真履行,那么它也就不值钱了。

(5) 协议的履行与关系的维护(Maintenance) 在谈判中,人们最容易犯的错误是:一旦达成了令自己满意的协议就认为万事大吉了,认为对方会完美无缺地履行他的责任。这实在是一个错误,因为,履行职责的是人而不是协议书,不管协议书规定得多么严格,它本身并不能保证得到实施。因此,签订协议书是重要的,确保其得到贯彻实施更加重要。为此,必须要做好两件工作。其一,协议签订后,对对方履约的行为要给予及时良好的情感反馈;其二,要使别人信守协议,首先自己要信守协议。

为了使双方的关系和交易得以延续,谈判者对本次交易中开发出来的与对方的关系,应设法予以保持和维护,避免关系的断裂,以免日后与对方交易时再花费力气重新开发与对方的关系。维持关系的基本做法是:经常保持与对方的接触与联络。

3) APRAM 模式的运转

APRAM 模式依次经过上述五个步骤,也就完成了某个具体交易的谈判过程。不仅如此,它还为今后与对方的交易谈判奠定了基础。因为这五个步骤是相互联系的,前一个步骤为下一个步骤打下了基础,从而可以实现循环,形成一个连续不断的过程,如图 1.2 所示。

一般的谈判者习惯于把谈判看作是一个个独立的、互不联系的过程,把双方的初次会面看作开始,而把协议的达成看作结束。APRAM 模式则不同,它把谈判看作是一个连续不断的过程,因而,本次交易的成功将会导致以后交易的不断成功。

图 1.2　APRAM 模式运转图

1.4.3　商务谈判的基本过程

APRAM 模式给出了谈判成功五大基本程序,但谈判的实际过程和活动要比这具体和复杂得多。一般来说,商务谈判的过程可以划分为准备阶段、开局阶段、摸底阶段、磋商阶段、成交阶段和协议后阶段等几个基本阶段。

1) 谈判准备阶段

谈判准备阶段是指谈判正式开始以前的阶段,其主要任务是进行环境调查、搜集相关情报、选择谈判对象与时机、制订谈判方案与计划、进行策略性准备、谈判人员的组织、建立与对方的关系等。准备阶段是商务谈判最重要的阶段之一,良好的谈判准备有助于增强谈判的实力,建立良好的关系,影响对方的期望,为谈判的进行和成功创造直接的条件。可以说,大多数成效不佳的谈判均源于谈判准备得不充分。

2) 谈判开局阶段

开局阶段是指谈判开始以后到实质性谈判开始之前的这个阶段,是谈判的前奏和铺垫。虽然这个阶段不长,但它在整个谈判过程中起着非常关键的作用,它为谈判奠定了一个大的氛围和格局,影响和制约着以后谈判的进行。因为这是谈判双方的首次正式亮相和谈判实力的首次较量,直接关系着谈判的主动权。开局阶段的主要任务是建立良好的第一印象、创造合适的谈判气氛,谋求有利的谈判地位等。

3) 谈判摸底阶段

摸底阶段是指实质性谈判开始后到报价之前的这个阶段。在这个阶段,谈判双方通常会交流各自谈判的意图和想法,试探对方的需求和虚实,协商谈判的具体议程,进行谈判情况的审查与倡议,并首先对双方无争议的问题达成一致,同时评估报价和讨价还价的形势,为其做好准备。摸底阶段,虽然不能直接决定谈判的结果,但是它却关系着双方对最关键问题(价格等)谈判的成效;同时,在此过程中,双方通过互相的摸底,也在不断调整自己的谈判期望与策略。

4) 谈判磋商阶段

磋商阶段是指一方报价以后至成交之前的这个阶段,是整个谈判的核心阶段,也是谈判中最艰难的阶段,是谈判策略与技巧运用的集中体现,直接决定着谈判的结果。它包括了报价、讨价、还价、要求、抗争、异议处理、压力与反压力、僵局处理、让步等诸多活动和任务。磋商阶段与摸底阶段往往不是截然分开的,而是相互交织在一起的,即双方如果在价格问题上暂时谈不拢,又会回到其他问题继续洽谈,再次进行摸底,直至最后来攻克价格这个堡垒。

5) 谈判成交阶段

成交阶段是指双方在主要交易条件尤其是价格问题上基本达成一致以后至协议签订完毕的这个阶段。成交阶段的开始并不代表谈判双方的所有问题都已解决,而是指成交的时机已经到了。实际上,这个阶段双方往往需要对价格及主要交易条件进行最后的谈判和确认,但是此时双方的利益分歧已经不大了,可以提出成交了。成交阶段的主要任务是对前期谈判进行总结回顾,进行最后的报价和让步,促成成交,拟定合同的条款及对合同进行审核与签订等。

6) 协议后阶段

合同的签订代表着谈判告一段落,但并不意味着谈判活动的完结,谈判的真正目的不是签订合同,而是履行合同。因此,协议签订后的阶段也是谈判过程的重要组成部分。该阶段的主要任务是对谈判进行总结和资料管理,确保合同的履行与维护双方的关系。

练习题

一、实训题

机电产品的销售谈判,目前双方的分歧主要是:卖方不愿降价,买方希望降价;卖方希望延长交货时间,买方希望缩短交货时间。但是,双方都有成交的愿望,并希望长期合作,而且买方对卖方产品的质量和性能都很满意,也愿意付出好价钱,但希望付款方式优惠。

假如你是产品销售方的谈判代表,你打算如何处理双方的分歧使谈判合作成功?

_____

_____

_____

二、选择题

1. 你是一位著名的时装设计师。你一年一度的时装新作表演将在本周末举行,就在这时,时装模特儿和所有临时演员等都来找你,要求立即增加他们的佣金,你该如何做?

① 把他们当作一个团体来会谈　② 把他们的领导人物请到你的办公室内商谈　③ 一个一个地和他们在工作间进行交谈　④ 稍后,约请他们一个一个地到你家中交谈

2. 作为你讨价还价力量的一个组成部分,你希望确立你的个人形象,以免受制于对方,请挑选表示你地位的正确象征:

(1) ① 你足蹬著名的意大利高级皮鞋　② 你送给他们职业足球锦标赛的门票　③ 你夫人所戴项链为质量最上乘的人造珍珠项链

(2) ④ 你向他们表明你总是公务在身,时间很紧　⑤ 你表示出无事要做的样子　⑥ 你显示出老有人需要你——人们一直希望和你交谈

(3) ⑦ 你身带一位说捧场话的助理人员　⑧ 你让你的秘书恭维你　⑨ 你进行一点自我吹嘘

(4) ⑩ 你随身携带一只时髦的公文包　⑪ 有人为你携带你所用的公文包　⑫ 你没有公文包

(5) ⑬ 一群人簇拥着你,你要他们干什么,他们就干什么　⑭ 你用自己亲自做一些事的方法来显示你的独立性　⑮ 你分配别人工作任务,但你自己的内部事务则严格地由你本人处理

(6) ⑯ 多听　⑰ 多说　⑱ 说些笑话

(7) ⑲ 你把和对方开会的地点安排在你自己的办公室里　⑳ 你把和对方开会的地点安排在对方的办公室里　㉑ 你把和对方开会的地点安排在一个对双方来说都是中立的地点

3. 某个宏大的政府建设计划中出现了差错,你的公司将因此有承受巨大损失的风险,你需要另一位大承包商给你提供援助,使你摆脱困境。据说,该承包商的总经理很难打交道。你是否:

① 去见他　② 在电话里和他交谈　③ 先给他写封信详述你的苦衷

4. 其后,有一位小承包商需要你以同样的方式向他提供帮助。你是否:

① 请他把他的要求写成书面文件　② 请他在电话里反映他的要求　③ 邀请他到你这儿来谈

5. 你是汽车方面的专家,有一个地区汽车行业协会邀请你去演讲,他们将在一个月内给你的银行账号汇入一笔款子。你是否:

① 在演讲前坚持让他们用现金支付　② 接受这笔汇入银行的款子　③ 随便他们怎么做　④ 告诉他们,你不太在乎这一类事情

6. 作为汽车专家你被邀请去外地一个协会讲课,他们在日程安排上做得很马虎,因为他们没有向你交代清楚,你自己掏了钱,又自己想办法到了现场。结果你发现听课者仅有 20 人,且除你之外,没有其他讲课人,协会向每一个代表收了 500 元的听课费。你是否应:

① 在演讲前坚持让他们用现金支付　② 接受他们日后汇入银行的款子　③ 随便他们怎么做　④ 告诉他们,你不太在乎这一类事情

7. 去说服某些人去做某事时,应首先采取什么步骤?

① 向他们宣扬这样做的好处　② 回答他们的异议　③ 迅速与他们成交　④ 确定存在哪些问题

三、案例分析

[**案例分析1**]　美国"旅店大王"希尔顿曾经有过这样一件他终生引以为豪的事情。当年,希尔顿计划在达拉斯建造一座耗资数百万美元的新旅店,以实现他的"以得克萨斯州为基地,每年增加一座旅馆"的发展计划。但由于资金短缺,不得不中途停工。

希尔顿决定去见卖给他地皮的大商人杜德,他开门见山地告诉杜德,饭店工程无法继续。杜德听后不以为然,认为此事与他无关。希尔顿说:"杜德先生,我来找您是想告诉您,饭店停工对我来讲固然不是一件好事,但您的损失会比我更大。""我不明白您在说什么。"杜德说。希尔顿向他解释其中的道理:"如果我公开透露一下,饭店停工是因为我想换一个地方盖饭店,那么饭店周围的地价一定会暴跌,这样的结果对您是不利的,您看是不是呢?"

杜德听后,经仔细权衡利弊,最终同意了希尔顿的要求。由杜德出钱将那家饭店盖好,然后交给希尔顿,等赚了钱再分期偿还给杜德。两年后,由杜德出钱盖成的达拉斯希尔顿大饭店正式营业,使希尔顿又向"旅店王国"迈进了一大步。

试分析:

1. 希尔顿的谈判为什么能成功?

_____

_____

2. 希尔顿的谈判运用了什么样的谈判原理或技巧?

_____

_____

_____

[**案例分析2**]　IBM公司同一家大银行进行一次关于计算机的销售谈判。双方为价格争执不下,银行拿另一家计算机公司的价格来压IBM。在关键时刻,IBM的谈判代表向银行的负责人问道:"阁下,您是想和硬件商人做生意呢,还是想找一个合作伙伴?"对方愣了一下,旋即明白了他的意思,立即说道:"我想找个合作伙伴。""那么,和您的新伙伴握手吧。"随后两只手握在了一起,生意就此成交了。

这个案例说明了谈判的什么道理?

_____

_____

_____

第 2 章　树立谈判思维

【本章要点】
- ☐ 如何处理经商与做人的关系？
- ☐ 谈判成功的基本要素有哪些？
- ☐ 成功谈判需要具备什么理念？
- ☐ 如何增强谈判的思维能力？

【技能测试】

你作为采购经理第一次到一个供应商单位拜访，对方销售总监先把你领到了公司展厅参观。在展厅里，你看到了公司老总各种各样的照片：有和各级政府领导人的合影；有和外国客户合影的照片；有出席各种大会的照片；有各种获奖的照片及荣誉证书等。此时你觉得该公司：A. 非常牛；B. 比较牛；C. 净整些虚的，到底行不行啊；D. 吹牛吧。

选择 A，说明你中了"第一印象"的圈套，对方正是想给你一个"下马威"；选择 B 比较正常，但你仍然受到了对方的影响，对方到底实力如何还有待验证；选择 C，说明你是一个思维良好的谈判者，你的怀疑完全合情合理，毕竟这些都是形式，你看到的未必都是真的；选择D，说明你见过世面，丝毫不受对方外在的影响，在谈判中也更为强势，作为采购经理，你的谈判实力本应更强。

2.1　商务谈判的伦理道德

2.1.1　经商与做人

"经商先做人"，这句话说明了做人对经商的重要性，一个成功的商人首先是做人成功的人。成功学大师卡耐基说："一个人的成功 85％ 取决于人际关系，只有 15％ 取决于专业技能"，这从某种层面说明了做人的重要性。做人是一门艺术，如何做人，各人有自己的体会和判断。但有一些做人的基本准则是社会公认的价值准则或普世价值，是我们每个人都需要遵循的。在商业活动中不仅涉及伦理道德思维问题，也涉及经商与做人的关系问题。

[案例]

先做朋友后做生意

有一位经营咖啡的商人，他一直想把咖啡推销给一家著名的连锁大饭店。为了做成这笔生意，他天天都来这家饭店，希望能有机会和饭店的经理面谈，可是持续了一年多的时间都一无所获。就在他要放弃的时候，一位精通谈判谋略的朋友对他说："打动人心最高明的办法就是跟他谈他最喜欢的事情。"于是这个商人开始了解经理的喜好。

在一次饭店联盟的餐会上,商人又一次遇到了这个饭店的经理,他先不谈生意,而是与经理闲聊,所聊的话题都是经理比较热衷的"马术",并且邀请经理一起去观看马术表演。经过一段时间的接触,两个人变成了好朋友,经理主动提出要和商人聊聊目前他所经营的咖啡生意,了解一下行情。几天之后,这位商人就收到了一整年的饭店订单。

1) 经商与做人的关系

首先,应该看到经商与做人有着密切的关系。这种关系主要体现在做人的艺术影响商业的成效,即要经好商,必须学会做人。其次,经商与做人存在着一些共同的准则,比如诚信、正直、责任、礼仪、勤奋、进取、学习等,无论经商还是做人,都需要尽力遵循。

但是,我们也应清醒看到,经商与做人也存在着本质的区别,两者不能混为一谈。经商以营利为主要目的,而做人以获得社会认可为方向。做人中的一些美好道德,如真诚、慈善、热情、大度、厚道、直率、情谊、道义等,在经商中并不总是适用,有时候还起副作用。换言之,做人成功的人并不一定经商能够成功,原因就在于,商业有自己的逻辑,这些逻辑并不总是与做人的规则一致。尤其是,商业利益与做人准则会时常冲突,如何取舍就涉及两者关系的正确把握。一句话,就是"君子爱财,取之有道"。成功的商人既要学会赚钱,"不赚钱的企业是不道德的";也要遵循做人处世的基本准则,做一个受人尊重的高明商人。

问题在于,"君子爱财,取之有道",这个"道"是什么道呢? 本人认为,这个道应该既反映了商业活动的基本逻辑,也反映了做人处世的道德准则。

2) 经商与做人之道

(1) 合法 懂法、依法、守法、用法是经商的首要之道。商人违法的风险是最大的,它会将你打回原点,从零开始,甚至身陷牢狱,抱憾终身。经商可以亏本,但必须有机会,只要有机会就可以东山再起。因此真正的商人是不会去尝试违法的风险的。

(2) 信用 人无信不立,商无信不成。信用是商人最宝贵的资产,成功的商人一定是讲信用、守信用的人。商人可以不讲厚道,但不可不讲信用,没有信用的商人是不可能持久的。信用的实质是践诺,言必行,行必果;从谈判角度讲,主要是要守约、践约,这是最根本的信用。

(3) 人脉 无论做人还是经商,都需要良好的人际关系和社会关系,也就是要有良好的人脉资源。有一句话,"认识什么人,成就什么事;认识多少人,成就多少事",这从某种程度上反映了人脉资源的重要性。成功的商人要有广结人缘的意识,要有乐于助人的精神去积累人脉。

(4) 明利 在市场经济社会,要想顺利地发展,必须明确各自的利益关系,所谓"先小人,后君子""亲兄弟,明算账",这是很有道理的。因为利益不明确,做人、经商失败的例子比比皆是,传统伦理中羞于谈利、重义轻利是不适合市场社会的。在商业活动中,明利还应强调效益和效率优先的原则,不可拘泥于人情、面子等非效率因素。

(5) 付出 要想获得他人的认可和生意的机会,做人和经商最重要的秘诀之一就是要有"先付出"的精神,即常说的"先予后取""吃小亏赚大便宜"。"先付出"代表了一种做人精神,懂得先付出的商人是真正高明的商人。洞察成功商人的轨迹,都闪烁着"先付出"的智慧。

(6) 信念 信念不仅代表着一种远大的目标,更代表着一种执着的精神,一种对自我积极、乐观、自信的肯定。"十年磨一剑",成功只是时间问题。信念对自我的巨大推动作用,积极的心态决定成功的 85%,信念比才能更重要,改变自己的心态就能改变自己的世界。

2.1.2　商务谈判的伦理观

商务谈判是不同利益主体之间进行的一种市场交易行为,虽然这种交易行为有其内在的规则和要求,但作为一种人际交往活动,伦理道德往往制约着谈判者的行为,使谈判策略与技巧的运用常常面临着道德困惑和道德风险。因此,正确认识商务谈判中的伦理道德,是建立正确的谈判思维、谋取谈判效益不可忽视的一个问题。

1) 商务谈判伦理与法律

伦理道德是人类社会依据一定的价值标准调整人们的行为和人们对社会、国家的义务的准则。商务谈判作为社会中一种人与人之间的经济交往行为,必然要借助一定的道德要求和道德准则,去规范这种行为中的社会关系和人际关系,以维护一定的公共秩序。

商务谈判既受到伦理的约束,也受到法律的约束,但两者约束的实施手段与作用是不同的。法律约束是国家以法律形式确定谈判双方的权利、义务关系,具有普遍性、强制性和严肃性,是一种显约束和硬约束;而伦理约束是一种批判的武器和舆论的力量,以评价人们的善恶为其职能,它的作用主要表现在使谈判者的行为有所趋避、有所选择,是一种隐约束和软约束。伦理约束并不具有普遍的、强制的约束力,谈判者可以遵守,也可以不遵守。不遵守,其面临的是道德风险。

然而,伦理与法律对谈判行为的约束范围不是完全重叠的,在伦理与法律之间往往可以找到回旋的余地,谈判中行为的取舍常常遇到法律制裁与道德鞭笞两种不同的后果。作为谈判者,首先要遵循法律的约束,这是不可动摇的,其次要慎重考虑道德的约束,遵守人们公认的、反映社会正义和时代进步的道德准则,但不能为道德约束捆住了手脚,失却了谈判应有的灵活性和策略性。

因为伦理道德具有较强的区域性、时代性和民族性,因此伦理约束的边界在于综合评判"道德风险"带来的得与失(如信用、名誉、长期利益等),如果冒"道德风险"的失大于得,显然应遵从伦理的约束。可见,伦理对谈判的约束并不是纯粹的"可"与"不可"的问题,而是一个"适度"的问题,拘泥于伦理与置伦理于不顾,都是不可取的。幸运的是,道德与利益并不总是矛盾的,好的道德常常能促进利益。

2) 商务谈判伦理的确立

谈判伦理的确立不是谈判者凭主观经验或抽象理性制定的,而是在谈判过程中,依据谈判双方之间存在的利益关系以及各自所持有的据此约束自己的道德准则而发生、发展的。因谈判双方利益上的一致性与冲突性的并存,谈判伊始谈判者不可能完全的"真"与"实",谈判的过程正是一个去伪存真、由虚到实的转化过程,而谈判伦理亦正是在这个转化过程中实现和完成的。

3) 商务谈判伦理的运用

伦理虽不具有普遍和强制的约束力,但是作为伦理规范,却是在商务谈判中得到人们普遍承认和适用的。伦理约束对商务谈判有着匡扶和引导的作用,能促进谈判的健康发展。因此,伦理道德应成为商务谈判的基本规则和取向。

谈判的伦理约束不是谈判进取的障碍,它决不制止谈判策略与技巧的运用,合法的谈判策略与伦理道德并不是矛盾的。谈判中的伦理观不提倡通过不诚实或欺诈的行为来达到自己的目的，但也不反对在谈判中运用策略时的精明与灵活，因为这并不违反伦理规则。谈判中的伦理"禁区"是：一切能使谈判无效、合同无效或撤销，甚至引起诉讼、索赔的行为，均视为禁区。因此，伦理不仅不应成为谈判者的羁绊，恰恰相反，谈判者的进取精神应成为谈判伦理观的主体精神。

2.1.3 商务谈判的道德准则

商务谈判的道德基准，是调整谈判者的相互关系与行为的基本道德规范与准则，它为谈判者的行为提供更大范围的社会认同标准与价值。它包括职业道德及其所从属的社会阶层与角色的道德两个方面。

1）谈判职业道德

职业道德是一种职业或行业的自我约束，也是社会交换中的"利它主义"因素，它对规范或改进职业或行业行为具有重要的作用，是职业者应遵守的基本道德准则。商务谈判作为一种调节利益关系的商业交往行为，应遵守以下基本职业道德：

（1）礼 "礼"的道德准则存在于商务谈判的全过程和谈判行为的各个方面。"礼"不仅仅是指礼貌待人，遵守礼节，还包含认同和遵守对方的文化习俗，接受和适应不同的谈判风格。"礼"实则是在友善、尊重的前提下，去建立双方良好、融洽的关系，为谈判的成功奠定基础。

（2）诚 "诚"，即诚心诚意，光明正大。这一道德准则首先体现在谈判动机与目的上，即正当的目的，诚意的谈判；其次体现在谈判所运用的依据上，是"存在的事实"，或"善意的谎言"。谈判者只有以诚相待，才能取信于对方，有助于谈判的发展。但"诚"不是老实呆板，坦白相告，毫无保留，没有变化，它的要义在于不构成欺诈。

（3）信 "信"首先是指谈判者的言而有信，言必行，行必果，重承诺，守信用，而不是信口开河，出尔反尔，自食其言；其次，表现为谈判要注重和维护自己的信誉，不做有损于信誉的事；再次，体现在谈判者要善于取得对方的信任，为谈判创造条件。

2）谈判角色道德

商务谈判者往往不是孤立的个体，他或者从属于某一社会阶层，或者隶属于某个组织，从而在社会中归属于某一社会群体，扮演着某种社会角色，因此，也就必须遵守这种社会角色所带来的道德准则。

（1）责任感 责任感是谈判者自觉的或被要求承受使命或义务的意识而产生的一种约束自身行为的意志力量。商务谈判的责任感主要体现在谈判者要努力去实现谈判目标，维护和争取己方尽可能大的利益。自觉的责任感是一种内在的约束力量，被要求的责任感是一种外在的约束力量，两种力量都可以使谈判者尽其职责与义务，但对谈判行为约束力的强弱程度，进而导致的谈判效果与质量的高低程度是有差异的。自觉的责任感是谈判者伦理道德的主要部分。

（2）集体感 集体感是谈判者以所代表的组织的集体利益与荣誉的需要为自己行为准则的道德观念。与个人的责任感相比，集体感为谈判行为提供了一种较大范围的社会认同标准与价值。对谈判者而言，集体的利益与荣誉高于一切，个人的需要应服从集体的需要，为了集体利益，可以牺牲个人利益，而不能损公肥私、因小失大。这是作为一个合格的谈判者最基本的道德准则。

2.1.4 正确把握道德边界

如前所述,商务谈判伦理道德的确立是一个"过程"和"度"的问题,而不是简单的"是"与"否"的问题,谈判中经常充满着这样那样的道德困惑,把握不准它们的分寸与边界,往往容易滑落道德风险的边缘,或陷入道德束缚的泥潭。

1)诚与谋

谈判需要"诚",但并不排除"谋"的采用。"诚"不是原原本本、老老实实地把知道的一切告诉对方,也不是不加修饰、毫无保留地坦白相告;"诚"也需要策略、需要艺术。诚与不诚的边界在于,谈判的主要动机与主要事实是否"诚",是否构成欺诈。

2)实与虚

谈判需要"实",也需要"虚",虚虚实实是谈判的精髓所在。但"实"与"虚"都不能过头,"实"不是把不该泄露的情况也告诉对方;"虚"也不是捏造事实、公然欺骗。"实"强调的是事实胜于雄辩、取信于人;"虚"强调的是造势迷惑、用计斗智,其目的是为了增加谈判实力和谋取谈判的主动权,两者的边界同样在于是否构成欺诈。

[小资料]

谈判中的有限诚实

关于谈判中的道德观有三种主要流派:一是纸牌游戏派,认为谈判只不过是一种商业游戏,只要不违法,策略和诡计尽可以采用,不必顾忌伦理道德;二是理想主义派,认为谈判必须符合伦理道德的要求,谈判者必须坦率诚实,必须说真话,不能撒谎,即使受损也要坚持准则;三是实用主义派,认为可用才用,如果存在其他实用可行的方法,谈判者就不要误导或撒谎,同时还要视双方的关系重要程度而定,因为这可能存在道德成本,长远来讲,撒谎也许失大于得。

美国一些谈判学者的研究表明,必要的撒谎是有效谈判不可或缺的一部分。如果你将讨价还价的筹码,甚至连自己的谈判底线都告知对方,那你就丧失了谈判的主动权;同时,你也不能采取极端的非道德行为,如公然欺诈,无原则撒谎,那就失去了谈判的诚意和合作的基础,弄不好会搬起石头砸自己的脚。相比而言,中庸的非道德行为更能为谈判者所接受,如虚报价格、声东击西、放大事实、贬低对方、刻意杀价等。因此,谈判中必须学会有限诚实,尤其是在竞争性的谈判中,知道哪些可以虚、哪些必须实,哪些能说、哪些不能说。

商务谈判中的道德禁区主要包括:①主要的事实不能撒谎。即对方赖以决策、利害攸关的事实,如产品的质量、合作的资质、履约的能力等。②明显的事实不能撒谎。即对方只要稍加调查就能查证的事实,否则就是公然欺诈。③不能实现的承诺不能撒谎。信用无价,一次失信,多少次都难以挽回。④关乎人格国格的事情不能撒谎。人格国格是做人的道德底线,不能逾越。

——根据《沃顿商学院最实用的谈判课》等整理

3)信与变

"信"要求谈判者重承诺,守信用,言必行,行必果,但是否所有的承诺都不可以变化?应该说,谈判者在绝大多数情况下都应守信践诺,但在一些情况下,如承诺对己方造成了重大的利益损失、承诺无法履行或难以完整履行等,那么谈判者也是可以通过一定的程序和方法收回或改变承诺的,而不必死守承诺,虽然这会导致对方的不满,但只要合理合法,讲究策略,仍然是可以获得谈判和合作成功的。

4）公平与精明

谈判讲求公平合理,但也需要精明,争取己方更大的利益。公平与精明同样是一个"度"的问题,公平不是利益的平均分配、绝对平等;精明也不是锱铢必较、分厘不让,更不是巧取豪夺、你输我赢,谈判是"合作基础上的利益主义"。公平的要义在于谈判的结果双方要自愿、满意;精明的要义在于以小的牺牲换回大的利益。

5）友谊与利益

谈判中要注重建立和维系友谊,为了友谊可以牺牲一定的利益;同时,谈判中更要注重利益,为了利益也可以牺牲友谊。到底孰轻孰重? 这要视谈判者的经济承受力和目的而定,同样也是一个"度"的问题。讲友谊,不是没有原则、不予计较;讲利益,也不是冷酷无情、只认钱不认人。一般来说,商业交往中利益比友谊更可靠,所谓"商场中没有永恒的友谊,只有永恒的利益"。

6）和谐与冲突

谈判需要双方的和谐相处,友好相待,唯此才能更好促成谈判的成功。但谈判时时充斥着矛盾与对抗、斗争与冲突,谈判正是和谐与冲突的矛盾统一体。如何处理好两者的关系,谁主谁次,这也是一个"度"的问题。和谐不是一团和气、一味妥协;冲突也不是口诛笔伐、任意恣为。其分寸在于既要给对方施加一定的压力,又要保持对方对谈判的兴趣;既要争取自己的利益,又不能远离对方的兴趣。

谈判中面临的道德困惑,说明了追求己方利益与维持道德准则之间微妙的关系,它们既有一致的地方,也有矛盾的地方;同时,也反映了谈判是一项策略性、艺术性的工作,要善于把握其尺度,所谓"过犹不及"。

【技能训练】

你负责预订的公司电脑设备到货了,而你以为的"装机服务"实际上供货商只是把电脑及网线插到不到2米的接线板上就完事了(合同并没有明确如何安装),而不是你想的在整个大楼20个不同的地方安装联网服务。你会怎么办? A. 指责卖家没有理解你的意思;B. 让安装人员把电脑搬走;C. 打电话给对方要求重新协商合同内容。

选择A,你除了和对方争吵孰是孰非,没有其他意义,除非你能找出书面记录证明安装要求。选择B,你要看看合同是怎么规定的,正常情况下,既然你们已经同意安装了就意味着已验收交货;再者,即使你按合同可以退货就是最佳的选择吗? 除了耽误时间不说,你找的第三方一定会比这家好吗? 选择C是明智的,会引起他们的高度重视,重新思考与你的合作,为了不失去这笔订单,也许不用你多说,他们就同意重新安装了;即使不同意,你也可以跟他们再谈判,进退有据。

2.2 谈判理念的树立

2.2.1 理解谈判的实质

1）谈判是一场心理战

谈判是为自身利益进行博弈的过程,双方在此过程中斗智斗勇,互相较量,其结果如何与双方的心理期望值和心理坚持力有着直接的关系。己方的期望值越高或对方的期望值越低,结果对己方就越有利;谈判中谁越善于坚持,结果对谁就越有利。因此,谈判的关键之一就是要设法影响对方的心理,降低对方的期望值,提高对方的心理满足度,为己方争取更有利的条件;此外,谈判者要勇于面对压力,有必要的时间耐力,在谈判中要善于坚持,有效让步。

2）谈判是一场信息战

任何决策的基础都依赖于信息,谈判亦是如此,因此信息是构成谈判策略最主要、最基本的因素。由于博弈的特征,谈判都有一个由虚到实的过程,谈判者不可能完全掌握对方的信息和意图,这就为信息的运用提供了基础,谈判各方都在运用对己方有利的信息影响对方,虚虚实实,真真假假,就是一场信息战。信息战的精髓是信息优势和虚实结合,谈判者通过各种信息的运用,可以达到调动和制约对方的目的,从而实现对己方有利的目标。

3）谈判是一场实力战

谈判的结果或成效如何很大程度上取决于谈判各方在谈判中所拥有的主动权,而主动权如何根源于谈判各方的实力对比。因此,谈判者为了获取在谈判中的优势和主动权,势必要设法增强己方的谈判实力,削弱对手的谈判实力,这就构成了实力战。实力战的关键在于对谈判的准备和对对手的了解,所谓知己知彼,百战不殆;此外,谈判者要善于运用人员、力量、时间、信息等因素建立和加强己方的谈判实力。

[案例]

特朗普超低价购买酒庄

美国前总统特朗普收购克鲁格葡萄酒庄,是一个谈判的经典案例。这座酒庄原来的主人克鲁格家族在 20 世纪 90 年代曾经花两亿美元对其重装,装修后金碧辉煌、奢华无比。但是,家族受生意惨败的影响,导致整个酒庄被银行强行没收。不过,银行没收的仅仅是酒庄建筑,而不包括酒庄周围的约 200 英亩(约 809 371.2 平方米)的土地。为了挽回损失,银行决定将酒庄标价 1 600 万美元挂牌出售。特朗普知道这个信息后,非常感兴趣。

特朗普立刻行动起来。不过,他并没有急着去找银行谈具体的购买意向。他首先做的就是对整个事情的来龙去脉进行详细了解,特别是这个酒庄的周边环境。经过仔细研究,他决定先做两件事。第一件,他先找到克鲁格家族,提出愿意帮助他们缓解目前的困境,然后想办法让他们把酒庄周围 200 英亩的土地以 50 万美元的价格卖给了他。第二件,买下土地之后,特朗普在土地上立起非常醒目的标牌——"私人财产,禁止穿越"。

这样,整个酒庄就被这 200 英亩的土地围了起来。想要进入酒庄,必须要从一条狭长的小路开车进去,而这一路都是特朗普的"私人财产,禁止穿越"的标牌。不仅如此,特朗普还不让维护土地,结果没过多久,四周就杂草丛生,看起来破败不堪。很多感兴趣的买家看到这样的景象都望而却步,银行自然被气得火冒三丈,却也无计可施。当银行已经被折腾得几乎要崩溃的时候,特朗普来了。谈判进行得很迅速,原来标价1 600万美元的酒庄最后居然被特朗普以360万美元买走。毕竟,银行只是想挽回自己的经济损失,而不是去运营这个酒庄,这种状况实在太可怕了。

2.2.2 谈判成功的要素

1) 谈判方案

谈判的成功首先源于良好的谈判方案。所谓谈判方案是指基于双方利益的合作方式和条件,是谈判双方的根本利益所在。良好的谈判方案可以发现和谋求双方更大的、双赢的利益,可以使双方的需求得到更好的满足,是谈判的真义和正道所在。那种认为谈判的成功与否主要取决于谈判技巧,是不符合现实,也是主次不清的。因此,为追求谈判的成功,谈判者首先需要洞察和把握双方的真正需求和核心利益,发现双方的合作剩余,挖掘合作的潜在价值,构思和制订能使双方利益最大化或损失最小化、能为双方充分接受的谈判方案。

[案例]

不赚钱就是最赚钱

20世纪90年代初,住宅区兴建游泳池还是新鲜事,很多施工单位都没有经验。某市知名开发商开发的一个高档住宅区拟配建一个包含室内外的大型游泳池,遂对外招标。前来应标的施工企业有6家,其中绝大多数企业的报价均在700万元以上,高的达到1 000万元。只有一个企业的报价只有500万元左右,这是一个几乎等于成本的价格,开发商非常诧异,遂提出疑问。该企业负责人回答说,我这个价格是有条件的,一是我们要把这个游泳池做成样板宣传工程,因此质量你尽可放心;二是我们希望在游泳池上方悬挂我公司的广告牌,表明是我公司承建的示范工程;三是希望贵方允许我公司今后带客户参观考察;四是希望贵公司类似工程同等条件下我公司有优先承建权。开发商一听,几乎不增加自己的任何成本,毫不犹豫地就把工程交给了该单位。本案是该市第一个游泳池工程项目,形成了巨大的示范效应。该公司在此后的3年内,连续承接了数十个类似项目,一跃成为该地区最大、最专业的游泳池建设商,不仅没亏钱,而且赚取了丰厚的利润。

2) 谈判实力

谈判实力是谈判者所拥有的主客观、软硬件力量的总称,谈判的结果就是双方谈判实力较量比拼的结果。谈判的成功有赖于谈判实力的运用,一般来说,谈判实力越强,谈判成功的可能性越大;一方的谈判实力越强,谈判的结果对一方越有利。因此,谈判者为了追求谈判的成功,必须建立起相应的谈判实力,并在谈判过程中不断加强己方的谈判实力,谋取谈判的主动权。

3) 人际关系

谈判中除了利益关系,还有人际关系。人际关系的核心是信任,而合作的基础是信任,即便有再多再大的利益,一般来讲人们不会跟那些不了解、不信任的人合作。谈判不仅是组织与组织之间的交往,也是人与人之间的交往,良好的人际关系不仅是谈判成功的关键要素,而且是谈判成功的促进器、润滑剂。人际关系本身就是一种宝贵的资源,建立彼此信任的、和谐友好的人际关系,更是谈判成功的捷径,不仅在重视关系的东方国度如此,在重视效率的西方国家也是如此。

4) 心理满足

谈判中的利益多少或成功与否,并没有绝对的判别标准,而很大程度上取决于谈判者个人的理解和感受。成功的谈判不仅需要考虑对方客观的利益,还需要考虑谈判者主观的感受。付出的多或对方得到的多,对方不一定接受或满意;付出的少或对方得到的少,对方不一定不接受或不满意,这主要取决于对方的心理感受和评判。因此,成功的谈判者都懂得影响对方的心理期望值,增强对方的心理满足感,培养对方对合作的信任感、成功感和愉悦感。

[案例]

假如我们出价再低一点

一对夫妇闲聊无事时在一本刊物里见到一只造型十分精美的镶金古玩钟,这正是他们喜欢的那种。他们甚至都在商量把它摆在哪,于是决定去买这只钟,希望能用 1 万元买下它。

他们找了很久,总算在一家古董店找到了它,"就是它!"妻子兴奋地叫起来。但是钟的标价一下又吓住了它们,4 万元! 试一下吧! 丈夫带着沮丧去和老板商量,"这只钟……我和我妻子都很喜欢它,能不能优惠点卖给我们,我想给它出个价,你看 1 万元怎么样?"说完,他下意识地往后缩了一下,因为他怕老板愤怒的声音淹没了他。但是,老板连眼睛都没眨一下说:"好吧,给你啦!"夫妇俩闷闷不乐地拿着钟回到了家。他们一直在想"假设我们出价再低一点……"带着这个念头,他们从此郁郁寡欢,念念不忘"如果我们出价再低一点……"

2.2.3 成功谈判的理念

1) 价值谈判的理念

所谓价值谈判是指基于双方合作的价值而不是价格的谈判。双方在合作中,除了价格这一核心价值外,还有品质、数量、付款、时间、交付、服务、保证等其他交易条件价值;除了产品价值,还有人员、服务、形象价值;除了有形资产的价值,还有无形资产的价值;除了经济价值,还有个人价值,如友好关系、信任与尊重,与经济价值同样重要;除了眼前的价值,还有将来的价值;除了显现的价值,还有潜在的价值。只有建立价值谈判的理念,才能发现双方的最大利益和真正需求,才能构建起最佳的谈判方案,才能打开谈判成功的通道。如果将谈判的眼光只局限在价格上,不仅容易使谈判陷入困境,而且容易造成输赢型的谈判,降低谈判成功的概率。

2) 双赢谈判的理念

成功的谈判不仅要满足己方的需要,亦要满足对方的需要;不仅己方要赢,对方也要赢。但是"双赢"既不是谈判利益的平均分配,也不是放弃己方的利益,而是在考虑对方合理利益的基础上,去追求己方利益的更大化;同时,"赢"更多的是心理感受,要增强对

"赢"的感受。

万科在成都主动"加价"拿地

1999 年万科看重了成都东面约 120 万平方米的土地,当时的地价大概是 1 200 元/米²。但是成都的东面是重工业区,几乎没有人愿意去那儿。因此,最终价格谈到了 270 元/米²。为了能够发展这片区域,当地的区长希望万科当时的董事长王石能够出面,相当于做个广告。所以到了要签约的时候,对方说,只要王石能够出面签字,总价还可以降价 5 400 万元。

到了现场后,大家都坐下来,王石便开口说:"这 5 400 万元的优惠我不仅不要,而且我还要再给你加 9 000 万元。"对方感到既惊讶又疑惑,于是问王石:"您是不是弄错了?"坐在一旁的区长也非常纳闷,心想:"王石不是应该砍价吗? 怎么还给加价?"王石不慌不忙地解释说:"其实来这儿之前我就算过一笔账,270 元/米² 其实远远不够。万科是做房地产开发的,已经做了 11 个年头。如果钱不够,就会遇到两个问题。第一个问题:有的城市非常欢迎万科,土地也很便宜,但是我们项目的围墙总是倒塌。为什么会这样? 因为土地非常便宜,所以政府给农民的补偿就少了,他们就来推我们的墙。如果万科的业主住进去了,但是墙倒了,那就成万科的大问题了。第二个问题:因为土地非常便宜,所以不会过多考虑小区的相关配套设施。例如,房子盖好了,快要交房的时候,自来水管铺到小区门口就不铺了。这时候自来水厂要求额外再给 4 000 万元。怎么办? 如果不给的话,你的房产项目就不能通水,所以这 4 000 万元只能给。小区的供电也是一样的道理,电网都架好了,还要给电路扩容费。这些都是万科之前经历过的事情,看似占了便宜,其实损失很严重。现在的项目,看上去非常便宜,但是最后还是会慢慢补上的。所以,今天我主动加价,5 400 万元加上 9 000 万元,一共是 1.44 亿元。我们可以叫上自来水公司、供电公司,把这些事情提前都协调好。"结果双方合作圆满。

3) 增强实力的理念

谈判者无论处于什么样的情况,都应有建立和加强谈判实力的理念。因为在谈判中各方所得利益的确定,往往是由各方的谈判实力决定的,因此要追求谈判的成功,必须设法建立和增强己方的谈判实力。同时,由于谈判实力具有相对性、动态性和隐蔽性等特点,这就使我们通过策略和方法来提高谈判实力有了可能。

利用银行增强谈判实力

20 世纪后期,美国石油危机影响了世界经济的发展,这个时候在美国西部的得克萨斯州发现了一块石油储量十分丰富的油田。政府决定招标与企业合作共同开发,这个消息无疑使所有的石油公司为之振奋,纷纷筹措资金,准备在竞争中拿到石油的开采权。

莫克石油公司的老板道格拉斯很是希望自己在谈判中胜出,但是以他目前的经济状况根本无法与身价千万、上亿的石油大亨们一较高下,无法在与政府的多方谈判中取得胜算,难道自己就只能眼睁睁地看着这个绝好的机会被别人抢走? 政府通过资格评审,最后确定了 6 家公司进行多方谈判,莫克公司也在其中,而谈判的重点则是代理开发金额。这时候,道格拉斯终于想到了克敌制胜的办法,莫克石油公司的资金运作全都通过花旗银行,于是他找到花旗银行的琼斯,希望由他来代表莫克公司进行谈判。琼斯从银行的经营效益考虑,如果道格拉斯取得了石油开发权,则必然将对银行的业务有所帮助,资金也会增长,于是便答应道格拉斯的要求,在谈判中根据情形决定代理金额,但公司能接受的上限为 200 万美元。

谈判当中琼斯冷静地坐在了会议室一角,并没有提出任何意见,却给政府当局和其他参与谈判的公司造成极大的心理暗示。当开始每个公司阐述自己的开发方案时,琼斯站起来替莫克公司第一个发言,而在发言的最后,琼斯又起身宣布莫克公司愿意以 200 万美元作为对油田的开发权,参与石油开发。参与者都在考虑莫克石油公司是不是与花旗银行联手参与开发,要不然也不会派琼斯来参加谈判,若是这样,在座的每一个公司都没有和银行竞争的实力,于是这些公司都纷纷放弃了这次机会。而政府也认为开发油田有了银行这一坚强后盾,何乐而不为呢? 于是很爽快地把开发权交给了莫克石油公司。这次谈判的成功也创造了美国史上效率最高、时间最短的纪录。同时也对以后莫克石油公司的发展产生了重要作用。

4) 心理满足的理念

谈判不是与谈判者谈判,而是与谈判者的认知谈判,谈判输赢取决于对方的认知。给予对方更多的心理满足,在不增加己方实际付出的基础上,可以让对方有更多“赢”的感觉,可以增强谈判的吸引力,亦有利于改善双方的关系。谈判者虽然代表的是谈判组织,但谈判活动是由谈判者具体进行的,因此给予对方谈判者良好的心理满足,就能有力促进谈判的成功。

5) 人际关系的理念

谈判活动虽然是一种利益合作行为,但也是一种人际交往活动。双方的人际关系如何,往往影响着谈判能否成功、谈判的效率以及协议的履行与长期的合作。因此,谈判者不仅要善于“对事”,亦要善于“对人”,通过建立良好的合作氛围,开展积极有效的沟通,提升个人的人格修养和魅力,使对方从心理上认同、接纳和信任自己,就可有力地促进谈判的成功。

[案例]

飞机推销员深深打动了将军

飞机推销员拉埃堤到新德里,想在印度航空市场占有一席之地。没想到,当他打电话给有决定权的拉尔将军时,对方反应十分冷淡,根本不愿见面。最后,在拉埃堤的一再要求下,才勉强答应给他 10 分钟的见面时间。

拉埃堤决定要利用这 10 分钟的时间扭转乾坤。当他跨进将军的办公室时,满面春风地说:“将军阁下,我衷心地向您道谢。因为您使我得到了一个十分幸运的机会,在我过生日的这一天,又回到了出生地。”“什么,你出生在印度吗?”将军半信半疑地问道。“是的!”拉埃堤借机打开了话匣子。“1923 年的今天,我出生在贵国的名城加尔各答,当时我的父亲是法国密歇尔公司驻印度的代表……”

10 分钟过去了,将军丝毫没有结束谈话的意思,他被拉埃堤绘声绘色的讲述深深吸引住了,并邀请他共进午餐。拉埃堤从公文包中取出一张颜色已经泛黄的照片,双手捧着,恭恭敬敬地请将军看。“这不是圣雄甘地吗?”将军惊讶地问。“是呀,您再仔细看一下那个小孩,那就是我。4岁时,我和父亲一道回国,在途中十分幸运地与圣雄甘地同乘一条船,照片就是那时我父亲为我们拍摄的。我父亲一直把它当作最珍贵的礼物珍藏着,这次因为我要去拜谒圣雄甘地的陵墓,父亲才……""我十分感谢你对圣雄甘地和印度人民的友好感情。"将军紧紧地握住了拉埃堤的手。

午餐自然是在亲切无比的气氛中进行的。拉埃堤和将军像是一对久别重逢的老朋友,越说越投机。当拉埃堤告别将军时,不用说,这宗本来希望渺茫的大买卖已经成交了。

6)长期利益的理念

谈判不能只拘泥于眼前,而要面向未来。优秀的谈判者不只是看到一场谈判的得失,他们往往能从双方的合作中看到所隐藏的长期利益和未来前景,为了长期、更大的利益,他们愿意牺牲一些眼前、局部的利益,他们也懂得先予后取的道理,追求长远、整体利益的最大化。相反,那些坚持"好汉不吃眼前亏"、锱铢必较的人,往往会因小失大,因近失远。

2.3 谈判理念的误区

2.3.1 谈判理念的主要误区

1)谈判总值是固定的

谈判最常见的误区就是,认为多数谈判的总值是固定的,或馅饼的大小是固定的,凡是对另一方有利的必然会对对方不利,因而将谈判的重点放在如何"分蛋糕"上,而不是如何"做大蛋糕"上。事实上,大多数谈判的总值都不是固定的,都存在合作剩余,这需要谈判者创造性思维,有效沟通,发现双方的真正和长远利益,通过真诚合作而不是一味争斗来创造出更多的共同价值。

2)达成协议就是成功

很多人认为,只要达成协议谈判就是成功的。事实上,无论是以竞争为主的谈判,还是以合作为主的谈判,达成协议都不是谈判的真正目的,衡量谈判成功与否的根本标准是谈判目标的实现。研究表明,相当多的谈判协议都是低效的,谈判者要么让步过大,盈利太少,要么期望值太低、把该赚的钱丢在了谈判桌上,要么浅尝辄止、满足于非最佳条件或方式,不去尝新探优。这背后的心理动因是人们经过艰苦的谈判,往往容易满足,降低自己的要求,而不去争取更好的结果。

3)拘泥于伦理道德

谈判活动离不开伦理道德的约束,谈判的结果也应符合法律和道德的要求。但谈判活动本身就是一场心理战和信息战,需要讲究策略,影响对方的心理;需要虚实结合,调动对方的行为。如果拘泥于伦理,一味强调"实""真""善"等道德标准,不屑于、不习惯或不善于运用谈判的游戏规则,那么就等于放弃了谈判的主动权,听由对方左右。这就好比战争,如果把真相都告诉对方,那这个战怎么打?如果过于仁慈,那如何能战胜对手?谈判不是真正的战争,但也具有战争所特有的对抗性质,目的不是为了打倒对方,而是为了谋求双方的合理利益。

4)混淆手段与实质

应该看到,谈判并不是不需要"诚"与"信",恰恰相反,"诚"与"信"是做人、处事最根本的要求。但这种诚、信主要应体现在谈判的结果和实质上，尤其是合同的履约上；而谈判的过程则是充满了策略与阳谋，在合法的前提下，谈判者可以运用多种手段、方法、技巧去达成己方的目的，这就是谈判活动特殊的游戏规则和国际惯例，在没有签订白纸黑字前，一切都有可能。但只要签订了白纸黑字，除了法律允许的原因，就必须依约履行。我们强调谈判活动的博弈性、策略性，正是建立谈判思维的关键所在，其目的并不是强取豪夺，而是尽力实现己方的最佳利益。

5）谈判与推销不分

一些人常常将推销与谈判混为一谈，认为谈判就是推销，推销就是谈判，用推销的原则来进行谈判，在实践中往往取不得好的效果。实际上，谈判与推销既有内在的联系，又有本质的区别。谈判的产生往往需要一定的条件和时机，即双方具有谈判的意愿和必要时才会谈判；而推销则不受此种限制，对方没有欲望要设法刺激其欲望。在一些业务中，能尽快销售则无须谈判；若存在较大分歧，则需要谈判解决。一般来讲，较小的业务重在推销；而越是重要的业务，越需要谈判。

区别谈判与销售的意义是明显的。在谈判中，谈判的主动权既可以在买方，亦可以在卖方；而在推销中，主动权常常在买方手中。谈判的目标主要是谋求利益的最大化，而推销的目标主要是尽快卖掉商品，因此常常没有争取到最佳的利益。一个优秀的销售人员，应该既懂得推销，也懂得谈判，该推销时推销，该谈判时谈判，而不是一味以推销思维来开展业务。

谈判与推销的方法也有较大的区别。谈判的重心是运用谈判方案和策略来谋求双赢，讲求的是力量运用与对抗；而推销的重心则是激发对方的购买欲望，讲求的是推销技巧的运用。在具体方式方法上，两者也有较大的不同，甚至是截然相反，如推销往往需要主动、热情、演说、接近对方，而谈判有时需要被动、少说、拖延、淡然处之。谈判与推销的共同之处是，都需要说服力。

6）人与事不分

谈判活动中常常出现人与事不分的情况，因为谈判者都是有感情的人，难免带有这样那样的情绪，但谈判是基于利益的合作，而非基于感情的合作。如果谈判者将人和事搅在一起，对人而不对事甚至人取代事，不仅无助问题的解决，而且会激化矛盾，是典型的思维错位，轻则丢了生意，重则伤了和气。作为理智、高明的谈判者，要学会人与事分开，对事而不对人，对人友好、对事原则，重利益而非立场。因为每个谈判者的经历和背景不同，价值观念和做人哲学也会有所不同，不能以自己的个人准则和情感去要求和评判对方。只有这样，才能开启谈判的成功之门。

2.3.2　谈判中常见的错误

1）狭隘利益症

即只看到自己的利益，看不到对方的利益；只看到眼前利益，看不到长远利益；只考虑自己的需求，不考虑对方的需求；只从自己的角度看问题，不从对方的角度看问题；只愿取，不愿予。这种做法常常容易导致谈判的短视和失败，最终也会损害自己的利益。

［案例］

两人在争吵时大雁飞了

有这样一则寓言故事。两个饿极了的猎人在荒无人烟的草地上突然发现了一只低回的大雁,它好像掉队了。猎人甲一边张弓搭箭,一边欣喜若狂地说道:"这回可有美味了,我最喜欢吃烤得香喷喷的雁肉了。"听了这话,猎人乙好像觉得有什么不对,"哎,老兄,干吗要烤呢,我喜欢吃煮的!"猎人甲放下手中的弓箭,跟对方较上了劲:"不行,我就要烤的!"

就这样,两人你一言我一语地吵了起来。要不是两人都已筋疲力尽,早已打了起来。最后,不知谁的脑子里闪过一丝理智,他们达成了协议:等射下大雁,一半烤着吃,一半煮着吃。但是当他们再次拿起弓箭时,大雁早已飞得没影了。

2) 容易满足症

人类普遍都存在容易满足的倾向,这与人性中的好逸恶劳潜质是相关联的。谈判中的容易满足症主要表现为:一是因害怕失去合作,谈判初始设定的期望值过低,不敢争取更好的谈判目标,认为只要差不多就行了;二是在艰苦的谈判中,谈判者往往会降低自己的期望,希望尽快结束、达成协定,因此也就不愿再耗费时力去争取最佳的方案或条款。因此,设定较高的期望值并尽力坚持和争取,在谈判中是极为重要的,是高效谈判的不二法门。

3) 非赢即输症

即不是把谈判看作是一场互利互惠的合作,而把谈判看作是一场你死我活的斗争或有输有赢的比赛,即结果只能是:要么输,要么赢。其实质是把谈判利益看作是一种"零和",你多我就少,如果我少了,那我就输了。这种看法是非常有害于谈判的,它会使谈判者把眼睛只盯在现有的"小蛋糕"上,而不是去谋求对双方更有利的"大蛋糕"或发现整合双方的真实需要,最终亦会破坏双方的合作和关系。如前所述,大多数谈判实际上都是可以"双赢"的。

4) 直来直去症

没有经验的谈判者常常会患"直来直去"的毛病,即怎么想就怎么说,有多少说多少,是什么说什么,或者轻易地把内心的想法和感情流露出来,或者夸夸其谈,滔滔不绝,把自己的意图、计划完全暴露给了对方,而没有看到谈判是一场心理斗争艺术,需要多听少说,需要以迂为直,需要虚虚实实。谈判中过于坦白,等于把谈判的主动权拱手让给对方,受制于人。应该看到,坦白是谈判的一种策略,而非常态;谈判更适合的心理状态是深沉。

5) 一步到位症

有些人不习惯或不愿意讨价还价,往往把价格一次让到位或"一口价",不给对方讨价还价的空间和余地,愿买(卖)则买(卖),不买(卖)拉倒;或者一次就应允对方的交易条件;或者不够坚持,轻易地作出让步。如此种种,一方面不能很好发挥谈判的作用,降低了合作成功的可能性,另一方面也降低了对方的心理满足程度。

6)"一条道"症

谈判者带着先见进入谈判,事先想好了事情的原委和解决的办法,然后带着对方会接受这种解决办法的心理进入谈判,或者对问题只有一种解决方案,没有其他的解决方案,这样他们的思维就沿着一条直线往前走,不会或不愿考虑其他方向和途径。"一条道"症极易引发双方的矛盾,堵塞双方的合作空间,是一种思维僵化、眼界狭隘的表现。

[案例]

列车上开窗户的争议

在列车上,两个旅客大吵大闹。一位旅客坚持要打开窗户,另一位旅客却坚持要关上车窗。列车员走了过来,他了解了两位冲突者的观点。"打开窗户我要呼吸新鲜空气。"第一位旅客说。"我怕风吹,必须得关上窗户。"第二位旅客如是说。

列车员想了想,关上了有争议的这扇窗而打开了旁边的另一扇窗。第一位旅客享受到了新鲜空气,而另一位旅客也不至于受风吹。由此,双方的共同利益达到了,而他们之间的冲突只不过是他们的观点不同而已。

7) 害怕冲突症

谈判者因担心双方的冲突会破坏谈判的成功,因此只谈那些容易谈的问题,而回避那些容易引起争论或矛盾的问题;只愿做"白脸",不愿做"红脸";不敢向对方施加压力来争取己方的利益,或面对对方的压力轻易屈服。没有看到成功的谈判不仅需要适度的冲突,而且要善于处理冲突。害怕冲突,是一种软弱主义的表现,不仅会损害己方的利益,而且也无助于谈判的成功。

8) 忽视关系症

谈判者不善于同对方的个人建立良好的关系,并利用这种关系来促进谈判和合作,而把谈判看作是纯粹的公事公办,或者过多地由律师或代理人来参与或负责谈判,降低了双方的信任程度和人际作用。这种谈判看起来事情简单了,实则会影响双方的良好合作。

9) 过分热情症

谈判者不一定要冷漠无情,但也勿需过分热情,这是谈判与推销的重要区别之一。谈判者过于热情,要么会引起对手的戒心,增加谈判的难度;要么会使对方放心,降低你的谈判实力。优秀的谈判者往往谨慎、冷静、善于分析,老成持重,不轻易流露自己的情绪,也不会轻易作出承诺。

10) 不拘礼节症

谈判约定俗成的各种礼节是不能违背的,它们保留至今是为了得到遵守。谈判对手往往不会原谅违背当地礼节的行为,特别是社交场合中令人尴尬的失礼行为,尽管这是由于你的无知造成的,他们可能不会公开指责你的错误,但会记在心上。不拘礼节常常表现为对谈判或当地的礼仪无知,或者不拘小节,过于随便,或者等级不分,行事莽撞,等等,使对手轻视你,甚至会利用你的失礼作为谈判的筹码。要知道,一个好的谈判者应该是举止文明和懂礼守信的人。

[案例]

谈判迟到的代价

中国某公司到美国采购一套大型设备。中方谈判小组人员因上街购物耽误了时间,当他们赶到会场时,比预定时间晚了近半个小时。美方代表对此大为不满,花了很长时间来指责中方代表的这一错误,中方代表感到很难为情,频频向美方代表道歉。谈判开始后,美方代表似乎对中方代表的错误耿耿于怀,一时间弄得中方代表手足无措,无心于与美方讨价还价。等到合同签订后,中方代表才发现吃了一个大亏。

2.4 增强谈判思维能力

谈判是一项对抗博弈、复杂多变的活动,如何正确地分析判断对方的谈判实力和谈判心理,如何处理对方提出的建议和要求,以及如何充分地调动己方的有利因素,避开不利因素,争取谈判优势,克服思维障碍,进行高效谈判,有赖于谈判者的科学、正确的思维。

2.4.1 谈判思维的主要障碍

1) 目标不明

谈判者谈判中的目标不明晰或目标混乱,主次不清,不知道自己所要追求的真正利益和主要目标是什么,使得谈判的核心意图不清楚,最易导致思维混乱。例如,谈判者因谈话的意图不清,很易导致闲聊乃至瞎聊;又如谈判者在追求利益与达成协议间发生矛盾时,很容易导致思维出错。目标不明还易导致谈判的主线不清,纠缠于细枝末节,身陷其中而不能自拔。

2) 思维定式

思维定式是指人们对事物的观念根深蒂固,形成某种一成不变的看法。思维定式主要来源于人们过去的经验,经验越多,其趋向越强。在遇到新事物时,人们总是根据自己过去的经验去推断,如经验告诉我们,火会烧伤手,于是我们就会不去碰火,实际上带上石棉手套火是可以碰的。由于人们认识事物的环境、时间、角度不同,得出的结论也是往往不同的,个人的经验总是有局限的,只从自己的角度、自己的经验去理解事物,不愿接受不同的事物或做法,就会容易产生思维的僵化乃至偏见,是思维障碍的主要原因。所谓"成功是失败之母""唯一不变的是变",克服思维定式就必须与时俱进,以发展的眼光、换位的思维看问题。

3) 晕轮效应

晕轮效应,也称"光环效应",是指人们因对事物局部或外表的看法的形成而影响对事物整体、内在的判断。例如,在谈判活动中,谈判者往往容易因对手某一个方面的品质和特征特别明显而产生深刻印象,这一印象对谈判者产生强大的干扰,使其看不清对手其他的品质和特征,进而对对手作出片面的判断。例如认为"年轻"就缺乏经验,"教授"一定学识渊博,"穿着气派"一定有钱,"囚犯"一定很坏,等等,人们的头脑中就是存在这样那样的假设,而假设与事实毕竟是两码事。克服晕轮效应,我们必须学会辩证地、全面地看问题,以事实进行求证。

4) 归因错误

人们通常愿意把自己的成功归因于自己的能力和主观努力,把自己的失败归因于客观原因;而把别人的成功归因于客观原因,把别人的失败归因于主观原因,从而影响对人、对事的正确判断。这种倾向心理学上称之为"基本性归因错误"。

5) 首要印象

首要印象也称为"第一印象"效应,是指第一印象往往主导着人们对某人某事的看法。首要印象既有积极的一面,即人的第一感觉常常有直觉的正确性,但因为"第一印象"是不全面的、是浅层次的,因此也容易产生错误的结论。因此在谈判中,既要充分利用"首要印象",给对方留下良好的第一印象,也要进一步了解和分析对方实际情况,不要以"第一印象"代替一切。

6）先入为主

先入为主是指先进入人们头脑的观点、事物往往起着主导作用，具有"锚定效应"，影响人们对事物的正确判断。如不等某人说完话就打断他，以为知道了对方的观点。先入为主有积极的一面，如谈判中的先报价或先发制人，可以影响对方的思维；但也有消极的一面，因为忽视了情况是变化的，常常容易得出片面的或错误的结论，因此必须学会动态的、辩证的思维。

7）自我中心

有的谈判者在谈判中以"自我主义"为中心，唯我独尊，只认为自己的观点是正确的，而别人的观点是错误的，听不见不同的意见与声音；或者只关心自己的问题和利益，对于别人的问题和利益不想关心，只想说而不愿听，从而造成思维的片面与狭隘。

8）对手干扰

谈判思维障碍另一个重要的原因是谈判对手的有意干扰，如虚张声势，故布疑阵，情绪爆发、思维诡道等谈判战术，使谈判者常常被"假象"所迷惑、所慑服，受到对手的摆布。这种手段尤其对具有羞怯心理，或过分纠缠细节，或缺乏经验的谈判者非常有效。

美国谈判学家雷法在其主持的"哈佛谈判研究方案"中还指出，在大多数谈判中，对问题过早地进行判断而不愿从多角度去理解；过早地下结论而抨击不同的看法；把谈判看作是"固定金额"的、不可能产生对各方具有更大利益的比赛；只看到眼前的、局部的利益而看不到长远的、整体的利益，都是阻碍谈判思维的重要原因。

2.4.2 谈判中存在的主要偏见

由于谈判者客观或主观存在的思维障碍，我们在谈判中容易出现各种偏见，影响我们对合作事物或谈判对方的客观正确认知，使得谈判受阻或决策失误。比利时谈判学者史蒂芬妮·德莫林将谈判中的偏见概括为以下一些类型，如表 2.1 所示。

表 2.1　谈判中的各种偏见

影响谈判准备的偏见	
零和偏见	认为合作只是分蛋糕，你多我少，你少我多
锚定法则	被某个锚点锚住，只围绕这个锚点来调整
框架效应	对客观相同的事物，从不同的角度会得出不同的结论
拥有效应	高估属于我们或我们对其产生强烈拥有感的物品价值
信息搜索中的偏见	
搜索偏见	与直接获得的信息相比，通过搜索获得的信息被认为更可信
感知突出错误	将注意力集中在突出的信息上，忽略了那些不太关注的信息
证实偏差	在信息收集的过程中，存在以真证伪的假设倾向
社交投射效应	将自己的信仰、观点和现实愿望投射其他人身上
光环效应	由于光环影响，对人或事物的认知以偏概全
陈规定型观念	将群体的特征、信念、认知用于组成群体的个人

信息解释中的偏见	
归因偏差	高估内部或临时因素,却低估背景或变量的作用
行为者与观察者偏差	将自身行为归因于情境,而将他人行为归因于内因
信息展示影响	简洁的信息比含混的方式展示的信息更可信,精确数字比整数更可信
反应性贬值	因为让步是对方而非我方做出的,所以对方的让步会贬值
胜利者的诅咒	对轻易获得的利益感到不适或不珍惜
行为偏见	
自证预言	我们对他人的期望会影响对方的行为,使得对方按期望行事
承诺升级	对过去的错误决策不断地增加投入

2.4.3 谈判思维的主要方法

1) 系统思维

系统思维是以系统论为基础的思维形态,是把认识对象作为系统,从系统和要素、要素和要素、系统和环境的相互联系、相互作用中综合地考察认识对象的一种思维方法。系统是由两个或两个以上的元素相结合的有机整体,系统的整体不等于其局部的简单相加,这一认识揭示了客观世界的某种本质属性。系统论作为一种普遍的方法论是迄今为止人类所掌握的最高级思维模式。

① 整体性:首选要把事物作为一个整体来认识,任何一个研究对象都是由若干要素(子系统)构成的系统,整体由部分构成,同时整体决定部分;其次,要每一个具体的系统放在更大的系统之内来考察,只有从整体的角度去思考解决问题,才是解决问题的根本的方法。

② 结构性:系统的功能是由结构决定的,要素是功能的基础,而结构是从要素到功能的必经的中间环节,在相同的要素情况下,结构如何对功能起着决定性作用。在实践活动中,紧紧抓住系统结构这一中间环节,在要素不变的情况下,努力创造优化结构,实现系统最佳功能。

③ 立体性:客观事实都是纵向和横向的统一。作为一个独立的系统,它的发展是纵向的;作为一个子系统,它与其他子系统之间的联系是横向的。立体思维,就是在认识客体时要注意纵向层次和横向要素的有机耦合,时间和空间的辩证统一,不但要有"三维思维",更要有"四维思维",时空一体思维,纵横辩证综合思维。

④ 综合性:任何系统整体都是为特定目的由要素而构成的综合体,是从"部分相加等于整体"上升到"整体大于部分相加之和"的综合。系统的整体性要求人们从整体上综合地把握对象,对它的成分、层次、结构、功能、内外联系方式的立体网络作全面综合的考察,要在综合的统领下进行分析,使人们站在全局的高度上,系统综合地考察事物,着眼于全局来认识,达到最佳化的总体目标。

系统思维的价格确认过程如图 2.1 所示。

2) 辩证思维

辩证思维是用唯物辩证法的观点和方法来认识世界和事物的一种科学思维方式。它强调用客观而不是主观的、用普遍联系而不是相互割裂的、用全面系统而不是片面破碎的、用运动发展而不是静止不动的观点来观察世界、认识事物。

```
┌─────────────┐                              ┌─────────────┐
│  产品因素    │                              │  交易因素    │
│ 1.产品质量   │                              │ 1.付款方式   │
│ 2.产品性能   │                              │ 2.运输方式   │
│ 3.产品数量   │                              │ 3.交货期限   │
│ 4.产品品牌   │                              │ 4.服务内容   │
│ 5.生产成本   │\                          /  │ 5.交易保证   │
└─────────────┘ \                        /   └─────────────┘
                 \      ┌────────┐      /
                  ──────│  价格   │──────
                 /      └────────┘      \
┌─────────────┐ /                        \  ┌─────────────┐
│  关系因素    │/                          \ │  环境因素    │
│ 1.双方关系   │                             │ 1.市场环境   │
│ 2.合作时间   │                             │ 2.国家政策   │
│ 3.谈判情境   │                             │ 3.不可抗力因素│
└─────────────┘                             └─────────────┘
```

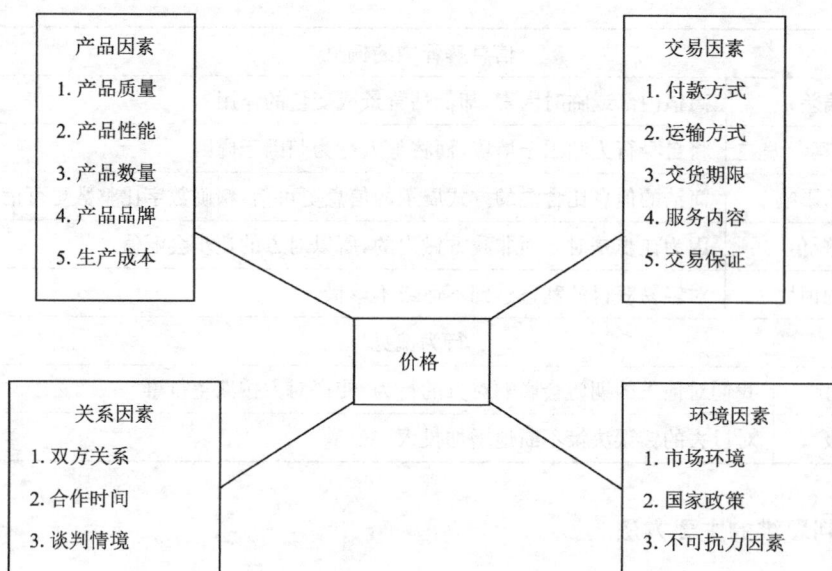

图 2.1　系统思维的价格确认过程

(1) 辩证思维的基本规律

① 质量互变规律:揭示存在于事物中的基本形式或状态,即量变和质变以及它们之间的联系。通过把握一定的度促使事物内在矛盾的转化,从而引起量变、质变。

② 对立统一规律:揭示事物内部矛盾对立双方的统一和斗争是事物普遍联系的根本内容和事物变化发展的根本动力。矛盾的观点、矛盾分析的方法是它的基点,通过分析矛盾把握矛盾的性质,在事物诸多矛盾中抓住主要矛盾,在矛盾双方的对立面中抓住矛盾的主要方面,从而占据主动促使矛盾的转化和解决。

③ 否定之否定规律:揭示矛盾所引起的事物发展运动过程。即肯定—否定—否定之否定的前进运动。把握这一规律就可从整体上理解事物自我运动和发展的全过程。

除了这三个相互联系着的基本规律外,辩证法还包括一系列相互联系和转化的基本范畴,即原因和结果、必然和偶然、可能和现实、内容和形式、现象和本质。

(2) 辩证思维在谈判中的运用

① 两面性:对人对事要善于从正反两方面,全面客观、一分为二地分析,既要看到好的、有利的一面,也要看到差的、不利的一面;在逆境中看到希望,在顺境中看到风险,所谓"福兮祸所伏,祸兮福所倚",避免简单、片面、狭隘、极端思维。

② 重点性:谈判中双方存在诸多的矛盾或利益冲突,这些矛盾有的是枝节性的即次要矛盾,有的是原则性的即主要矛盾,影响全局的。按照二八定律,20%的因素决定80%的结果,谈判中就是要善于抓住20%的重点因素,化繁为简,抓住牛鼻子,迎刃而解。

③ 发展性:事物是不断变化的,外部环境也在不断演变,商务谈判市场环境瞬息万变,谈判双方的实力消长也在不断改变,因此必须适应不断变化的新形势、新情况,具体问题具体分析,以发展的、动态的眼光看问题,与时俱进,避免思维定式和思维僵化。

3) 逻辑思维

(1) 逻辑思维的基本规律

① 同一律:它要求在思维和论辩过程中,任何一个思想与其自身是同一的。也就是说

在同一思维过程中,一个概念的内涵和外延应当是确定的,不能随意变换,否则就是"混淆概念""偷换概念"。同样,一个判断的内容也应当是确定的,不能有多种解释,不能把两个不同的判断混淆等同起来,否则就是"变换论点""偷换论题"。

② 矛盾律:它要求思维必须前后一贯,不能自相矛盾,对同一对象不能同时做出两个相互矛盾的判断,既肯定它又否定它。

③ 排中律:它要求对于两个相互矛盾的判断肯定其一,不能对同一判断既不肯定又不否定,否则就是"模棱两可"。

④ 充足理由律:它是指在思维和论辩中任何一个真论断必有其充足理由,这个理由不仅被断定为真的,而且它同其推出的论断之间有着逻辑的推论关系,否则就是"虚假理由""预期理由"或犯"推不出"的逻辑错误。

(2) 逻辑思维在谈判中的运用

① 条理性:思维要清晰,必须善于在诸多的因素中抓住关键和要害,既要避免面面俱到,主次不分;也要避免以偏概全,以点带面。为此,"三点观"是一种很好的方法,即表达观点主要讲三点,不多也不少,这样可以使我们的思维迅速变得富有条理,重点清晰。

② 严谨性:严谨就是细致、缜密,站得住脚,经得起推敲,符合思维逻辑。严谨性是说服力的重要来源。提高思维的严谨性重要的方法就是"三段论",即论点、论述、论据要明确完整,层层推进,前后一致,互为支撑。概念要准确,论点要明晰,论述要有力,论据要充分。在论述中,要善于运用推理、演绎、归纳、总结等方式提高说服力。

[案例]

看律师如何让原告自相矛盾?

有一名律师帮助自己的委托人打一场官司。事情的起因是委托人酒后一时冲动威胁到了他人的生命安全,并且当事人不接受庭外和解,坚持要将此人告上法庭。从表面的证据来看,虽然委托人的行为结果并没有造成他人的伤害,但证据对他相当不利,需要怎么打这场官司才能使委托人免除牢狱之灾呢?如果对方开始就一口咬定是威胁伤害,这场官司获胜的概率就变得很小了。

"请问先生,你刚才发誓说所讲的每一句话都是真实可信的,对不对?"律师问。

"是的,我发誓。"

"那如果是有人用金钱诱惑你,用武力威胁你,你还会勇敢地说出实情吗?"

"当然,我是一个勇敢的人,从不会受他人的胁迫。"原告不假思索地说。

"就算是我的当事人用刀指向你,你也会无惧吗?难道你不怕他吗?"律师加重了语气。

"当然,我可不害怕他。"原告十分肯定地说。

"那么法官,既然原告任何情形下都不害怕面对我的当事人,那么他怎么指控我的当事人威胁呢?我认为控诉不成立,驳回原告请求。"

法庭当庭宣布被告无罪,律师帮助委托人赢得了这场官司。

③ 层次性:逻辑思维另一重要特点是思维要具有层次。事物都是具有层次的,上一层次决定下一层次,下一层次组成上一层次。分析事物,首先要高屋建瓴,富有层次,才能由浅入深,由表及里;其次,先高后低,先确定上一层次,再深入下一层次,在一般的问题中,上一

层次不外乎"是什么、为什么、怎么办"三个方面,围绕这三个方面不断深入,层层推进。

4)形象思维

形象思维不像前三种思维方式具有系统的理性,它主要是指运用具体、生动的方法表达抽象、复杂的事物,使人喜闻乐见,富有感染力和煽动性,或栩栩如生,或妙趣横生,或动之以情,或显之以利。形象思维要学会运用举例、比喻、类比等具体化、简显化的方法,也要学会运用一些文学语言、成语格言、诙谐幽默等生动化、情感化的方法。"道理使人认同,情感使人行动",运用形象思维,可以使我们的观点更容易被人理解和接受,也能更好地激发人们的情感和行动。

5)创新思维

(1)发散思维 发散思维是从多个角度对谈判议题进行多方位、多角度、多层次的理性确认的思维方式。其特点是思维的立体性和转移性,使得思维灵活、多样,是创新、创意的重要思维方式。在谈判中,运用发散思维可以开阔谈判思路,消除谈判死角,化解谈判症结,打破谈判僵局。

(2)逆向思维 逆向思维是指在思维过程中从已有的结论逆向推论其条件前提的思维方式。逆向思维的公式是:结论—推向依存的条件前提—评价条件前提的客观性与真实性—肯定或否定结论。逆向思维是一种违反常规思维的思维方式,是一种强迫性的思维方式。因而,谈判中运用逆向思维方式容易发现一些在正常思维条件下不易发现的问题,利用这些问题可以作为与对方讨价还价的条件或筹码。例如,卖方4套设备的总报价是450万美元,按逆向思维对买方报价进行确认:设定利润率为20%的正常水准,则其总成本为375万美元,而根据卖方在报价中各部分价格所占的百分比,4套设备的成本分别为120万美元、100万美元、80万美元和75万美元,第4套设备的成本显然不可能有那么高,卖方价格的计算基础不真实,应调整报价。

(3)动态思维 动态思维是指依据情况的变化及时调整思维方向和内容的一种思维方式。如果我们的思维是静态的,只是抱着过去的认识和看法不放,就会脱离实际。商务谈判的特点之一是其复杂性和多变性,随着谈判双方意见交流的展开,各种因素都在不断地变动,我们的思维必须紧紧抓住这种变动,迅速地调整思维的方向、重点和角度,及时跟上情况的变化。

例如,在一场设备出口谈判中,原先我们与对方一直在现汇支付的基础上进行谈判,但随着谈判的深入,各方面情况的逐步展开,对方突然提出因外汇支付能力有限,希望用产品进行支付,即由现汇贸易改为补偿贸易。这一要求的提出必然打乱了我方原有对谈判的各种因素、关系的分析和谈判目标的设想。在这时,我们就应该迅速地调整思维,考虑由现汇贸易改为补偿贸易的可能性,对我方的利与弊,以及我们在新的支付条件下应该考虑哪些因素,各因素之间的关系和目标是什么。

(4)超前思维 超前思维也被称为预测性思维。它是一种在充分认识和把握事物发展变化规律的基础上对未来的各种可能性进行预测和分析。在谈判中,如果能在思维上领先于对方一步,超前考虑到某些问题,准确预见到某个事物发展变化的趋势,那将使我们在谈判中占有极大的主动,获得更大的利益。

例如,在一般人看来太阳黑子活动与世界农产品市场上的交易是两个毫无关系的问题,而一个精明的具有超前思维和多样化思维的农产品交易商则不这样看。在他看来,太阳黑子活动的程度如何,直接影响到地球上的气候,而气候又会影响农产品生产,从而最终会影响到农产品的价格。因此,他会根据对太阳黑子活动的预测分析来调整和决定其在农产品交易中的行动。

(5)换位思维 换位思维是指在谈判中善于站在对方的角度来思考问题,设身处地考虑对方的想法和要求,避免单向思维,发现双方共同的利益与需求,这是克服双方矛盾、化解双方分歧、追求谈判双赢的重要法则,是一个优秀的谈判者必须具备的思维方式。

练习题

一、实训题

假设你去拜访一位业务上的合作伙伴,目的是就下一次的销售合同续签进行磋商,以便提前做好准备。但是,很不巧,对方的负责人却因病住进了医院。试回答:

1. 你是徒劳返回呢还是去医院探望? 为什么?

_____

_____

2. 如果去医院探望,你准备如何行事呢?

_____

_____

二、选择题

1. 你是一家推土机公司的推销员,那么你应首先去找客户公司中的什么人?

① 采购负责人 ② 总经理 ③ 现有推土机的驾驶员 ④ 客户公司接待人员所建议的某些人士 ⑤ 相关技术人员

2. 你对供方账目中的某些方面有异议,供方已经将某些做得不够或根本没有提供的服务费用都加算在你头上了,你应采取什么办法?

① 拒付全部账目 ② 拒付那一部分有争议的账目 ③ 表示愿意对有争议的账目全部按一家一半分摊 ④ 请求对方提出其条件

3. 在对某个项目进行成本估算时,为了使项目更好谈判,你倾向于采用什么做法?

① 每一细节都列为条款,逐项做出估价和成本的估算 ② 把所有条款累积在一起,分条详述,并提出总和在一起的估算 ③ 提出若干选择方案,就如购物清单一样供对方选择 ④ 对能精确说明问题的条款提出估算,对存有疑问的条款则仅提出一些汇总的数字 ⑤ 根本不做估算,只是给出一个泛泛的总体指标

4. 你是一家广告公司的市场调查经理,公司正在处理一项很大的客户业务。但你的调查表明,公司的广告创作存在一个主要的毛病,广告战根本没起作用。你是否要:

① 在某个会议上公开地把这一情况同时告诉公司和客户 ② 让公司的主管经理们去处理它 ③ 以一种不致暴露你的调查结果的方式来分析数字 ④ 干脆编造调查结果

5. 你是公司负责劳资方面的主管。工人们要求增加10%工资而不允许附带任何条件,其理由是这一数字正是一个类似的单位刚刚拿到的。眼下的通胀率为6%,如果可能的话,你想把工资增幅调解为5%,至多不超过6%,因为市场很不景气,所以公司利润甚微。你首先提出什么比例比较合适?

① 2% ② 5.5% ③ 3% ④ 3%,同时达成一项提高生产率的交易

6. 有一些从名牌卡车底部卸下来的轻便型日本电机,一般情况下每个电机价值400美元。你只以每台50美元的价格买下了它们,有一位想买这种电机的人很想知道,如果他从你的手中买200个电机,要花多少钱才行。你跟他说什么呢?

① 告诉他电机的质量情况,并请他出价　② 每个电机以 100 美元卖给他,但这既是最初的开价,也是最后的定价,明天就没有电机了　③ 告诉他,有人在卖这种电机,每个 360 美元,但如果他要得多且用现金支付,则可以每个 180 美元卖给他　④ 每个 360 美元,但若买得多且付现金,则可半价

三、案例分析

一家大型油漆公司正在为一次重要的推销活动与某经销商洽谈合同,筹划这次活动的目的是为了配合和推动经销商销售其产品。经销商提议对所有与本次计划有关的油漆工作和销售的商品都收取佣金,再加上实施推销计划的服务费。在他与油漆公司的销售经理通电话询问是否确认这一合同时,对方认为他收的费用太高,因而要派财务主任来和他商量。但与此同时对方却问他,这项计划是否可以在某个指定的日期开始执行。

就在这一时刻,经销商公司的总经理明白他已经把这笔生意握在手心了,他要做的全部事情就是玩弄价格游戏了。当油漆公司的财务主任给他打电话时他不在办公室,后来也没有回电话。那位财务主任一再打电话来,他总是不在。最后,油漆公司的销售经理终于要通了电话,确定了该项计划定于那个指定的日期开始执行。

现在该总经理要做的就是向对方的财务主任打一个电话,彻底地道歉,但是抵制了所有杀价的企图,只是在某一方面做了一个小小的让步了事,最后他按自己的要价拿到了这笔生意。

试分析:

1. 油漆公司在谈判中有何失误?

_____

_____

2. 经销商在谈判中采用了什么谈判技巧?

_____

_____

3. 经销商的所作所为是否有违商务谈判的道德准则?

_____

_____

第 3 章　提升谈判能力

【本章要点】

☐ 理想的谈判者是什么样的？

☐ 如何提升个人影响力？

☐ 如何建立良好的人际关系？

☐ 如何改进谈判语言艺术？

【技能测试】

假如你（男性）在一家咖啡店见到一个年轻女性，觉得她很可能是你的潜在客户，此时你很想上前跟对方要电话或微信，以便能进一步联络交流。你会怎么做？A. 你好！我叫某某，可以认识一下吗？然后设法要电话号码或加微信；B. 你的衣服（或裙子、鞋子）真漂亮，我想给我妹妹（表妹）也买一件，能跟你聊一些吗？然后设法获得联系方式；C. 假扮成咖啡店的店员，请女孩填写问卷，顺便留下联系方式；D. 假装自己手机遗失了，去跟女孩借电话拨打找寻，借机留下联系方式；E. 直接对女孩说，自己有个朋友想和她交朋友，所以想代替朋友来问她的联系方式。

选择 A：勇敢精神值得赞赏，如果在西方国家，值得一试；但中国人普遍比较含蓄，尤其是年轻女性一般比较谨慎，不会轻易接受陌生人的搭讪或推销，因此被拒绝的概率很大。选择 B：高明的做法，你先赞美对方，给对方留下了好感，然后动机是帮助别人，对方一般不会拒绝你的好意。选择 C：不可，你的目的不仅仅是获得她的电话，而是后面的沟通交往，你以虚假的身份，后面怎么跟她交流呢？她又怎么看待你呢？选择 D：看起来聪明的做法，这可能是很多人的"套路"，稍有经验的女性都懂，被拒绝的可能性大。选择 E：既没有诚意，又没有担当，你就等着挨白眼吧！

3.1　谈判者的理想品质

3.1.1　谈判者的理想个性

谈判不仅是谈判者能力与素质的反映，还是谈判者意志与品质的较量，更是谈判者为人处世个性的展现。一个理想的谈判者应主要具备以下个性特征。

1) 正直

正直的主要含义是诚实和坚持正义的原则。"诚实是处事的最佳原则"，为人诚实可靠才能值得信赖。坚持正义，就是要坚持真、善、美，反对假、恶、丑；就是要坚持立身处事的基本道德准则，不因情况的变化而丧失自己的原则。坚持原则的人是受人尊重的人。

2）公正

公正的主要含义是公平正当，即坚持客观的标准，追求公平合理的结果，为此在谈判中必须考虑对方的合理利益，谋求双赢。不能只考虑自己的利益，不顾对方的死活，更不能利欲熏心，蒙蔽对手，那样即使得逞于一时，也会最终被对方所抛弃。

3）深沉

深沉一是指将自己的心理状态内敛于心，不轻易外显于形；二是指思想要成熟，要有深意、韵味，不能显得肤浅、幼稚。谈判是一场心理战，各方都在揣摩对方的真实意图，因此谈判者要善于隐藏自己的心迹和情感，不轻易喜形于色，善于控制自己的情绪，宠辱不惊，同时讲话处事要老成持重，含蓄适度，留有余地，令人放心。

4）理智

理智是指谈判者能冷静客观地分析和判断问题，能始终把握谈判的目标和利益，而不感情和意气用事，也不因对方的情绪而影响自己的判断和决策。为此，谈判者必须善于将人与事分开，对人友好，对事原则，重利益而非立场。

5）坚韧

坚韧是指谈判者应有坚强的意志、必胜的信念、持久的耐心，能经得起各种压力和挫折，不轻易放弃自己的利益和目标，不轻易作出让步和退缩，不达目标誓不罢休。谈判原理表明：在谈判中，谁坚持得越久，谁就得到越多。

6）灵活

灵活是指谈判者在谈判中要有开放的心态、敏锐的思维，能根据谈判情况的变化及时调整自己的方案与思路，能分析和接纳不同的意见和建议，能迅速适应新情况、新问题和新方案，而不是"一条道走到黑"；要弹性思维而非直线思维。

7）庄重

庄重是指谈判者在谈判中端庄持重，大方得体，文明高雅，姿态适宜，礼貌而不卑躬屈膝，热情而不过度，自信而不自大，谨慎而不拘谨，大气而不粗俗；既不可在地位高时趾高气扬，盛气凌人，也不可在地位低时低声下气，唯唯诺诺。

8）移情

"移情"是心理学中的特有词汇，意指感受、理解他人需要和情绪的能力。谈判中的"移情"，是指要善于设身处地考虑他人的想法和要求、情绪和感受，提倡换位思维，分析和发现对方的真实意图和需求，这是一切谈判成功的基础。

[案例]

卖产品就是卖自己

"空中客车"的销售主管雷义（John Leahy）可以算得上是史上最牛的销售高手之一。他不仅东西卖得好，同行都害怕他，却备受客户尊敬。雷义有一句名言："卖产品就是卖自己。"雷义熟知空客机型以及竞争对手机型所有的相关数据，机智聪明，雄心勃勃，却又严于律己。

因为工作，雷义一年有200多天都在世界各地出差。为了保持精力充沛，他从不喝酒，吃饭也是以清淡为主，每天坚持健身一小时。每次下飞机后，他不会直接去见客户，而是先做20分钟有氧运动。由于自律，雷义一直保持着非常好的精神状态。客户们都说，每次雷义出现在他们面前都是神采奕奕,举手投足很有感染力。虽然他卖的东西是世界上最贵的商品——飞机,平均每架售价 8 000 万美元。但过去 23 年,他为空客卖出了 1.6 万架飞机,平均每天卖出 2 架。空客的对手是鼎鼎大名的波音,前后换了 8 名销售总监和雷义竞争,但没一个能赢他。《华尔街日报》称雷义为"活着的奇迹",在位期间个人至少为公司挣钱超过 1 万亿美元。当他快要退休的时候,阿联酋航空一口气向他订购了 30 架,每架 2.4 亿美元的飞机,只为"给他送一份退休礼物"!

3.1.2 谈判者的基本能力

1) 洞察与决断能力

商务谈判中,谈判者的洞察能力主要表现在对对手往往掩盖的真实意图,能够迅速地根据掌握的信息和对手的言谈举止进行综合分析,从而做出合理的判断。一个优秀的谈判者必须具备敏锐的洞察力,能在较短的时间内推断出对方各方面的特点,然后在谈判中有针对性地采取不同的策略和手段。

一场谈判能否成功,同谈判者适时做出的战略战术决策有着直接的关系。特别是当谈判进入拍板阶段,合同是签还是不签,就需要谈判者做出决断。决策正确导致谈判成功,使谈判双方都感到满意。从这个意义上说,谈判者就是决策者。

2) 思维与应变能力

谈判者的情况是不断变化的,因此需要谈判人员具有灵活、快速的思维和应变能力。谈判桌如同战场,双方对峙,风云变幻,这就要求谈判者反应敏捷,机智变化,提高自己的思维水平,形成良好的思维习惯,充分运用自己的经验、学识和智慧,在认真分析和预测对方策略变化以及可能影响谈判事态发展的各项潜在因素的基础上,随机应变,当机立断。

3) 倾听与表达能力

谈判中的所谓听,不仅是指运用耳朵这种听觉器官的听,而且指运用眼睛去观察对方的表情与动作,运用心灵去辨别对方的真实含义,运用头脑去研究对方的话语动机。这种耳到、眼到、心到、脑到的听,称之为倾听或聆听。谈判中倾听往往比滔滔不绝地谈更为重要,听的一方能更好接受传递的信息和发掘事实的真相,以不断地调整自己的行为。专门从事倾听研究的专家拉卡·尼可拉斯在自己的多年研究中发现,一般人听别人讲话,不论怎样注意听,也只能记得听到的一半。因此,谈判者学会多听、善于多听是非常重要的。

4) 社交与协作能力

社交能力是谈判者所应具备的基本能力。从某种意义上讲,谈判是一种以与人打交道为中心的艺术。社交能力如何,将直接影响谈判过程中人际关系的处理,进而影响谈判的效果。社交能力作为一种艺术,对于一名谈判者来说,不只是一般的应酬,而是在与人的交际过程中,掌握谈判对手的心理、性格、态度、风格、意向、策略等,从而争取谈判的主动权,知己知彼,百战不殆。

谈判是一种合作活动,这就需要谈判者具备协作能力。谈判的协作能力表现在两个方面:一是在谈判中协调本方谈判代表在有分歧的问题上统一思想,化解矛盾,一致对外;二是通过一定的策略、方法协调本方与对方在谈判中的分歧,克服障碍,达成一致。

3.1.3 谈判者应具备的心态

1) 信念

良好的心理状态是谈判成功的心理基础,只有具备必胜的信念,才能使谈判者的能力得到充分发挥。信念是人的精神支柱,持什么样的信念,往往决定了人们的行为活动方式。信念不能简单等同于求胜心理。单纯的求胜心理为达目的可以不择手段,而信念是一种更高层次的精神力量,是具有高度理性的自信心和意志力。只有具备必胜的信念,谈判者才能克服一切困难和挫折,才能谋取谈判的成功。

2) 耐心

耐心是指经得起时间的考验和困难的煎熬的良好心态,是谈判者应具备的重要心理素质。谈判的一句名言是:"谁坚持得越久,谁就得到越多。"谈判的结果往往是双方耐心比拼的结果。急躁是谈判的大忌,欲速而不达。耐心可以使人们更多地倾听对方,掌握更多的信息;可以控制好谈判的节奏,赢得谈判的主动权;可以考验对方的意志,增强谈判的实力。具有耐心是谈判者心理成熟的标志,是争取谈判成功必不可少的因素。

［案例］

熬得时间换来艰难协议的签订

埃及和以色列两国争端由来已久,积怨颇深,谁也不想妥协。当时的美国总统卡特邀请他们坐下来进行谈判,地点确定在戴维营。那里尽管设施齐备、安全可靠,但没有游玩之处,散步成了人们主要的消遣方式。两国谈判代表团住了几天之后,都感到十分厌烦。但是,每天早上8点钟,萨达特和贝京都会听到通常的敲门声,接着就是那句熟悉的话语:"你好,我是卡特,再把那个乏味的题目讨论上1天吧。"结果等到第13天,双方谁都忍耐不住了,再也不想为谈判中的一些皮毛问题争论不休了,于是就有了著名的《戴维营和平协议》。

3) 诚意

诚意就是真诚合作的意向。谈判是两方以上的合作,而合作能否成功,在相当程度上取决于双方的诚意,诚意也是双方建立信任的基础。诚意是谈判的心理准备,只有在双方致力于合作的基础上,才会有双方合作的必要性和可能性;诚意同时还是谈判的动力,推动双方不断靠拢,在诚意的前提下,双方求大同、存小异,相互理解,互相让步,推动谈判前进。

3.2 提升个人影响力

在影响谈判结果的四大因素中,权力是一个重要因素。权力的本质是影响力,提高影响力就能提高谈判的成效,显然这是谈判者最重要的素质和能力之一。

3.2.1 影响力原理

美国著名影响力研究者罗伯特·西奥迪尼(Robert B. Ciadini)经过长期研究,得出了人类影响力的一些基本原理。如果能够正确利用这些原理,我们将大大提高对别人的影响力。

1）对比原理

两件东西一前一后地展示出来,人们感觉的差异往往比实际差异大。比如先拿一件轻的东西,再拿一件重的东西,我们会感觉第二件东西比实际上更沉;先拿出便宜的东西,再拿出贵的东西,会让贵的显得更贵;相反,先拿贵的东西,再拿较贵的东西,就会令较贵的东西显得不那么贵。先提出大的要求,小的要求就比较容易被接受。人们都有趋利避害的行为趋向,一旦某种言行符合这一标准时,人们就会变得顺从。对比原理具有巨大的威力,销售人员先展示昂贵的东西更容易成功。比如汽车经销商跟客户谈妥了一辆车的价格后,再一一报上备选配件,几万美元的生意马上成交了,再多花个几百美元就不那么困难了。

［案例］

狡黠的裁缝兄弟

20世纪30年代,西德和哈里兄弟开了一家男装裁缝店。每当西德有新客户对着店里的大镜子试衣服时,他就会告诉对方,自己听力有些问题,并反复让客户说话时提高音量。只要客户喜欢上了哪套衣服,问起价格,西德就会大声叫他兄弟。哈里是首席裁缝,在店堂后面。"哈里,这套衣服多少钱?"哈里抬头看看自己做的衣服,并大大提高其真实价格,高声喊着回答道:"那件漂亮的纯羊毛西服,要42美元。"西德假装没听见,再问上一遍。哈里再次回答,"42美元"。此时,西德转过身,对客户说:"他说要22美元。"好多顾客都会急急忙忙地付了钱,抢在可怜的西德发现自己"搞错了"之前,抓着西服狂奔出店,满心以为自己捡了天大的便宜。

2）互惠原理

这条原理是说,要是人家给了我们什么好处,我们应当尽量回报。一般人们心中认为,别人对我们施恩,我们应该有回报的义务,不能不理不睬,更不能以德报怨,否则就会产生亏欠感。因为接受回报而不试图回报的人,是不受社会群体欢迎的。互惠原理是最强大的影响力工具之一,几乎所向披靡。

［案例］

一片面包放过一个敌人

第一次世界大战时有个德国士兵,他的任务是到敌人一方去抓人来审问。当时进行的是沟壕战,大部队难以前进,但溜进敌人的战壕抓个人相对容易。过去,这个德国高手曾多次完成这样的任务,现在上面又派他出马了。他又一次巧妙地穿过前线之间的空地,出现在敌方的战壕里,把一个落了单的士兵吓了一跳。这个士兵毫无防备,当时还正在吃东西,很容易就被缴了枪。受惊的俘虏手里只有一片面包,可接下来的事,可能是他这辈子最重要的一次尝试了:他给了敌人一些面包。德国兵收到这份礼物感动得不得了,都没法完成任务了。他放过了恩人,两手空空地回去了,结果挨了上司一顿臭骂。

3）承诺一致原理

人人都有一种言行一致(同时也显得言行一致)的愿望,我们一旦作出了一个选择或采取了某种立场,就会受到来自内心和外部的压力使我们的言行与它保持一致,而且会想方设法地以行动证明自己先前的决定是正确的,尤其是公开的承诺往往具有更持久效力;同时,为一个承诺付出的努力越多,它对承诺者的影响越大。因此,激发或获得别人的承诺,就能令他自动做出反应。人们往往容易接受一些小的、不过分的要求,一旦答应这个要求就等于做出了某种承诺。比如一些商家先给客户一个甜头,诱使人做出购买决定;而后,等决定做好了,交易却还没有最终拍板,卖方巧妙地取消了最初的甜头,绝大多数情况下,客户还会购买。利用对方的承诺或标准来说服对方,使其不得不言行一致,是谈判重要的技巧和方法。

[案例]

什么方法戒烟最有效?

对大多数烟鬼来说,没有什么比戒烟更难的了,很多人戒了好多次,却最终没有戒掉。有一种方法也许是最可行的办法,那就是对外承诺。你准备一些卡片,在背面写道:"我向你保证,我今后再也不抽烟了。"然后,你把卡片交给你所有最亲近、信任的人:父母、兄弟、姐妹、恋人、密友、领导、同事、同学等。你会发现,即使烟瘾犯的再大你也能坚持;不久,你就真戒掉了。

4)社会认同原理

该原理指出,在判断何为正确时,我们会根据别人的意见行事。我们判断某一行为是否正确时,我们的看法往往取决于其他人是怎么做的。以符合多数人的行为方式做事,总比跟它对着干犯的错误少,大多数时候也确是如此。"很多人在做的事肯定错不了",这种心态很多时候被利用。酒吧的调酒师通常在营业前,在自己的小费罐子里放上几张之前客户给的票子,给后来的客人留下一个印象:把钱折起来当小费是酒吧里司空见惯的礼貌行为。基督教传教士有一套广为人知的做法:他们在听众当中安排"托儿",到了特定的时间,这些人就走上台做见证或捐款。一些酒店的老板会在客人不多的时候,故意让门口排起长队。要想说服人,任何证据的效果都比不上别人的行动。我们会根据他人的行为来判断自己怎么做才合适,尤其是在我们觉得跟这些人相似的时候。

5)喜好原理

我们大多数人总是更容易答应自己认识和喜欢的人所提出的要求。有讨人喜欢的外表更容易获得社交优势。"物以类聚,人以群分",我们喜欢与自己相似的人,不管相似之处是在观点、个性、背景还是生活方式上,我们总有这样的倾向,我们还特别喜欢听人恭维奉承。喜好对我们的各类决定都发挥了一定的作用。

[案例]

汽车推销大王的成功奥秘

汽车推销大王乔吉拉德,专门利用喜好原理销售雪佛兰汽车。他凭这个发家致富,每年都赚上好几十万美元。整整12年里,他连续夺得"头号汽车销售员"的称号,他平均每天卖掉5辆汽车和皮卡,"吉尼斯世界纪录"称他是世界上"最伟大的汽车推销员"。

他取得这么大的成功,采用的办法却出奇的简单。无非是向顾客提供两样东西罢了:一是公平的价格,二是一个人们乐意从他那儿买东西的家伙。"就是这样,"他在接受采访时说,"找个他们喜欢的推销员,再加上优惠的价格。要是你两者皆有,那生意就成交了。"

6) 权威原理

权威所具有的强大力量会影响我们的行为,即使是具有独立思考能力的成年人,也会为了服从权威的意见作出一些丧失理智的事情来。因为服从权威的命令,总能给我们带来一些实际的好处。很多情况下,只要有正统的权威说了话,其他本来应该考虑的事情就变得不重要了。在没有真正权威的情况下,甚至有些象征权威的符号就能发挥作用,例如头衔、衣着和身份标志。有时候头衔比当事人的本质更能影响他人的行为。精致、昂贵的服装承载着地位和身份的光环,珠宝和汽车等类似的身份标志也是一样。

7) 稀缺原理

物以稀为贵,机会越少见,价值似乎就越高,对失去某种东西的恐惧似乎要比获得同一物品的渴望更能激发人们的行动力。讽刺地说,倘若瑕疵把一样东西变得稀缺了,垃圾也能化为值钱的宝贝。每当有东西获取起来比以前难,我们拥有它的自由受了限制,我们就越发地想得到它。由于稀缺原理在我们确定事物价值时有着强大的影响力,因此一些利用稀缺原理的销售把戏,如"数量有限""最后期限""清仓甩卖"等策略,往往能发挥特殊的作用。

3.2.2 提升个人影响力的途径

美国著名销售谈判专家罗杰·道森认为,提升个人影响力的途径主要包括以下方面:

1) 增加合法力

合法力包括你所拥有的正式的权力和其他形式赋予你的权力。头衔、身份是一种重要的合法力,因为它对人有不同的影响力。一位"区域经理"的影响力无疑比一位"销售代表"大得多,同样,一位"主任"的影响力也会比"科员"大得多。因此,要提升谈判人员的影响力,一个组织必须赋予他必要的头衔。

此外,一些特定的文化习俗、宗教信仰、交易惯例、环境情景、市场定位等也会带来合法力。例如,主场谈判会带来更多的影响力,如果你要带对方去某个地方,一定要用你的车,因为那样会让你有更多控制权。良好的定位,也是一种合法力。你可以宣称是某个领域最专业的公司,或者是某个区域的首家公司等,你就拥有了一定的合法力;如果你是新手,你可以强调比大多数同行更努力,或者也可以告诉对方你在某个行业工作已经30年了,等等。如何定位并不重要,重要的是任何一个定位都会使你拥有一定的合法力。

2) 运用奖赏力

奖赏力就是奖赏对方多少的力量,潜在的奖赏越大,影响力就越大。如果你感觉客户下订单是在奖赏你,你就同时赋予了对方威慑你的权力,订单越大,威慑力越大。有些人确实是这方面的高手,比如说,在要求你让步时,他们很可能会"不经意地"告诉你他们下个星期会有一个大项目可能交给你做,或者告诉你他们在码头有一艘游艇,或在山上有一个滑雪小屋,等等。一旦你意识到对方使用奖赏力影响你时,千万不要为其所动,这样他们就无法继续控制你,而你也就会变得更加自信,并最终取得更好的谈判效果。如果你愿意拿出自己的声誉和专业知识,来全力解决客户的问题,结果就不是他们在奖赏你,而是你在奖赏他们。如果你相信是自己在奖赏客户,那么你就可以充满自信地要求对方把业务交给你。

3）获取强迫力

与奖赏力相对的是强迫力。一旦你感觉一个人有能力对你进行某种形式的惩罚，他便拥有了一定的强迫力，强迫力越强，影响力越大。强迫力既可来源于合法的权力，如交警可以视情况随时要求你停车接受检查，按法律规定要求你必须怎么做等；也可以来源于双方的实力对比，实力强的一方往往具有更多的强迫力。很多销售新手通常不懂得如何应付对方的强迫力，他们会把客户的订单看成是一种奖赏，把客户的拒绝看成是一种惩罚，在谈判中往往受制于人。但一旦适应了自己的工作，他们就会发现销售只不过是一种数字游戏时，他们就不会受对方强迫力的影响，从而对自己所做的事情也会感到更加自信。

4）培养敬畏力

持之以恒地坚持一套价值原则的人都会拥有这种力量。因为他清楚地向公众传递了一条信息：你们可以相信我，因为我有一套自己的价值观，而且我绝对不会做出违背这套价值观的事。因此，一旦你作了一项决定，就一定要坚持下去，因为对你来说唯一重要的是要保持你的敬畏力。大多数人都喜欢那些能够保持一致的客户，如果你坚持原则，尤其是当你可能会因此而遭受利益损失时，你就可以因此而得到别人的信任。千万不要在确立原则后自己又去破坏原则。

[案例]

曾子为何定要杀猪？

曾子是孔子很有名的学生。有一天，曾子的妻子要去集市买东西，儿子却非要吵着一起去，妻子嫌麻烦不愿意带儿子去，但是儿子一直不依不饶地吵闹。最后，妻子无奈之下对儿子说："你乖乖待在家里，等我回来杀猪给你煮肉吃。"儿子一听很高兴，于是就放弃去集市。后来，曾子的妻子从集市上回来了，她发现自己的丈夫正在杀猪。妻子感到很疑惑，于是就问道："这猪还正在长膘，你杀了它干什么？"曾子说："你早上不是跟儿子说，从集市回来后杀猪吃肉吗？"妻子大惊失色地说："我那不过是骗小孩子的，你也信？"曾子说："小孩子也是不能欺骗的。小孩子什么都不懂，会以父母作为榜样，你今天欺骗他，将来他会和你一样做一个没诚信的人。而且，你一旦欺骗他，你在他心中也就没诚信可言了。将来还怎么教育孩子？"

5）练就号召力

号召力就是一种能够抓住别人的想象力，激发别人的支持和忠诚的能力，它往往来源于个人的人格魅力。而这种人格魅力往往源于个人的气质、形象、性格、修养、学识、经验等，这并不是天生的神秘本能，而是可以通过后天学习来培养的技能。它能够有意识地塑造自己的形象，清晰地让别人感知自己的个人性格，能够保持自己的受欢迎程度，展现出足够的活力和决断力。在谈判中，你的目标应该是让客户因为喜欢你而做出让步，而不是让自己因为喜欢客户而向对方做出让步。

6）展现专业力

当你让别人感觉你在某个领域有更多专业知识时，你就会拥有一定的影响力，专业力与信息力常常联系在一起。律师和医生都是这方面的高手，他们经常在讲话中使用大量的专业术语,从而让你肃然起敬。作为谈判高手,应确立和保持自己在某个方面或领域的专长,发挥专业影响力。另一方面,千万不要被别人的专业知识吓到,当他们和你讨论专业知识时,不妨直接告诉对方:"这并不是我的专业,但我们公司有最优秀的专家,你可以百分之百地相信他们。"

[案例]

不要小看谈判资料的威力

有一家公司召开董事会议,计划讨论下半年公司的运营情况。每个董事都是轻装上阵,对于他们来说,要做的只是去听取报告,在所有选择里面选出让自己获取最大利益的项目,并说服其他董事来投资。可有一位董事与众不同,只见他的秘书抱着几大摞资料紧随身后,在总经理介绍公司运营的时候,这位董事时不时地翻弄着带来的资料。奇怪的是,在讨论阶段,每一位董事在发表自己看法时,都会有意无意地注视着这位翻弄资料的董事,希望能够听取他的意见。最后有意思的是,大家一致通过了这位董事所提出的投资意见。

事后大家才知道,董事手里那些成堆的资料没有一样与这次讨论有关,都是这位董事的一些日常事务报告,他只是在无聊的时候翻阅一下而已。可是这些无用的资料却对其他人造成了极大的心理影响。这位董事拿出的一堆资料,无形中给了其他与会人员很大的压力,让他们说话时都有所顾忌,很怕被抓到把柄。

3.3 建立信任和人际关系

3.3.1 建立信任

信任是一方对对方有信心的表示,即相信自己不会受到他人的伤害。人际关系中,最重要、最本质的东西就是信任,信任是人际关系的核心,也是谈判的基础。美国知名谈判学者凯洛格管理学院教授汤普森将人与人之间的信任分为三种类型,并指出了建立信任的两种路径。

1)信任的三种类型

(1)威慑性信任 是以一致性原理为基础的,如果人们不能坚持一致性和信守承诺,将会带来威胁或不守承诺的后果,如惩罚、制裁、奖赏和法律程序等。威慑性信任通常包括法制、合同、约定、惯例、监控以及惩罚等,但其有一定副作用,即相当一部分人往往对限制自己的行为表现出消极的反击行为,如规定"不准在墙上图画",其结果常常适得其反。

(2)认知性信任 是以对行为的可预见性为基础的,当人们掌握了足够多的信息,能够认知和可靠预见他人的行为时,信任就能产生。因此,要获取对方的信任,必须提供给对方足够多产生信任的信息,恰当展现自己的谈判实力。认知性信任是谈判信任的主要路径,一旦产生,谈判者之间就会建立起相互关系,并致力于此,即使与其他人交易更加有利可图,也不会轻易改变。

(3)认同性信任 是建立在对他人的期望和目标完全认同的基础上的,双方之间信任的存在是由于互相理解并认同对方、接受对方的价值观,而产生这些的原因是他们在情感上的联系,所谓"英雄所见略同""惺惺相惜""相见恨晚"。认同性信任意味着别人已经接受了你的偏好。

2)建立信任的路径

(1)认知路径　是建立在理智和深思熟虑的基础上的,主要包括以下途径:

① 将人际冲突转化为任务冲突:即对事而不对人,人际冲突会对人际关系产生威胁,而将人际冲突转化为任务冲突并有效化解,则常常可以改进人际关系。

② 达成共同目标或愿景:人们的目标或方向一致,就更容易产生信任。

③ 利用关系网络:谈判者通过找到其社会关系网络中的共同节点或熟人推荐,大大增加了双方关系的信赖程度。

④ 找出共同的问题或敌人:共同的问题会使人们同病相怜,增加信任;而共同的敌人则会使人们联合起来并建立起信任。

⑤ 着眼于未来:谈判者如果能够着眼于长期的合作关系,将对建立信任具有极大的帮助。

(2)情感路径　是建立在直觉和情绪的基础上的,主要包括以下途径:

① 相似性原理:彼此相似的人会互相喜欢,因此寻找或建立与对方的相似性,可以增强信任。

② 单纯曝光效应:我们对某些事物或对象接触得越多,就越会渐渐接受或喜欢它。

③ 临近效应:在人际交往中我们与某人空间距离越临近,就越能产生亲近感和友谊感。

④ 互惠原理:恰当的礼物或馈赠会在互惠原理的作用下,改善双方的信任关系。

⑤ 交流:与完全没有相互交流相比,哪怕一小段沟通也会使人们对他人建立更大的信任。

⑥ 恭维:人们往往会更加信任欣赏或喜欢自己的人,最具策略性的恭维是赞美别人认为重要但却又有点不自信的方面。

⑦ 模仿:模仿对方习惯和行为的谈判者相比不模仿者,往往能快速建立起信任感。

⑧ 自我表露:与他人分享有关自己私人的信息,会增加双方的情感接近程度,同时也是邀请别人以自我表露进行回应,从而加强信任。

谈判人员要迅速建立对方对自己的信任,有个好用的招数,英文叫" Gold Dropping ",也就是金块突然掉出来的意思。意指不经意间把自己的实力或地位显露出来,例如一个穿着朴素的人住的却是高级豪宅,又如在讲话中自然提及与某个名人或企业家的交往,或顺便带出你所获得的荣誉等,别人看得很重的东西对你却很轻,利用"反差"效应,加深别人对你的印象和信任。

3.3.2　建立人际关系

1)约哈里窗口

美国著名的社会心理学家约瑟夫和哈里在研究怎么提高人际交往成功率的时候,发现了一个规律,并把这个规律命名为"约哈里窗口"。该理论认为,人与人之间的交往,人际关系能否顺利地发展下去以及商业谈判是否能取得成功,在很大程度上取决于双方的"自我暴露程度",即主动透露自己秘密的程度。

"约哈里窗口"提出,在人际交往之中,我们每个人都有自己了解,并且其他人也了解的

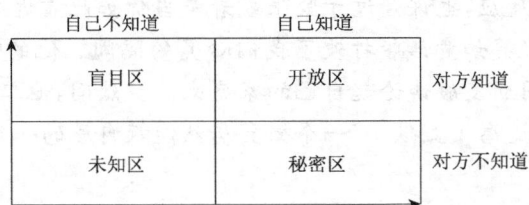

自己不知道	自己知道	
盲目区	开放区	对方知道
未知区	秘密区	对方不知道

图 3.1　约哈里窗口模型

"开放区";有别人了解,但是自己却不了解的"盲目区";有自己了解,但是别人却不了解的"秘密区";有自己和别人都不了解的"未知区"。约哈里窗口模型如图 3.1 所示。在谈判之中,我们就可以适当地暴露自己的"秘密区域",让对方接纳自己,并且也让对方主动地暴露自己的"秘密区域"。只有这样双方之间才能逐步建立起信任关系,使谈判顺利地进行下去。其中话题的选择,对人际关系产生直接影响,如表 3.1 所示。

表 3.1　话题与人际关系

能够拉近人际关系的话题	保持人际关系不变的安全话题
家庭情况	天气状况
个人关心的问题、规划	不错的消费场所
孩子、兄弟姐妹或父母	交通状况
经历以及人生哲学等工作外的话题	纯粹的工作问题
有关政治问题的个人见解	喜欢的电视节目
征求意见	汽车
分享矛盾心理以及不确定性	不发表任何意见

2)建立人际关系的基本法则

(1)微笑　微笑是一种幸福,微笑是一种美丽,微笑是一种财富,微笑具有独特的魅力。它带给我们愉悦与欢畅的心情,可以将它比作一把火、一片温暖的阳光、一个最让人心动的表情。微笑,它犹如灿烂的阳光,犹如一把黑夜的火把,让光明和温暖穿越冷漠的空间,传递着一腔热情、一份关怀、一份温暖、一份宽慰。

微笑的本身就蕴藏着很大的魅力,它让我们所有的人都无法拒绝它的感染。微笑不但能够给予人勇气、信心和力量,还能促使人与人之间友好相处,使人如沐春风。微笑是建立人际关系的最佳利器。

［案例］

一个微笑救了一条命

法国作家安东尼·圣艾休伯里在《微笑》一文中记述了他的一次奇特经历。他是一名飞行员,曾参加过西班牙内战打击法西斯分子。在一次战斗中,他做了俘虏,被关进监牢。看守对他的态度极为恶劣,他想自己明天一定会被拉出去枪毙。于是,他请求警卫借个火,抽支烟,他说:"当他帮我点火时,他的目光无意中与我的相接触,这时我突然冲着他微笑。我不知道自己为何有这般反应，也许是过于紧张或者是当你如此靠近另一个人，你很难不对他微笑。不管怎样，这抹微笑如童话般打破了我们心灵的隔阂。他的嘴角不自觉地也现出笑容。"之后，他们俩便如同朋友般谈论起自己的家庭来。突然间，他二话不说，打开了牢门，悄悄地带我从后面的小路逃离了监狱。"一个微笑居然能救自己的一条命。"

(2) 真诚　人与人相处，贵在以诚待人，真诚能快速地拉近人与人之间的距离。真诚不是智慧，但真诚往往放射出比智慧更耀眼的光芒，很多凭智慧不能得到的东西，真诚却轻而易举就能得到。

待人的黄金法则："你想别人怎么对待你，首先你就要怎么对待别人！"将心比心，真诚收获真诚。可真诚不等于老实坦白，毫无保留，真诚强调的是真心之意，诚恳之态。

(3) 求同　根据影响力的喜好原理，我们喜欢与自己相似的人。找到与交往对象的共同点、相似处，可以快速拉近双方的距离，培养双方的友好情谊，是建立人际关系的捷径。这种共同点可以是双方的经历背景，如校友、战友、老乡、职业等，可以是双方的共同爱好，如体育、艺术、收藏、嗜好等，也可以是双方的相似的性格、观点等，只要找到了双方的共同点，就架起了关系的桥梁。

(4) 热忱　热忱的意思不仅仅是热情，还有古道热肠的含义。热忱有着不可思议的魔力，它能够鼓舞及激励一个人的行动，不仅如此，它还具有强大的感染性，所有和它有过接触的人也将受到影响。先付出、乐于助人则是建立人际关系最可靠的秘方，帮助别人就是帮助自己。

热忱，也是取得伟大成就的过程中最具有活力的因素。爱默生说过："有史以来，没有任何一件伟大的事业不是因为热忱而成功的。"成功与其说是取决于人的才能，不如说取决于人的热忱。

(5) 赞美　如果人际交往还有什么利器，那一定是赞美。每个人都希望得到别人的肯定和赞美，这是人的天性，人与人之间交往赞美是最佳的纽带。赞美别人，不仅可以给予对方鼓励和支持，使好的行为得以延伸和发展，而且可以使人与人之间的关系更长久、更稳定。

赞美他人是一门艺术，它能够体现出赞美者的素质和人格。赞美不是阳奉阴违，也不是溜须拍马，它是一种发自内心的真实感受。同时赞美不能过头，要有度，否则会适得其反。

赞美具有巨大的力量，历史上的一些伟人正是因为经常受到别人真诚的赞美，才发愤图强，最终取得举世瞩目的成就。赞美是伟大的，它寄托着美好的希望和祝愿，我们每个人都要珍惜别人的赞美，也应该不吝啬对别人的赞美。

[案例]

曾帅，人不忍欺也！

曾国藩在军中，对有才能的读书人以礼相待，很得人们推崇。一天，有位客人来访，他衣冠古朴，谈论言辞精警，曾国藩很是倾心，跟他谈论当代人物。曾国藩说："彭玉麟、李鸿章都是大才，为我所不及。我可自许者，只是生平不好谀耳。"客人说："各有所长，彭公威猛，人不敢欺；李公精明，人不能欺。"曾国藩问："那你以为我如何？"客人说："曾帅仁德，人不忍欺也。"曾国藩听后十分高兴，引为知己，待若上宾，并把采购军火的大生意交给他做。

（6）感恩 感恩，就是对帮助过自己的人和物心怀感激之情、回馈之意。滴水之恩，涌泉相报，不仅仅是一种美德，也是建立人际关系的基本准则，更是人与人之间凝聚力的内核。如果做人缺少感恩之心，必然导致人际关系冷淡。懂得感恩的人，一定会得道多助，人际关系会越来越丰厚；不懂得感恩的人，则会失道寡助，即使亲近之人，最终也会离他远去。感恩是我们做人最起码的修养，也是我们建立人际关系最宝贵的资产。我们要永远怀着一颗感恩的心，让感恩作为一种习惯，一种准则，在我们心中深深扎根。

3.4 掌握谈判语言艺术

〔案例〕

不会说话得罪一堆人

某人请几位客人到家里吃饭，有一位客人一直没有来，主人等得心急，便抱怨道："你看看，该来的不来！"有位客人一听："噢，该来的不来，我岂不是那不该来的了？"于是站起来便走，主人急忙挽留，见不成，又说："嗨，不该走的走了！"另一位客人听了想到："这么说，我才是该走的。"这么一想，他也生气地离开了。主人见状，觉得很委屈，便向最后一位客人诉苦："我没有说他们啊！"那位客人闻言不悦："噢，那你是在说我哪！"也怒气冲冲地走了。

主人明明是一番美意，就因为不会说话，只好眼睁睁地看着事物的发展走向愿望的反面。这就是不善于运用语言的后果。谈判作为人际交往的一种特殊类型，对语言的运用有着更高的要求，因为谈判者的语言能力是谈判能力的基础，它直接影响着谈判的结果。

3.4.1 谈判语言的分类

谈判者的思维都是通过言谈举止而表情达意的，一方面通过自己的言谈举止准确表达己方的要求、意图；另一方面通过对方的言谈举止探寻其目的、要求。而"言谈举止"都可以归为"语言"。谈判便是各种语言的直接交锋，语言艺术水平的高低直接决定了谈判的效果。

1）按语言的使用方式分类

（1）面谈语言 面谈语言是谈判者用口语方式表达其意愿的一种语言。这是最常用，最普通、最简便的语言交流形式。人们通常的思想交流大多通过口头交谈来完成，它具有直接性、生动性、灵活性、迅速性、深入性等优点。但也有现场感较强、难以进行详尽准备、保留时间短、受外界干扰、空间条件限制、语音差异、地区差异、发话人表达、受话人听力和注意等影响造成信息的曲解等不足。

（2）电话语言 电话语言是谈判者在不会面的情况下使用的谈判语言，是一种间接的口头谈判语言。现代人的谈判许多是通过电话来完成的。电话具有传递使用方便、效率高等特点。同时，也带来一些不利于语言表达的缺点。在电话中进行谈判，声音是传递信息的唯一媒介，听觉是接收信息的唯一渠道，在语言表达中起重要辅助作用的肢体语言变得无能为力。而且，谈判者无法了解对方所处的环境是否适合谈判，无法保证通信设备的质量，还有时间的限制等等，这些都会给谈判语言的运用带来影响。

（3）书面语言 书面语言是商务谈判者用文字处理及其载体记录来表达意愿的一种语

言。它具有严谨、正规、准确,便于保存,不易更改,传递反馈速度慢,没有情态等辅助形式配合的单一性等特点,因而要求使用者要认真谨慎。近年来,随着通信事业的发展,电报、电传、信函往来日益增加,这就要求谈判者提高自己的文字水平,善于从对方的文字语言中搜集更多信息,并使己方在文字语言中尽可能严密、精确、完整,不留下遗漏。书面合同尤其要做到这一点。

2)按语言的使用特点划分

(1)交际性语言　商务谈判是一种人际交往行为,离不开交际语言的使用。谈判中的交际语言不涉及谈判实质信息的传递,其主要作用是建立双方的关系,增进双方的了解,缓和谈判的气氛等。交际语言最大的特点是注重礼节和分寸,表达一定的感情和留有余地,如"很荣幸能与贵方合作"。

(2)专业性语言　指与谈判业务内容有关的一些商务专业术语。不同的谈判业务有不同的专业术语。如产品的购销谈判中有供求、市场、价格、品质、包装、运输、支付、保险等专业用语;工程建筑谈判中有造价、工期、开工、竣工、交付使用等专业用语。这些专业用语的特征是简练、明确、专一。

(3)法律性语言　指谈判业务所涉及的有关法律规定用语。每种法律语言及其术语都有特定的内涵,不能随意解释使用。它的特征是法定的强制性、通用性和刻板性。通过法律语言的运用可以明确谈判双方各自的权利和义务。

(4)外交性语言　它是一种弹性语言,其特征是冷静、庄重,带有模糊性、缓冲性和圆滑性。在谈判中使用外交语言可满足对方自尊的需要,又可避免己方的失礼;既可以说明问题,还可为进退留有余地。如"很抱歉,恕我权力有限""很遗憾,您的要求我无法满足""请原谅,这项条件有待研究"等都属外交语言。应当指出,过分使用外交语言会让对方感到冷淡、推托,无合作诚意。

(5)文学性语言　原指小说、诗歌、散文、戏剧等文学作品反映社会生活、塑造艺术形象所使用的语言,在商务谈判中,则是指汲取文学语言精华,表述准确、鲜明、生动的语言。它的特征是生动、活泼、优雅、诙谐,富于想象力和感染力。在谈判中形成紧张、沉闷、生硬气氛时,恰当地使用文学性语言既可以生动明快地说明问题,又可以缓解、活跃谈判气氛。

(6)军事性语言　指能表明攻、守、进、退情况下所用战略、战术的语言。这种语言的特征是干脆、利落、简洁、坚定、自信并带有命令性。在谈判中适当运用军事语言可以起到振奋精神、提高信心、稳住阵脚、加速谈判进程的作用。

3)按语言的传达方式分类

(1)有声语言　即通过声音传达的语言,它具有明确性、灵活性等特点,是谈判的主旋律。

(2)行为语言　即通过非有声语言的形式传递信息的准语言,主要包括默语言、体态语言、类语言和空间语言4种形式。

3.4.2　谈判语言的基本要求

1)谈判语言的一般要求

(1)文明性　谈判语言必须符合职业道德的要求,讲究文明礼貌。无论在何种情况下都要保持冷静和理智,不能口出污言秽语、攻击侮辱对方的人格。对某些不恰当的语言应理智、明白、幽默地予以批评;对某些恶意挑衅性的语言,应坚决、果断地予以反击。

（2）清晰性　在谈判中要努力做到咬字准确、吐词清晰、口齿伶俐、语音纯正、语言流畅。结巴口吃、哼哈呢喃、习惯性尾语等不良习惯都应戒除。同时应注意语言的标准化，讲普通话，尽可能采用对方能够听清、听懂、理解的语言，尽量少用地方话、"黑话"和生造歧义语言。

（3）简洁性　在谈判中应用最简练的语言表达最丰富的信息，用尽可能少的句子表达更多的意思，做到紧扣主题、干净利落，没有闲言废语，不节外生枝。同时词语的使用要尽可能准确，不能模棱两可、含糊错乱、词不达意，妨碍信息的交流。

（4）针对性　俗话说"到什么山唱什么歌"，"什么时候说什么话"。谈判者要针对不同的谈判对象、场合、时机，采取不同的谈判语言，因人、因地、因时制宜，尤其是不同谈判对象性别、年龄、文化程度、职业、性格、兴趣等不同，接受语言的能力和习惯使用的谈话方式也完全不同。因此，面对不同的谈判对象，谈判者必须细心区别，深入了解，从对方的实际情况出发，寻找适合其特点的谈话方式。

（5）灵活性　谈判语言要根据谈判的具体情况灵活运用，不可自顾自说、不加区别。由于谈判的特点，谈判者讲话应留有一定的余地，而不可讲话太满太死。要善于察言观色，从对方的眼神、姿态、动作、表情来揣测对方的意图和兴趣，灵活调整自己的说话方式。要根据不同的场合随时调整语言表达的策略，采用与环境契合的表达方式。如在办公室与领导谈判，语言应比较正式、严肃，表现出对领导的尊重；而在公共场所，说话要客气、得体，不要过于犀利，大庭广众之下，要顾及对方的自尊心，要给人留面子。

2）谈判语言的一般禁忌

（1）啰嗦的语言　谈判都有一定的时限，要讲求时效，重视速度。这就要求双方说话应简明扼要，准确明白。如果说话啰嗦，言之无物，毫无意义，就会浪费时间，引起对方的反感和厌恶。

（2）伤人的语言　成功的谈判是利益的协调和双方的满足。参加谈判的都是具体的人，每个人都有自尊心、荣辱感和个性。谈判中如果能相互尊重、说话和气、谦虚有礼，就可以增进友谊和信任，使谈判顺利进行并提高效率。相反，如果视人如敌、出口伤人就会伤害对方感情，引起反击。一场怒目相对、唇枪舌剑、互相攻击的谈判会是什么结果呢？这就是"好言善语三九暖，恶语伤人六月寒"的道理。

（3）武断的语言　武断的语言常表现出傲慢、盛气凌人、唯我独尊，使谈判空气弥漫着火药味，往往因失去商量的余地而功败垂成。精明的谈判者表达意见时往往表现出克制和谦让的美德，除非有绝对把握，否则很少使用偏激、过度或绝对的语言，而是委婉地阐述自己的意见，促使谈判气氛融洽，易于情感和信息交流，放弃成见，达成一致。

（4）好斗的语言　温和的语言大家易于接受，便于双方沟通。而粗声恶语、出言不逊、争强好斗的语言则使人产生反感、厌烦、回击，使对方变得更加固执，不仅无助于改变对方的观点，反而会使谈判变得更加僵硬。因而对好斗的语言应尽量避免。应当避免提一些敌意性的、挑衅性的问题，对对方大加指责或审问式的盘问等。宽容，做一个友好的使者，这对双方都有利。

（5）过头的语言　诚恳、谨慎、适度的语言不仅能够准确地表达自己的愿望和意思，而且给人以信任感和安全感。话说得过头可能产生歧义、误解、怀疑、猜测，造成信息沟通的困难，言过其实也是一种欺骗。在谈判中说话应有分寸，事先应考虑一下哪些话该说，说到什么程度合适，要注意适可而止，应尽量沉着，避免冲动。

（6）固执的语言　谈判过程是一个十分复杂的过程，许多情况处在经常变化之中，谈判中始终应冷静地做好各种应变准备，要多准备几种备选方案和表达方式。如果过于倔强执拗，一味固执己见，心胸狭隘，不会从善纳谏，就会钻进死胡同，使谈判陷入僵局。

3.4.3　提问的技巧

1）提问是谈判最重要的手段

在谈判中没有什么比提问更有效、更锐利的武器，提问是探析对方真实需求、化解对方对立立场最经济、最快速的手段。针对对方的意图不明，多提几个开放性的问题，就可以了解对方的真实想法；针对对方的固执立场，多问几个为什么，也许就能发现背后的真实原因，从而找到谈判的对策。例如对方为什么一定要坚持货到一周内付款？背后真实的原因可能是现金流出了问题，那么我方就可以在价格上提出更高要求。

提问不仅可以有效探知对方实情，还可以引导谈判的方向。在谈判难以进行下去或陷于僵局的时候，通过提出对方感兴趣的问题可以调动对方的积极性，重开谈判。提问还是人际交往的"破冰器"和"润滑剂"，通过善意的提问，可以建立起话题，打开陌生人之间交往的通道；通过有效的提问，可以加深交流，避免人际交往冷场的尴尬。

【技能训练】

一位客户对你建议的价格表示坚决反对，但又不提具体要求，你会怎么办？A. 告诉对方降价不行；B. 请对方提出具体的还价；C. 问他为什么反对你的报价；D. 另提一个方案和报价。

选择 A：不妥，拒绝降价可能会让你陷入谈判的僵局乃至谈判破裂，对方坚决反对你的报价就是希望你降价才可谈；选择 B：尚可，你让对方还价说明了你做出了一定妥协，但对方抗性坚决不会轻易还价，因为他的讨价还没有结果，而且在他还价之前你啥也做不了，谈判没进展；选择 C：正确，你要通过提问来弄清对方的真实需求和想法，然后采取相应的谈判策略；选择 D：错误，你这么快就放弃自己的主张，说明你被对方唬住了，那他完全可以牵着你的鼻子走。

2）提问的一般技巧

［案例］

神奇的条件倒置提问

一位教士在做礼拜的时候，忽然禁不住烟瘾，便问主教："我祈祷时可以抽烟吗？"结果遭到了呵责。其后又有一位教士也发了烟瘾，却用另一种口气问主教："我吸烟时可以祈祷吗？"主教一笑，竟答应了他的要求。

（1）明确提问的目的　目的清晰，才能提出有效的问题。因此，提问之前的思考、准备是十分必要的。思考的内容包括：提问的目的何在？我要了解什么信息？对方会有什么反应？等等。必要时也可先把提出问题的理由解释一下，可以更好地达到问话的目的。

（2）选择提问的方式　提问的方式很重要，提问的角度不同，引起对方的反应不同，提问的效果也不同。例如："你们的报价这么高,我们能接受吗?"这句话似乎有挑战的意思,它似乎告诉对方,如果你们不降价,那么我们就没什么可谈的了。但如果这样问:"你们的开价远超出我们的估计,有商量的余地吗?"很显然,后一种问的效果要比前一种好,它使尖锐对立的气氛缓和了。

① 封闭式提问:通过提问能在一定范围内引出肯定或否定问题的答复。例如:"您同意这个价格吗?""条件就是这些,您决定吗?""您是否认为售后服务没有改进的可能?"

② 开放式提问:通过提问能在广泛的范围引出广泛的答复,通常无法以"是"或"否"等简单字句答复。例如:"您的意思是……""您对当前市场销售状况有什么看法?"

③ 证实式提问:针对对方的答复重新措辞,使对方证实或补充原先的答复。例如:"根据总经理的叙述,我可得出……您看是否正确?""根据您刚才的陈述,我理解……是这样吗?"

④ 引导式提问:对答案具有强烈暗示性的提问,是反意疑问句的一种。它具有不可否认的引导性,几乎使对方没有选择的余地,只能产生与发问者观念一致的反应。例如:"说到现在,我看这样……您一定会同意的,是吗?""在交货时,难道我们不考虑入境的问题?"

⑤ 选择式提问:选择式提问的目的是将自己一方的意见摆明,让对方在划定的范围内进行选择。由于选择式提问一般都带有强迫性,因此在使用时要注意语调得体,措辞委婉,以免给人留下专横独断、强加于人的不好印象。例如:"只有今天可以,你说上午还是下午?""您愿意空运还是陆运?"

(3)注意提问的时机　　除非有特殊的目的,一般提问的最佳时机是对方能够回答、乐意回答的时候。这就要分析你提出问题的时候对方能不能够回答、愿不愿意回答? 例如对方正在发言时,就不要急于提出问题打断对方,即使你有一大堆话想说,也要等对方说完,可以先把问题记下来,等合适的时机再提。为了掌握好提问的时机,我们要善于察言观色,洞察对方的心理状态。一般来说,对方谈兴甚浓或情绪甚佳时,在发言的间隙或发言后,都是提问的好时机。提问时机不对,对方要么不愿回答或顾左右而言他,要么叫你难堪。

(4)针对对方的特点　　提问也要"看人下菜碟",要善于根据对方的特点或偏好提出好的问题和采用好的方式。谈判桌前,谈判人员的情况各不相同,因此,提问时一定要考虑对方的年龄、职业、性格、身份、知识广度、文化背景以及生活经历等各方面的因素。谈判对手的性格不同,提问的方法就应有所不同。对手直率,提问要简洁;对手内向,提问要含蓄;对手严肃,提问要认真;对手暴躁,提问要委婉,不可千篇一律。

[案例]

女记者如何提问打动基辛格?

意大利著名女记者奥琳埃娜·法拉奇正是通过提问而获得许多重大内幕资料的。有一次,法拉奇采访亨利·基辛格博士时问:"你简直变得比总统的名气还大,你有什么窍门?"基辛格不想回答,反问法拉奇:"你的意思呢?"法拉奇说:"我可不清楚,我正想通过这次采访找到其中的奥妙。我的意思是说,就像一名高明的棋手,你走了几手绝招(这里指基辛格的中国之行)。"这样一说,基辛格顿时神采飞扬,滔滔不绝地叙述了一些中美外交中的秘密。见报后,基辛格也不明白自己怎么会泄露这么多的内幕。

（5）改进提问的效果

① 预先准备好问题：要提出好的问题，必须事先有所准备，对对方进行必要的调查了解，明确提问的目的，思考对方感兴趣的问题，选择有效的提问方式。

② 验证对方的诚实：在适当的时候，将一个已经发生，并且答案你也知道的问题提出来验证一下对方的诚实与处理事物的态度，同时这也给对方一个暗示，即你对整个交易的行情是了解的，有关对方的信息掌握得也是很充分的。

③ 提出问题后应沉默：提出问题后应闭口不言，等待对方的回答。双方处于沉默之中，这会给对方施加一种无形的压力。你不再言语，对方就必须以回答问题来打破沉默，或者说打破沉默的责任将由对方来承担了。

④ 要敢于追问：假如对方的答案不够完整，甚至回避不答，要有耐心和毅力继续追问，因为回答你的问题是对方的义务和责任。

⑤ 换一种方式提问：当直接提出某一问题而对方不感兴趣，或是态度谨慎不愿展开回答时，可以换一个角度和问题，来激发对方回答问题的兴趣。

（6）一般不宜提出的问题

① 不要提问个人隐私的问题：这对大多数国家与地区的人来讲是一种习惯。如对方的收入、文化、健康、家庭、女士的年龄等。也不要涉及对方的政党、信仰、宗教等方面问题。

② 不要提出含有敌意的问题：一旦问题含有敌意，就会损害双方的关系，影响交易的成功。

③ 不要直接提出有关对方品质的问题：这样做非但无法使他变得更诚实，反而会引起他的不快。如果要想审查对方是否诚实，你可以把了解到的真实情况陈述一下，对方自然会明白。

3.4.4　倾听的技巧

1）倾听是谈判最有效的方式

谈判中潜心地听比滔滔不绝地说要重要得多。首先倾听是了解对方需要、发现事实真相的最简捷的途径；其次，倾听使人更真实地了解对方的立场、观点、态度，从而使你更好掌握谈判的主动权；再次，注意倾听是给人留下好印象，改善双方关系的有效方式之一；此外，倾听和述说同样具有说服力，它常常使我们不花多大力气取得意外的收获。

富兰克林曾这样说过："与人交谈取得成功的重要秘诀，就是多听，永远不要不懂装懂。"多听是谈判者所必须具备的一种修养，是你做的一个最省钱的让步。在谈判中采用多听少说是非常重要的。维克多·金姆在《大胆下注》中说得好："你应该少说为妙。我确信，如果你说得越少，而对方说得越多，那么你在谈判中就越容易成功。"

谈判中的所谓听，不仅是指运用耳朵这种听觉器官的听，而且指运用眼睛去观察对方的表情与动作，运用心灵去为对方的话语做设身处地的构想，运用大脑去分析对方的动机与原因。这种耳到、眼到、心到、脑到的听，称之为倾听或聆听。

[案例]

不说话反而获得了订单

一家汽车公司想选用一种布料装饰汽车内部。有3家公司提供样品，供汽车公司选用。

公司董事会经过研究后，请这3家公司来本公司做最后的说明，然后再决定与谁签约。这3家厂商中，有一家的业务代表正患有严重的喉头炎，无法流利地讲话，只能由汽车公司的董事长代为说明，董事长按产品的介绍讲该产品的优点，各单位有关人员纷纷表示意见，董事长代为回答，而布料公司的业务代表则以微笑、点头或各种动作表示谢意。结果，他博得了好感，获得了45.7万米布的订单。后来他总结说，如果他当时没有生病，嗓子还可以说话的话，是不一定获得这笔订单的。

2）妨碍倾听的主要原因

所谓"听"，不只是指"听"的动作本身，更重要的是"听"的效果。听到，听清楚，听明白这三者的含义是不同的。有效倾听就是指要能够完整地，准确、及时地理解对方讲话的内容和含义。试验表明，听对方讲话的人仅能记住不到50％的讲话内容，而其中只有1/3的讲话内容按原意听取了，1/3被曲解地听取了，另外1/3则丝毫没有听进去。妨碍倾听的主要因素有以下几种：

（1）只顾考虑自己的问题　在谈判过程中，人的大脑处于高速思维状态，很容易出现只考虑自己的问题而不顾对方说些什么。有时，在对方开始讲话时还能听一听，但过了一会儿，注意力就转移到自己头脑中的问题上去了；或者在听讲时，把注意力放在分析、研究对方讲话的内容以及根据内容而思考自己的对策上，所以没能听全对方的讲话。

[案例]

不认真倾听失去到手的订单

小王向一位客户销售汽车，过程十分顺利。但是在他们走向办公室准备付款的时候，客户兴高采烈地向他谈起了自己考上名牌大学的儿子，而此时小王则心不在焉地把目光转到了外面嬉闹的同事上。待到办公室后，小王正要伸手接车款时，客户却突然掉头而走，连车也不买了。

小王苦思冥想，搞不清楚客户为什么突然决定不买车了。深夜了，他还是忍不住拨通了那位客户的电话。客户十分反感地说："下午付款时，我谈到了我的儿子，刚考上名牌大学，他是我们家的骄傲，事实上，车子就是我打算买了送给他的，可是您丝毫不在意。我已经在另一家为我儿子购买了车子，因为那一家的销售人员很欣赏我的儿子。"小王明白了，这次生意失败的根本原因就是自己没有能够耐心地认真倾听客户，没有使客户的内心需求得到满足。

（2）只根据自己的兴趣来听　人们总是对感兴趣的事才加注意的，所以注意是有选择性的。同时，人们对信息刺激也是有选择地加以反应的，即喜欢听自己听的话；不喜欢听时，就会出现注意力转移的情况。有时候没有注意到对方的说话方式，有的直截了当，有的则是比较含糊暧昧的，甚至是正话反说或反话正说，如果不注意分析就容易误解。

（3）思路跟不上对方　由于没有真正理解问题或对问题不熟悉，从而跟不上对方的思维；或者思维速度慢跟不上思维速度快的一方的发言，就会产生少听、漏听等现象。

（4）受知识、语言水平的限制　特别是专业知识与外语水平的限制，而听不懂对方的讲话内容。如果对专业知识懂得太少，在谈判中一旦涉及这方面的问题就难以理解。由于缺乏专业方面的知识,一旦涉及专业方面知识的翻译时往往把握不准,只能译个大概,而对于某些精微细小的环节容易一带而过。

(5)急于争辩　在对方发言时碰到自己敏感或相左的问题时,不等对方说完就急于发表自己的意见,听不完听不进对方的观点,如两个人为了某事发生争执,常常一方不等另一方把话说完,就打断对方而自己慷慨陈词,这样不可能听进对方的意见和观点。

(6)思维定式　以自己的固见或偏见去评判别人的观点,一旦发现与自己的观点不一致,就很难听进去;或者认为对方的身份、地位、职务低,不值得、没必要倾听。这种思维方式使人没有耐心听别人说完,难于完整接收信息,也很难接收新的消息。

3)倾听的主要技巧

(1)态度专注　态度是倾听的第一要务,你的态度是影响对方发言欲望的重要因素。积极专注的态度不仅可以激励对方敞开心扉、畅所欲言,还能更好地提高听话的质量,弄清对方的全部含义与真实意图。如果听话时心不在焉,左顾右盼,不仅损害听话的效果,而且对对方不尊重,这是谈判中要极力避免的。

(2)保持听姿　为了能够专心倾听,需要使身体的躯干、四肢和头部处于适当的姿态。一方面使对方明白你在认真倾听,同时也有助于保持大脑的警觉和精神集中,更好理解对方的意思。

(3)积极反馈

① 鼓励:在对方讲话时,运用记笔记、目光交流、点头颔首等方式表示赞许显示出对谈话的兴趣,促使对方继续讲下去。

② 呼应:在对方讲话时,可以用"是""对"等表示肯定,在停顿处,也可以指出讲话者的某些观点与自己一致,或者运用自己的经历、经验,说明对讲话者的理解,有时可以适当复述,有时可以表达不同意见。这些方式都是对讲话者的积极呼应。

(4)善记笔记　人们瞬间记忆并保持的能力是有限的,为了弥补这个不足,应该在倾听时做大量的笔记。记笔记不仅可以加强记忆和帮助回忆,同时自己也有时间作充分分析,理解对方讲话的确切含义与精神;此外听众记笔记或者停笔抬起头来看看讲话者,会对讲话者产生一种鼓励和期许的作用。

(5)鉴别地听　谈判中信息虚虚实实,需要鉴别对方传来信息的真假。一方面要善于察言观色,注意读懂对方的肢体语言;另一方面要注意对方的措辞、表达方式和语气语调,把握对方的真实含义与意图,除伪存真,听话听音。

(6)学会忍耐　倾听对方讲话,还要学会保持耐心,不要轻易插话,打断对方的讲话,也不要自作聪明地妄加评论。通常人们喜欢听赞扬的语言,不喜欢听批评、对立的语言。当听到反对意见时,总是忍不住要马上批驳;还有的人以自我为中心,只想多说,不想多听。

3.4.5　回答的技巧

1)回答的关键

回答的关键是思考,首先要弄清对方的意图,其次要评估回答的后果,然后选择正确的回答方式和内容。如全部回答与部分回答,正面回答与侧面回答,确切回答还是含糊回答,马上回答还是稍后回答,反问回答还是拒绝回答等。回答的要诀在于,知道该说什么及不该说什么,而不必考虑所回答的答案是否准确全面。

[案例]

狗可以坐公交车座位吗？

一次，一位贵妇人打扮的女人牵着一条狗登上了公共汽车，她问售票员："我给狗买一张票，让它也像人一样坐个座位行吗？"售票员回答："行，不过它也得像人一样，把双脚放在地上。"

2）回答的主要技巧

（1）有所准备　"问"有艺术，"答"有技巧。要有效地回答问题，就要预先写下对方可能提出的问题。在谈判前，自己先假设一些对方可能提出的问题来思考，考虑的时间越多或思考的问题越全面，所得到的回答越周全。

（2）要想着答　对谈判中对对方提出的问题，最好加以必要分析和权衡后予以作答。为了避免匆忙作答，可以在对方提出问题之后，通过点支香烟，喝口茶，或调整一下自己坐的姿势和椅子，或整理一下桌子上的资料和文件，或翻一翻笔记本等动作来延缓时间，思考回答。这样做，既显示出自然、得体，又可以让对方看出你是认真的。想着答的关键在于把握对方提问的目的和动机，然后决定怎样回答及答什么内容。

[案例]

面对刁难的绝妙回答

艾伦·金斯伯格是美国著名的诗人，一次宴会上，他向中国作家提出了一个怪谜，并请中国作家回答。这个怪谜是"把一只5斤重的鸡装进一个只能装1斤水的瓶子里，用什么办法把它拿出来？"中国作家回答道："你怎么放进去，我就会怎么拿出来。"此可谓是绝妙的回答。

（3）侧面回答　在谈判中，有时对方提出的某个问题，我方可能很难直接从正面回答，或因对方提出的问题不怀好意或别有用心，就可以采取侧面回答的方式，即在回答这类问题时，故意避开问题的实质，而将话题引向别路，借以破解对方的进攻，或避免暴露己方的意图。

[案例]

周总理妙答中国有多少钱？

一位西方记者曾经问周恩来总理一个问题："请问，中国人民银行有多少资金？"周恩来深知对方在讥笑中国的贫穷，而且这是国家机密，于是答道："中国人民银行的货币资金嘛，有18元8角8分。中国人民银行发行的货币面额有10元、5元、2元、1元、5角、2角、1角、5分、2分、1分10种，合计为18元8角8分。"周总理巧妙地避开了对方的话锋，使对方无机可乘，被传为佳话。

（4）沉默也是一种回答　像有力的语言一样，恰当的沉默同样可以取得奇妙的效果。

因为你的沉默,可能使对方感到不安,特别是当你对回答的效果没有充分的自信时,更应保持沉默。沉默往往给人以陷入困境的感觉,对方为了打破沉默,有时不是降低自己的要求,就是提出新的解决方案。提出你的问题并保持沉默,或在对方提出条件后保持沉默,是谈判可行的技巧,有时候会取得意想不到的效果。

[案例]

爱迪生的沉默是金

美国科学家爱迪生发明了发报机之后,不知该卖多少钱。当时,他的家庭生活很拮据,他的妻子就和他商量该卖多少钱。

妻子:"你应该多卖些钱。"爱迪生:"卖多少?"妻子:"2万美元。"爱迪生:"2万美元? 太多了吧?"妻子:"我看肯定值2万美元。"爱迪生:"那就试试吧。"过了几天,美国西部的一位商人要买他的发报机技术。在洽谈时,商人问到价钱时,爱迪生总认为价钱太高,无法说出口。因此,无论商人怎样催问,爱迪生支支吾吾,就是没有勇气说出2万美元的价格。最后,商人耐不住了,说:"那我说个价格吧,10万美元,怎么样?""10万美元?"爱迪生几乎被惊呆了,随即拍板成交。爱迪生的沉默获得了意想不到的收获。

(5) 以问代答也是一种技巧　以问代答如同把对方踢过来的球又踢了回去,请对方在自己的领域内反思后寻找答案。很多时候你对对方的意图不甚明了或回答没有把握时,反问就是一种很好的方式。例如,在谈判中对方问你对某个人的看法,你不知道对方与此人的关系,不好贸然作答,你就可以反问对方你觉得此人怎样? 然后再根据对方的意见谈谈自己的看法,避免了回答不好得罪人的风险。

【技能训练】

你手上有一个项目在和供应商洽谈,他问你,这个项目有几个供应商在参与呢? 实际上只有他这一家供应商,你怎么回答? A. 你说有好几家供应商在参与,让他看着办;B. 你问这个问题真有意思,你没法回答;C. 实话实说,就他一家供应商,让他报个好价;D. 告诉他这是公司机密,按照公司规定你不能告诉他。

选择A,不是最佳的办法,你的谎言如果被揭穿,将会很难堪,即使对方无法验证,你为了自圆其说也会搞得很难受,其实还有更好的办法;选择B,是一个拙劣的回答,拒绝回答本身就已经告诉了对方答案;选择C,你很诚实,但等于把己方最大的"秘密"告诉了对方,将谈判主动权拱手相让;选择D,是明智的回答,你采用了侧面回答,有理有度,既避免了撒谎,也维护了你的优势地位,还不会对双方的关系造成伤害。

3.4.6　陈述的技巧

陈述是对己方的立场、观点、方案等的陈说阐述,以便让对方有所了解。在谈判的许多场合,需要运用陈述来阐明观点,表达要求,讲清事实。

(1) 简单明了　陈述的目的是让对方相信己方所言的内容均为事实,并使对方接受己方的观点。为了达到这一目的,陈述时一定要简单明了,提纲挈领,抓住重点,节约时间,力求做到观点明确、层次清晰、态度诚恳、简练流畅,切忌夸夸其谈、啰啰嗦嗦、颠三倒

四、故弄玄虚。不可借助于陈述来进行炫耀或卖弄,这样做不但达不到目的,反而会令对方生厌。

（2）客观准确　在陈述基本事实时,应本着客观真实的态度进行陈述,既不要夸大事实真相也不要缩小事情本质,以使对方尽可能信任我方。陈述观点时,力求准确无误,事实清楚,力戒含糊不清,更不可前后不一致,否则会给对方留下借口,为其寻找破绽打下基础。

（3）具体生动　为了使对方获得最佳的倾听效果,陈述还应生动而具体。这样做,可以使对方全神贯注地倾听。陈述中一定要避免令人乏味的平铺直叙以及抽象的说教,要运用活灵活现的生动语言,如比喻类比,具体而形象地说明问题。有时也可以运用一些演讲者的艺术手法,抑扬顿挫,充满磁性,增强感染力和鼓动性。

（4）语速适当　在陈述过程中,应根据对方的反应调整语速。如果遇到对方不理解、不清楚或有疑问等情况,这时对方往往会用身体语言或有声语言传递信息。这就要求谈判者在陈述时,注意观察对方的眼神、表情等,一旦发现对方有疑惑不解的信息发出,就要立即放慢速度,必要的关键之处要适当重复陈述。如果经过复述,对方还不能理解,要有耐心地加以解释;如果对方误解了陈述者的原意,也不要烦躁,要耐心地加以解释。

3.4.7　辩论的技巧

辩论在商务谈判中是经常发生的。辩论的目的是为了达成交易。由于辩论具有辩者双方相互依赖、相互对抗的二重性,是人类思维艺术和语言艺术的综合运用,具有较高的技巧性。辩论中的应答不是平淡的申明或反驳,而是选取新颖角度巧妙地进行答辩。因此要求瞬间就能做出回答,如反应迟钝,就会处于劣势,甚至败北。辩论中使用的语言要尽量精炼简洁,有的放矢,举重若轻。

（1）观点明确　谈判中的辩论就是论证自己的观点、反驳对方观点的过程,因此必须做好材料的选择、整理、加工。辩论中,事实材料要符合观点的要求,避免出现漏洞,在充分讲理由、提根据的基础上,反驳对方的观点,从而达到"一语中的"的目的。

（2）逻辑严密　谈判中的辩论过程常常是相互发难。一个优秀的谈判者应该头脑冷静、思维敏捷,才能应付各种各样的局面。在辩论时要运用逻辑的力量。真理是在相互辩论中产生的,在谈判条件相持不下的情况下,谁在辩论中思维敏捷、逻辑严密,谁就能掌握主动。

（3）客观公正　谈判中的辩论要充分体现现代文明,不论双方的观点如何不同,态度都要客观,措辞要准确,要以理服人,决不能侮辱诽谤、尖酸刻薄和进行人身攻击。

（4）不纠缠枝节　参加辩论的人要把精力集中在主要问题上,而不要陷入枝节问题中。反驳对方的观点要抓住要害,有的放矢,坚决反对那种断章取义、强词夺理等不健康的辩论方法。论证自己的观点时要突出重点、层次分明、简明扼要,不要东拉西扯、言不对题。

（5）适可而止　谈判中辩论的目的是证明自己观点的正确,以争取有利于自己的谈判结果。因此,辩论一旦达到目的,就要适可而止,不可穷追不舍。切记,谈判不是进行争高比低、或输或赢的竞赛。

（6）保持风度　辩论中要保持自己良好的风度礼貌,败不馁,胜不骄,举止从容,自信自若,不可因处于下风或落败而气急败坏,也不可因占据上风或取胜而骄妄放纵,得理不让人,要给人留下台阶或面子。须知,一个人的良好风度有时会比他的语言更有力。

3.4.8 说服的技巧

1) 说服的含义

说服是谈判中最关键的语言技巧,是谈判的核心手段。它是以理性的智慧和情感的力量,使对方心悦诚服地接受己方的观点或建议。说服是设身处地,春风化雨,是"晓之以理,动之以情",是一种平等和尊重的力量,它不同于用压服或强迫的办法使对方屈服。

2) 说服的途径

美国谈判学家汤普森将说服的途径分为两种:一是中央途径(Central Route),即以信息为基础,依靠理性和深思熟虑的力量来说服对方;二是周边途径(Peripheral Route),即以对方的心理为基础,依靠情感和心理反应的力量来说服对方。

(1) 中央途径的说服战术

① 替代方案:为每一个谈判议题都准备替代方案会大大增强你在谈判桌上的优势。

② 备选方案:对合作条件制定一些价值相当的备选方案,可以增强谈判中的主动权和成功率。

③ 谈判议程:通过制定和控制谈判议程来增强己方的谈判实力和优势,削弱对方的优势。

④ 时间压力:时间压力大的谈判者往往处于劣势。可以通过设置时间限制来增强谈判优势。

⑤ 公平主义:谈判者使自己的方案和条件看起来"公平"合理,能使对方更容易接受。

⑥ 对比效应:利用心理对比效应,先高后低,先苦后甜,使对方逐步接受你的真实条件。

⑦ 一致性效应:机敏的谈判者往往善于从对方获得一个口头承诺,以促使其采取一致的行动。

⑧ 框架效应:半杯水的杯子,有的人看是半满,即"获得框架";有的人看是半空,即"损失框架"。当涉及利益时,人们都是风险厌恶者;而当涉及损失时,人们都是风险追逐者。不同的参照点界定了人们对获得和损失的评判。如体育比赛中铜牌获得者往往比银牌获得者更高兴。高明的谈判者往往通过设置相应的参照点来"框住"对方,使对方接受己方的条件。

[小资料]

对待利益与损失人们的风险倾向

选项 A:接受一张 5 000 美元的银行支票。

选项 B:碰碰运气——走运的话可能会赢得一张 1 万美元的支票,其可能性为 50%;不走运的话什么都得不到,其可能性同样为 50%。

选项 C:因支付意外费用而损失 5 000 美元。

选项 D:碰碰运气——走运的话一分钱都不会损失,其可能性为 50%;不走运的话会损失 1 万美元,其可能性同样为 50%。

在 A、B 的选择中,大多数人都会选 A;而在 C、D 的选择中,大多数人会选 D。这反映了一个基本原则:当涉及利益时,人们都是风险厌恶者;而当涉及损失时,人们都是风险追逐者。

——摘自[美]汤普森《商务谈判》

(2) 周边途径的说服战术

① 地位：包括实际地位，即实际拥有的权威，如职务、级别等；虚拟地位（即暗示的权威），如身份、头衔、年龄、性别、种族、姿态等。在谈判中，地位高的人往往控制着谈判。

② 性别：研究表明，在同样的谈判争议中，女性面对男性时，往往更具亲和力和说服力。

③ 社交网络：你所拥有的社交网络或社交资本越强大，在谈判中你的力量就越强大。

④ 外表：外表迷人、气质出众的人往往更具吸引力和说服力，即"美丽加分"。

⑤ 延迟喜爱：就博得另一方的赞同而言，最有效的不是立即喜爱对方，而是延迟喜爱。

⑥ 坦白缺点：向另一方表明你也有缺陷、不足，能够让你与对方更加亲近，更具说服力。

⑦ 环境暗示：在不同的环境气氛中，人们会有不同的、跟环境氛围一致的行动心理倾向。

⑧ 社交验证：人们都有从众心理，他人的行动或经验，往往会成为人们行动决策的暗示。

⑨ 其他技巧：如得寸进尺技巧，如果对方同意了一个较小的要求，那么同意大的要求的可能性就大大增加了；以退为进技巧，当大的要求被拒绝后，再提出一个小得多的要求就容易被接受；交易甜化技巧，将更多的甜点提议增加到一揽子交易中来，如汽车交易中的可选条款；再如标价1美元的蛋糕买一赠一，就比标价1美元的2块蛋糕，更容易销售。

3) 说服的主要技巧

(1) 改善人际关系　对方是否听取你的意见，很大程度上取决于与你的关系。在说服对方的时候，最重要的是取得对方的信任。心理学家认为，信任是人际沟通的"过滤器"。只有对方信任你，才会理解你的友好动机。要说服对方，就要考虑对方的观点和理由，设身处地地为对方的利益着想，从而使对方产生一种自己人的感觉。这样，说服的效果才会更佳。

(2) 注意环境时机　说服的方式和效果与说服的场合、氛围、时机有着密切的关系。公开场合和私下场合说服的方法不同，当众表扬、私下批评，易谈的问题可以正式场合谈，难谈的问题适宜私下场合谈；嘈杂脏乱的环境谈起来不顺当，舒适愉悦的环境谈什么都好谈。对方心绪不佳或情绪不高，尤其是情绪激动时，你有再大的道理，他也不一定能听得进；相反，对方心平气和、兴高采烈时，就可能进言纳谏，从善如流，主动行动，事半而功倍。

(3) 强调说服理由　说明并强调选择对方作为说服对象的理由，比如与对方的关系，双方共同的利益，对对方的器重，合作的远景，机会的难得等，使对方从心理上重视并认同与你的谈话，创造出良好的说服氛围和必要的说服条件。否则，即使你再有理，如果对方从心理上排斥，说服就很难成功。

[案例]

巧借"水"说服厂长

1984年，是"引滦入津"工程最关键的时刻，隧道施工队所需要的炸药告急。如果没有炸药，整个工程就得延期，一旦延期，就可能造成不可想象的损失。这个时候，一位连长站出来，提出自己去工厂弄炸药。连长马不停蹄，赶到某化工厂。下车之后，他直奔供销科，找到一个办公室人员，连长还没来得及说完自己的请求，就遭到了拒绝，"上半年没有货！"连长转身，又去找科长，科长满脸笑容，态度十分好，但最后还是给出了相同的答案。连长不甘心，不愿意接受这样的结果，大家都在等着他呢，他不能空手而归。

于是,他奔向厂长办公室。厂长与连长因为工程材料问题有过一面之缘,也算是半个熟人了。但厂长太忙,连长根本没法插上话,就跟在厂长身后,走出走进,一得机会,便软磨硬泡,请求支援。厂长一开始也表现得很强硬,没有任何商量余地,炸药缺货,一时不能生产出来。连长也不好意思张口重复那说了多少遍的理由。这时秘书给他倒了一杯水,打开盖一看,还泡着茶叶,喝了一口,比天津的水甜多了。这下他马上找到了话题:"厂长啊,你们这儿的水真甜。你去过天津吧,天津人可没有这份口福,他们喝的是从海河槽里集出来的苦水,还没放茶叶就是黄的。天津人生产出来的产品顶呱呱,像你戴的海鸥表,还有每10台拖拉机就有一台是天津的。您是生产的行家,比我懂得多,您说生产能离开水吗? 天津人喝水都紧张,生产用水就更别提了,引滦入津是解燃眉之急啊。"他没有再说下去。可是,厂长却被感动了,他点点头,抓起了电话,下达指令:"工厂加班三天,为引滦工程生产炸药。"连长既没带酒,也没带烟,就凭这一片诚心和一张嘴,硬是说动了厂长,拉回了炸药,保证了工期。

(4) 寻找共同点　寻找并强调双方一致的地方是说服的重要技巧,要求同存异,以同化异,通过培养双方的共同感来促进对方接受你的意见;不能只看到双方的分歧点,强行说服。此外,要善于营造一致的氛围,淡化对立情绪,以和谐融洽、互利互信的气氛来对人的心理产生积极影响。

在人与人的交往中,以双方共同感兴趣的问题为跳板是一种培养双方关系、创造说服条件的有效方法。要善于双方在工作上的共同点,如共同的职业、共同的追求等;双方在生活上的共同点,如共同的家乡、共同的经历等;双方在兴趣爱好上的共同点;双方共同熟悉的第三者等。

[案例]

会说话强盗也能变朋友

美国著名作家欧·亨利曾写过一个病人与强盗成为朋友的故事,这种精神的感化可以延伸到销售谈判桌上,成为满足谈判对手个人需要的一种好办法。

欧·亨利笔下的这个故事十分精彩。一天晚上,一个人生病躺在床上。突然,一个蒙面大汉跳进阳台,几步就来到床边。他手中握着一把手枪,对床上的人厉声道:"举起手! 起来! 把你的钱都拿出来!"躺在床上的病人哭丧着脸说:"我患了十分严重的风湿病,手臂疼痛难忍,哪里举得起来啊!"那强盗听了一愣,口气马上变了:"哎,老哥! 我也有风湿病,可是比你的病轻多了。你得这种病有多长时间了? 都吃什么药?"躺在床上的病人从水杨酸钠到各类激素药都说了一遍。强盗说:"水杨酸钠不是好药,那是医生骗钱的药,吃了它不见好也不见坏。"两人热烈讨论起来,尤其对一些骗钱的药物的看法颇为一致。两人越谈越热乎,强盗早已在不知不觉中坐在床上,并扶病人坐了起来。强盗突然发现自己还拿着手枪,面对手无缚鸡之力的病人十分尴尬,赶紧偷偷地放进衣袋之中。为了弥补自己的歉意,强盗问道:"有什么需要帮忙的吗?"病人说:"咱们有缘分,我那边的酒柜里有酒和酒杯,你拿来,庆祝一下咱俩的相识。"强盗说:"干脆咱们到外边酒馆喝个痛快,怎样?"病人苦着脸说:"可是我手臂太疼了,穿不上外衣。"强盗说:"我能帮忙。"他帮病人穿戴整齐,扶着向酒馆走去。刚出门,病人忽然大叫:"噢,我还没带钱呢!""没关系,我请客。"强盗答道。

（5）运用事实和数据　"事实胜于雄辩"。一个不容置辩的事实胜过千言万语的巧辩，尤其是在双方存在分歧的问题上，在谈判中寻找并准备这样的事实，是增强谈判实力、提高说服力的重要来源。此外，运用充分、详细的数据也会大大提高你的说服力，数据使问题变得精确、准确，难以辩驳。

（6）权威的标准与规范　谢尔提出的高效谈判理论六要素中，依靠和运用权威的标准和规范，是增强谈判说服力的主要路径，这些权威的标准和规范主要包括法律法规、行业惯例、制度化标准、风俗习惯、市场公平价值、交易先例、权威主张等，甚至包括公司制度、政策、程序都可能成为有效的标准。尤其是利用对方的标准、准则、规范或价值观反过来劝说对方，是说服最有效的方式之一。

[案例]

最佳的说服：用对方的标准来说服对方

周女士收到一封申请领取美国运通卡的邀请函。如果签约申领，可以享受到参与该活动的一条航线上免费飞行5 000英里(8 046.720千米)的优惠。但是她打电话到美国运通公司，却被告知这一优惠只针对新卡会员。周女士仔细想了想，又打电话过去："您能告诉我，就美国运通公司需要更改其在全世界发布的广告，并对整个公司进行重新定位这一问题，我应该找谁谈谈呢？"

"您这话什么意思？"对方回应。"是这样，"周女士说，"你们美国运通公司有一个口号'会员享有特权'，但我发现，非会员比会员享有更多特权。所以，贵公司一定是已经将口号改成了'美国运通：非会员享有特权'。我应该和谁谈这个问题呢？"主管当场就将免费航程的优惠给了她。

（7）客观地陈述利弊　分析问题所在，并客观地说明接受你的意见的利弊得失。既要说明这样做的好处，也要说明这样做的不足，因为你的说服客观辩证、不带个人利益目的，就会显得真实可信，也会让对方感觉你是真诚为他的利益考虑。有时当正面道理很难被对方接受时，就要暂时避开主题，谈论一些对方感兴趣的话题，从中找出对方的最佳说服点，发表自己的客观看法，让对方理解你的诚意。

[案例]

小小十龄孩童居然说服西楚霸王

西楚霸王项羽是一个杀星，每攻占一城必屠杀全城的百姓。项羽攻彭越占据的外黄城时，彭越难支，半夜逃走，外黄城开门迎降。项羽入城后，首先下了一道命令，城里凡15岁以上男子集结城东，准备全部活埋。号令一出，全城哭天喊地，哭声中一小儿竟去楚营见项羽。

项羽听说小儿来见，倒也惊奇，问他："看你小小年纪，也敢来见我吗？"小儿说："大王是人民的父母，小民就是大王的赤子，儿子见父母，有什么不敢呢？"项羽本来爱听夸奖，儿童开口就能动人，项羽喜欢得不得了，忙问他有什么事。小儿从容地说道："外黄百姓，久仰大王恩德，只因彭越突然攻来，无奈暂时投降，但仍然整天盼望大王来营救。今大王驾临，赶走了彭越，百姓非常感激。但大王宫中有一种谣言，说要把15岁以上男子全活埋了，我认为大王德同尧舜,成过汤武,不会这样做的。况且屠杀后,对大王有害无益。所以请大王颁布明令,稳定人心。"

项羽听了,觉得入情入理,但又威胁到:"如果我坑死人民,即便无益,也不见得有害,你要能说出有害的理由,我就下令安民;要说不出,连你也活埋。"儿童听到威吓,并不慌张,反而严肃地说:"彭越守城,部兵恃多,听说大王来攻,怕百姓做内应才紧闭城门,他见人心不向,才夜里逃走。如果百姓甘心助战,同心守城,大王恐怕要十天半月才能入城,今彭越一走,百姓立即开门迎驾,可见百姓拥戴大王。如果大王不察民情,反要坑死壮丁,外黄以东还有十几城,听说了谁还敢迎降,降也死,不降也死,抗拒倒还有一线希望。就算大王能处处打胜,也得费把心力吧。因此,对大王有害无益。"项羽经反复权衡利弊后,终于答应了儿童的要求,还取了几两银子送给他。

(8) "三明治"说服技巧　先以一个好的消息开头,把不好的消息放在中间,再以一个好的消息结尾,这称为"三明治"说服技巧。西方心理学家通过大量的研究证明,人们倾向接受积极、乐观的信息,在积极信息的前提下,消极的信息也变得比较容易接受。"三明治"技巧是一种非常有效的说服技巧。

3.5　认知谈判行为语言

3.5.1　行为语言概述

1) 行为语言的含义和构成

行为语言是信息传播的非显现语言的行为、体态、信号等的总称,主要包括默语言、体语语言、类语言和空间语言等四种类型。

(1) 默语言　默语也即停顿语,它是词项或句子之间的间隙、停顿,是一种超越语言力量的非语言的传播符号。适时、恰当地运用默语,可以最简单的传播形式表达出含义丰富的内容,获得其他传播符号所不可及的沟通效果。

(2) 体态语言　它是通过谈判个体的动作、表情、姿态、服饰等传播信息的非语言符号。体语分为动态体语和静态体语两种类型。

① 动态体语:是指肢体语、目光语、表情语等身体动作状态语言。

② 静态体语:主要是指身态语和道具语。谈判中,谈判者身体的静态姿势也在向对方传达着某种信息。道具语,是指在谈判中通过谈判者的穿着或者其他身体修饰传递信息的体态语言。

(3) 类语言　类语言符号是指有声而无固定语义的非语言符号。其形式主要有语调、重音等。类语言可以制造口头语言的音调、音量或速度的变化,进而使口头信息发生某种变化,从而表达出谈判个体想要表示的愤怒、不满、惊讶、遗憾、冷淡等感情。

(4) 空间语言　空间语言是以谈判空间环境及空间环境的变化传播信息的非语言符号。谈判空间环境表现为两个层次:谈判空间环境(由谈判的具体地点、场所的选择与布置所形成的直接影响谈判活动的空间氛围)与谈判个体存在环境(处于特定谈判空间环境中的谈判者的相对个人空间位置)。

2）行为语言的作用

（1）强化作用　非语言符号可以加强、扩大语言符号传播的信息。在谈判中，伴随着语言的运用出现的动作或表情在不同程度上起着补充语言传送、增大语言传送效果的作用。

（2）代替作用　非语言符号在谈判中可以代替语言准确地传送某种意图或情绪。如以热烈的握手和拥抱传送热情、友好的态度。在一定的情形下，当语言不可以或难以传递谈判者的观点或意图时，非语言的传递往往可以取得非常好的效果，此时无声胜有声。

（3）否定作用　商务谈判沟通中，非语言符号可以以否定语言符号传播的信息，传送出与语言符号含义完全不一致的含义。

3）行为语言的特点

（1）连续性　行为语言符号传播信息的连续性，是指谈判主体某种特定含义或思想的非语言传送是要通过若干个存在一定联系的行为和体态连续地完成的。例如，谈判者不安情绪的表露可能伴随着抓耳朵、搔头皮、扯衣襟等若干个连续性的动作。非语言的信息传送仅有一个动作是很难完成的，而语言的传送往往是独立的、非连续性的。

（2）依赖性　行为语言符号传送信息对环境有很大的依赖性。行为语言符号所代表的含义与特定的传播环境或传播背景是联系在一起的，即它所代表的含义只有和具体的环境或背景联系起来才能确定，脱离了具体的环境或背景，行为语言符号传送的含义则变得深不可测、无穷无尽。

（4）丰富、准确性　行为语言符号传递信息的含义往往比语言传递得更为丰富、准确，尤其是无意识露出的行为语言符号能传送出比语言符号更为准确、丰富的信息。通过行为语言方式传送出的信息，许多是来自个体的内心深处，这种行为语言提示是难以控制和掩饰的。

3.5.2　认知体态语言

1）眼睛的动作语言

爱默生关于眼睛说过这样一段话："人的眼睛和舌头所说的话一样多，不需要词典，却能够从眼睛的语言中了解整个世界，这是它的好处。"眼睛被誉为"心灵的窗口"，表明它具有反映人的深层心理的功能，其动作、神情、状态是最明确的情感表现。

眼睛的动作及其所传达出的主要信息如下：

（1）与人交谈时，视线接触对方脸部的时间正常情况下应占全部谈话时间的 30%～60%，超过这一平均值者，可认为对谈话者本人比对谈话内容更感兴趣。例如，一对情侣在讲话时总是互相凝视对方的脸部，低于此平均值者，则表示对谈话内容和谈话者本人都不怎么感兴趣。

（2）倾听对方谈话时，几乎不看对方，那是企图掩饰什么的表现。据说，海关检查人员在检查过关人员已填写的报关表格时，他会再问一句："还有什么东西要呈报没有？"这时多数检查人员的眼睛不是看着报关表格或其他什么东西，而是看着过关人员的眼睛。如果不敢正视检查人员的眼睛，那么就表明该过关人员在某些方面有不够老实的地方。

（3）眼睛闪烁不定，是一种反常的举动，常被视为用作掩饰的一种手段或性格上的不诚实。一个做事虚伪或者当场撒谎的人，其眼睛常常闪烁不定，这是一个共同的特征。

（4）在 1 秒钟之内连续眨眼几次，这是神情活跃，对某事物感兴趣的表现；有时也可理解为由于个性怯懦或羞涩不敢正眼直视而做出不停眨眼的动作。在正常的情况下，一般人每分钟眨眼 5~8 次,每次眨眼一般不超过 1 秒钟。时间超过 1 秒钟的眨眼表示厌烦,不感兴趣,或表示自己比对方优越,有藐视对方、不屑一顾的意思。

(5) 瞪大眼睛看着对方是对对方有很大兴趣的表示。

(6) 当人处于喜欢或兴奋时,往往是眼睛生辉、炯炯有神,此时眼睛瞳孔就会放大;而消极、戒备或愤怒时,愁眉紧锁、目光无神、神情呆滞,此时瞳孔就会缩小。实验表明,瞳孔所传递的信息是无法用意志来控制的。现代的企业家、政治家以及职业赌徒为了不使对方觉察到自己瞳孔的变化,往往喜欢戴上有色眼镜。眼神传递的信息远不止这些,有许多只能靠意会而难以言传,那就要靠谈判者在实践中用心观察、积累经验、努力把握。

2) 眉毛的动作语言

眉毛一般是配合眼的动作来表达其含义的,但单凭眉毛也能反映出人的许多情绪:

(1) 处于惊恐或惊喜时,眉毛上耸,即人们有所谓"喜上眉梢"之说。

(2) 处于愤怒或气恼时,眉角下拉或倒竖,即通常所说的"剑眉倒竖"。

(3) 当困窘、不愉快、不赞成时,往往皱眉。

(4) 表示亲切、同意、愉快时,眉毛迅速上下动作。

(5) 表示询问或疑问,眉毛就会上挑。

上述有关眉毛的动作及其含义,在平时观看戏剧,特别是京剧时可以看得更清楚。可见眉毛对于一个人的表情来说是很重要的,因为没有眉毛的脸会给人一种毫无表情的感觉。

3) 嘴的动作语言

嘴是说话的工具,也是摄取食物和呼吸的器官之一,它的吃、咬、吮、舔等多功能决定了它的表现力,往往反映出人的心理状态:

(1) 紧紧地抿住嘴,往往表现出意志坚决。

(2) 撅起嘴是不满意和准备攻击对方的表示。

(3) 遭到失败时,咬嘴唇是一种自我惩罚的动作,有时也可解释为自我嘲解或内疚的心情。

(4) 注意倾听对方话语时,嘴角会稍稍向后拉或向上拉。

(5) 不满和固执时往往嘴角向下。

与嘴的动作紧密联系的是吸烟的姿势。在现代社会中,吸烟的姿势具有较强的表现力,而且是评判一个人态度时的重要依据。那么吸烟是如何表现一个人的心理和情绪的呢?

从日常生活中可以看到:

(1) 将烟朝上吐,往往是积极、自信的表现,因为此时他的身体上部分姿势必然是昂首挺胸的。而将烟朝下吐,是情绪消极、意志消沉、有疑虑的表现,即所谓的"垂头丧气"。

(2) 烟从嘴角缓缓吐出,给人一种消极而诡秘的感觉,一般反映出吸烟者此时的心境与思维比较曲折回荡,力求从纷乱的思绪中清理出一条令人意料不到的道路来。

(3) 斜仰着头,烟从鼻孔吐出,表现出一种自信、优越感以及一种悠然自得的心情。斜仰着头,这就主动地拉开了与谈话对象或视觉交流目标的距离。这种距离正体现和满足了其心理上不愿与谈话对象或视觉交流目标平等相处的要求。

(4) 吸烟时不停地磕烟灰,表明内心有冲突或不安的感觉。这时的烟成了吸烟者减缓和消除内心冲突与不安的一种道具。因为内心的冲突和不安往往使人手足无措,而不停地磕烟灰使人手上有事可做,从而转移了这种冲突与不安。

(5) 让烟烧着而很少拿起来抽,表明在紧张思考或等待紧张情绪的平息。其之所以很少抽是因为大脑专注于某问题,而暂时将烟忘却了。

(6) 没抽几口就把烟掐掉,表明想尽快结束谈话或已下决心要干一桩事。这样做是为了不愿让吸烟来分散其精力,干扰刚刚决定的事情的进行。尽管吸烟本身并不对人有多大的干扰。

以上我们是就面部单个器官的动作及其含义而言的。在通常情况下,人们的面部表情是由面部的各个器官协同动作来表现的。比如,一个极端具有攻击性并满含敌意的谈判者,会把谈判看成是"你死我活"的竞技场,其典型的脸部表情是:睁大着眼睛看你,嘴唇紧闭,眉角下垂,有时甚至嘴唇不太动却含混地从牙缝中挤出话来。因此,在观察对方面部表情时,除了要注意对方面部各器官的单独动作,更要注意它们之间的配合动作,以掌握其变化规律。

4) 上肢的动作语言

上肢包括手和臂膀。通过对上肢的动作或者自己与对方手与手的接触,可以判断分析出对方的心理活动或心理状态,也可以借此把自己的意思传达给对方。

(1) 握拳是表现向对方挑战或自我紧张的情绪。握拳的同时使手指关节发出响声或用拳击掌,都是向对方表示无言的威吓或发出攻击的信号。握拳使人肌肉紧张、能量集中,一般只有在遇到外部的威胁和挑战而准备进行抗击时才会产生。

(2) 用手指或铅笔敲打桌面,或在纸上乱涂乱画,表示对对方的话题不感兴趣、不同意或不耐烦的意思。这样一是打发消磨时间;二是暗示和提醒对方。

(3) 吸手指或指甲的动作是婴儿行为的延续,成年人做出这样的动作是个性或性格不成熟的表现,即所谓"乳臭未干"。

(4) 两手手指并拢并置于胸的前上方呈尖塔状,表明充满信心,这种动作多见于西方人,特别是会议主持人、领导者、教师在主持会议或上课时,用这个动作以示独断或高傲,以起到震慑学生或与会者的作用。

(5) 手与手连接放在胸腹部的位置,是谦逊、矜持或略带不安心情的反映。歌唱家、获奖者、等待被人介绍时常有这样的姿势。

(6) 两臂交叉于胸前,表示防卫或保守,两臂交叉于胸前并握拳,则表示怀有敌意。

(7) 握手。握手的动作来自原始时代的生活。原始人在狩猎或战争时,手中常持有石块和棍棒等武器。陌生者相遇,若互相之间没有恶意,就要放下手中的东西,并伸开手掌,让对方摸掌心,表示手中未持武器。久而久之,这种习惯逐渐演变成今日的"握手"动作。

握手的原始意义不仅表示问候,也表示一种保证、信赖和契约。标准的握手姿势应该用手指稍稍用力握住对方的手掌,对方也应该用手指稍稍用力回握,用力握的时间在1～3秒。如果发生与标准姿势有异的情况,便有了除问候与礼貌以外的附加意义。主要有以下几种情况:

① 握手时对方手掌出汗,表示对方处于兴奋、紧张或情绪不稳定的心理状态。

② 若某人用力回握对方的手,表明此人具有好动、热情的性格,凡事比较主动。美国人大多喜欢采用这种方式的握手;反之,不用力握手的人,若不是个性懦弱、缺乏气魄,便是傲慢矜持,摆架子。

③ 先凝视对方再握手,是想将对手置于心理上的劣势地位。先注视一下对方,相当于审查对方是否有资格与其握手的意思。

④ 手掌向下握手,表示想取得主动、优势或支配地位,手掌向下,有居高临下的意思;相反,手掌向上,是性格软弱,处于被动、劣势或受人支配的表现。手掌向上有一种向对方投靠的含义。

⑤ 用两只手握住对方的一只手并上下摆动,往往是热情欢迎、真诚感谢、有求于人、肯定契约关系等意义。在日常生活中,常常可以看到,为了表示感谢对方或欢迎对方,或恳求对方等,一方会用两只手去握住对方的一只手。

5) 下肢的动作语言

下肢虽属身体的下端,但它往往是最先表露潜意识情感的部位,主要包括腿和足两大部分。主要动作有:

(1) 摇动足部,或用脚尖拍打地板,或抖动腿部,都表示焦躁、不安、不耐烦或为了摆脱某种紧张感。进入考场前的考生、车站候车的旅客常有这种动作。

(2) 男性足踝交叉而坐,往往表示在心理上压制自己的表面情绪,如对某人某事持保留态度,表示警惕、防范,或表示尽量压制自己的紧张或恐惧。处于受批评、受审讯的人常常会有这种动作。

(3) 女性足踝交叉及膝盖并拢地坐,表示拒绝对方或处于一种防御性的心理状态。其含义比较含蓄而委婉。

(4) 架腿而坐,一般在无意识中表示拒绝对方并保护自己的势力范围,使之不让他人侵犯,而频频变换架腿姿势的动作是情绪不稳定或焦躁、不耐烦的表现。

(5) 张开腿而坐,表明此人自信,并有接受对方的倾向。

6) 腰部的动作语言

腰部在身体上起"承上启下"的支持作用,腰部位置的"高"或"低"与一个人的心理状态和精神状态是密切相关的。

(1) 弯腰动作,例如,鞠躬、点头哈腰属于低姿势;把腰的位置放低,精神状态随之"低"下来,向人鞠躬是表示某种"谦逊"的态度或表示尊敬。如果在心理上自觉不如对方,甚至惧怕对方时,就会不自觉地采取弯腰的姿势。

从"谦逊"再进一步,即演变成服从、屈从,心理上的服从反映在身体上就是一系列在居于优势的个体面前把腰部放低的动作,如跪、伏等。因此,弯腰、鞠躬、作揖、跪拜等动作,除了礼貌、礼仪的意义之外,都是服从或屈从对方,压抑自己情绪的表现。

(2) 挺直腰板,使身体及腰部位置增高的动作,则反映出情绪高昂、充满自信。经常挺直腰板站立、行走或坐下的人往往有较强的自信心及自制和自律的能力,但为人可能比较刻板,缺少弹性或通融性。

(3) 手叉腰间,表示胸有成竹,对自己面临的事物已做好精神上或行动上的准备,同时也表现出某种优越感或支配欲。有人将这视作领导者或权威人士的风度。

需要指出的是,以上只是就一般人在一般情况下其动作和姿态所表达的含义描述,不同的民族、不同的地区、不同的受教育水平与个人修养等,都会在动作、状态及其含义上有所差别。另外,对人的动作与状态的观察,不能只从某一个孤立的、静止的动作或状态去进行判断,而应从其连续的、一系列的动作去进行观察分析,最好与其讲话时的语音、语气、语调等结合起来进行分析,看看其动作之间、动作与语言之间是否保持一致性,这样才能得出比较真实、全面的结论。

读懂肢体语言省下一个亿

一个成功商人齐先生正在和一家科技公司谈收购。他收到线报，说这个公司的资金链最多能支撑3个月。齐先生开了2亿元的收购价，这在所有买家里是最高的了。但经过谈判后，对方居然要价8亿元，这没有道理呀。齐先生于是请来了一个谈判专家夏女士帮忙，她说她要看清楚每一个人后，才好判断。谈判中，她坐在那里一言不发，当齐先生谈到该公司资金链紧张时，她发现对方杨总身体姿态发生了很大变化，眼神黯淡飘忽，且肩部微抖。夏女士感觉时机已到，马上发短信给齐先生，叫他暂停谈判，出去休息一下。等他们再回到现场时，齐先生问杨总是否还坚持8亿元的报价，得到对方肯定答复后，他很遗憾地说："既然你们不改，我改！我现在出价1亿元，刚才出2亿元你们不要，现在只剩下1亿元了。给你们10分钟时间考虑一下。"结果，居然成交了。

3.5.3 认知空间语言

1）个体空间的认知

个体空间，也是非言语交往的一种特殊形式。在人际交往与谈判活动中，通常能够直觉地体会到，与哪些人交往应该保持多大的空间距离，我们也总是按照与他人的关系而自觉地调节着相隔距离。因为在一般谈判场合，我们对一个人是靠近还是疏远，就等于我们在有意或无意地表示对他是亲密还是矜持，是融洽还是戒备。

（1）个体空间的范围 美国谈判学专家罗伯特·索默经过观察和实验研究，人具有一个把自己圈住的心理上的个体空间，它就像一个无形的"气泡"一样，为自己割据了一定的"领土"。一旦这个"气泡"被人触犯，就会感到不舒服或不安全，甚至恼怒起来。人们都有一种保护自己的个体空间的需要，这并非表示拒绝与他人交往，而只是想在个体空间不受侵占的情况下自然地交往，个体空间实际上是使人在心理上产生安全感的"缓冲地带"。随意闯入对方的个体适应空间是犯忌的，也是失礼的举止。一般而言，双方的人际关系以及所处情境决定着双方相互之间适宜的个体空间界域。

① 亲密距离：这是人际交往中的最小间隔，即我们常说的"亲密无间"。其近段在约15厘米之内，远段在15~44厘米之间，体现出交往双方亲密友好的人际关系。亲密距离内最具排他性，在同性别的人之间，往往限于至亲密友之间，超出这种感情关系之外的第三者闯入这个空间，就会引起十分敏感的反应和冲突。

② 个人距离：这在人际间隔上稍有分寸感，已较少直接的身体接触。近段在1.5到2.5英尺（46~76厘米）之间，正好能相互亲切握手，友好交谈。这是与熟人交往的空间。远段距离从2.5到4英尺（76~122厘米），已有一臂之隔，恰在身体接触之外。一般个人间的交往都在这个空间之内，它有较大的开放性，任何朋友和熟人都可以自由地进入这个空间。

③ 社交距离：体现出一种社交性的或礼节上的交往距离。近段在4到7英尺（1.2~2.1米），一般出现在工作环境和社交聚会、谈判协商场合；远段在7到12英尺（2.1~3.7米），表现了一种更加正式的交往关系。国外有些大公司的董事长或总经理往往有个特大的办公室，这样在与下属谈话时就能保持一定的距离。

④ 公众距离：在这个空间中，人与人之间的直接沟通大大减少了。其近段在12~15英

尺(3.7～4.6米),远段则在 25 英尺(约 7.6 米)之外,这是一个几乎能容纳一切人的"门户开放"空间。人们完全可以对处于这个空间内的其他人"视而不见",不予交往,因为相互之间未必发生一定联系。

人际交往过程中保持适当距离,并不仅仅是考虑双方的关系程度,在很多情况下是从交往的正规性和庄重性来考虑的。如企业或国家领导人之间的谈判,工作招聘时的面谈,教授和学生之间的论文答辩,往往都要隔一张桌子或保持一定距离,这样就增加了一种庄重的气氛。

2) 谈判座位的认知

谈判座位的安排是谈判中一种重要的空间语言。很多研究表明,谈判中座位的安排大有学问,双方是面对面坐着还是采取某种随意的座次安排,反映着不同的意义。谈判座位的安排包括两方面的内容,一是台桌和椅子的大小选择;二是台桌或椅子的相对位置。

(1) 桌椅安排应注意的问题　如果谈判较正式,台桌或椅子的安排应给人以平等的感觉;如果谈判是非正式的,台桌或椅子的安排应注意有利于创造和谐的谈判气氛;座位应避免刺眼的光线直射,除非是在审讯的场合;桌面上可根据需要放置一些必要的具有象征意义的物件(如国旗、公司标志、花卉等)或摆放一些饮料;要避免在桌面上放置电话、台钟之类易产生干扰的东西;某些不适宜摆上谈判桌但又必需的东西(文件、资料)可放在谈判桌的下面一层或置于身后的桌上、或交给随同人员保管。

(2) 谈判座位的安排形式

① 桌角式安排对谈判者的心理影响:如图 3.2 所示 A—B1。桌角式安排给谈判者带来的心理感受是和善轻松的。这样的位可以让双方有自由的目光接触,介绍资料方便,而且可以根据需要运用许多姿势。桌角式由于只有桌的一角作为部分屏障,因此这种座位安排没有私人交往空间的分隔感。如果 A 是顾客,B1 作为销售人员采用这种座位安排,有利于创造和谐的气氛。

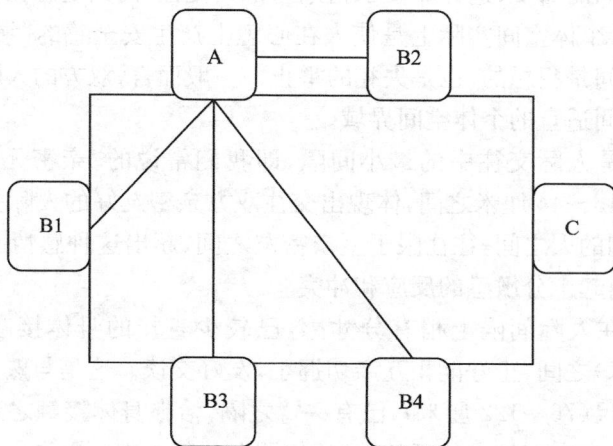

A—B1:桌角式;A—B2:合作式;A—B3:对抗式;A—B4:独立式。

图 3.2　谈判座位的安排形式

② 合作式安排对谈判者的心理影响:如图 3.2 所示 A—B2。合作式座位安排给谈判者带来的心理感受是亲切随意的。这种安排最适合于领导与部下之间的谈心、批评、提意见,或朋

友之间的会见。B2 可以在 A 不察觉的情况下进入 A 的私人交往空间。由桌角式和合作式安排还可以在介绍第三者加入会谈时起到很好的调谐作用。当要向 A 介绍一位本方的人员 B3 或 B4 加入谈判时，谈判者自己可坐在 B2 或 C 的位置上，好像是站在顾客 A 的立场上，或者站在中立的立场上（心理测试表明 B2 比 C 的效果更好），这种安排亦称作"与对手同一线"。

③ 对抗式安排对谈判者的心理影响：如图 3.2 所示 A—B3。这种安排会给谈判者造成一种竞争的气氛，它极可能暗示着某种对抗的情绪。在外交场合这种安排只是意味着正式、礼貌、尊重与平等；而如果在办公室，A 与 B3 是上下级关系，则地位高的一方可能因此产生优越感，如果下级有意增加上级的优越感（如表示敬仰、请示等），也可以采取这种安排。在谈判中，你必须随时注意对方的心态，使对方感到自在而乐于与你交往，特别是在非正式谈判或会见中，最好不要采取这种座位安排。

④ 独立式安排对谈判者的心理影响：如图 3.2 所示 A—B4。独立式安排常常意味着谈判者彼此之间不想与对方打交道，它预示着尽量疏远甚至敌意，常见于公共场所两个互相不熟悉的人之间。因此，谈判者之间或朋友之间应尽量避免这种安排。

⑤ 圆桌式安排对谈判者的心理影响：与长方桌不同，圆桌通常给人以轻松自在感。所以在一些友好的会见场合，一般采取圆桌。圆桌式安排通常能淡化双方的对立气氛，给人以团结一致、亲密无间的心理感受，所以运用在谈判中亦是适宜的。不论方桌还是圆桌，都应注意座位的朝向。一般习惯认为面对门口的座位最具影响力（西方认为这个座位最具权力感，中国人称此为"上座"），而背朝门口的座位最不具影响力（中国人称此为"下座"）。

练习题

一、实训题

一位港商准备向一内地商人出售纯棉针织内衣，港商的售价大大超过了内地商人的预想价格，当他看到港商的定价单后简直不敢相信，他马上打电话给港商，说了一大套怎样做生意和怎样才有诚意的话。港商听后感觉人格受到侮辱，"啪"地一下挂断了电话。后来，内地商人进行了认真的市场调查，发现港商的定价是有依据的——国际市场上棉花价格大涨。他又给港商打电话，态度来了一个 180 度大转弯，可港商还没等他说完便讲："先生，我正在寻找垃圾处理站，并且还得付给他们处理费，您别费心啦。"结果，这笔生意告吹了。

1. 两位商人在谈判思维上各有什么错误？

_____

_____

2. 港商在谈判语言上违背了什么禁忌？

_____

_____

3. 如果你是那位港商，你该如何处理以达成交易？

_____

_____

二、选择题

1. 你带着你年逾六旬的妈妈赶火车,因为赶得急,没有买上座位票。上车刚好有一个空位,你安排妈妈坐下。不一会儿,一个年轻人拿着票过来了,说座位是他的。你怎么样说,才能让他把座位让给你妈妈坐呢?（   ）

① 你年纪这么轻,让给年纪大的人坐吧!

② 抱歉,我母亲年纪大了,可以让个座吗?

③ 小伙子,站一站锻炼身体,让给老人家坐吧!

④ 抱歉,我母亲年纪大了,这一路实在站不住,如果没人愿意让座,她最后只能坐地上了。

⑤ 小伙子,你要学习雷锋,主动给老人家让座。

在下面的对话中,请选择最恰当的一种:

2. 一次,某议员批评林肯总统对敌人的态度时,质问道:"你为什么要试图跟他们做朋友呢? 你应当试图去消灭他们!"林肯温和地（   ）议员无语。林肯的回答有4种答案可供选择:

① 说道:"那我们的敌人不是越来越多了吗?!"

② 说道:"我难道不是在消灭他们吗? 当我使他们变成朋友的时候?!"

③ 说道:"多一个朋友总比多一个敌人来得好!"

④ 摇了摇头。

3. 有位百万富翁花巨款装了一只义眼,这只义眼简直可以以假乱真。他颇为得意,常常在人们面前炫耀他的义眼。有一次,他碰到马克·吐温,照例要炫耀一番,问道:"先生,你能猜出来吗? 我的哪只眼睛是假的?"马克·吐温一本正经地指着他的左眼说:"这只是假的。"百万富翁惊诧地说:"你怎么知道的? 根据什么? 这只义眼有很多人看不出来!"马克·吐温笑着说道:（   ）

① "是因为有人早就告诉了我。"

② "是因为义眼再逼真也是假的。"

③ "是因为你的这只眼睛里还有那么一点点慈悲,因此断定它是假的。"

④ "是因为我早年做过眼科医生。"

4. 几年前,在与西方某大财团谈判某项技术设备时,对方有恃无恐地在专利费上漫天要价,使谈判陷入僵局。当时,所在城市的商会代表组织了欢迎会,邀请中方代表在会上演讲,中方代表借此机会,若有所指地说道:（   ）

① "我们是本着友好合作的心意而来,不料你们城市的某些财团财大气粗,漫天要价,实在令人心寒,哪有什么友谊、合作、互利,统统不过是骗人的鬼话罢了!"

② "中国是一个文明古国,我们的祖先早在一千多年前就将四大发明无偿地贡献给人类,而他们的子孙,从未埋怨他们不要专利费是愚蠢的,相反却盛赞他们为人类科学的进步做出了杰出的贡献。现在,中国与各国的经济合作,并不要求各国无条件地让出他们的专利权,只要价格合理,我们一个钱也不少。"

③ "现代的经济是全球的经济,整个地球变成了一个地球村。如果一项专利,因为索取高价而使其他国家或企业望而却步,那么,它就不能为全人类服务。如果以为奇货可居、任意要价的话,那么势必得罪世界上的所有国家和企业,那不是以人类为敌了吗?"

④ "据你们西方经济学家的研究,整个经济就像一个大蛋糕,每个生产环节,都可以凭自己的本事,从这个大蛋糕上切取属于自己的那一块。由于现代化的大生产,谁也少不了谁,所以应该保证每个环节都能切得一块,毋庸讳言,由于每个人本事的不同切得的蛋糕有大有小,但凡事都有一个度,任何人都不能独吞这块蛋糕。否则,经济就会断链。"

5. 1999年第79届美国小姐选美大赛拉下了帷幕,肯塔基小姐法兰奇在各项综合项目成绩名列前茅的情况下,以一首"我们永远不说再见"的歌曲夺得冠军。当时一位特别刁钻的评委提了一个特别的问题:"法兰奇小姐,你是不是那种什么都会一点儿,但哪样都不精通的人?"

法兰奇十分巧妙地回答:"（   ）"这一回答征服了观众,也征服了评委,把她最后送上了冠军的宝座。

① 你要是停止了学习,那你也就停止了生命。

② 哪种都会一点儿,也可以哪样都精通。

③ 哪样都不精通的人,才会永远不停地学习。

④ 我对哪种都永远不说再见!

6. 曹睿是三国时魏文帝曹丕和甄氏所生的儿子,自幼聪明,深得曹丕喜爱。后来,曹丕又宠爱上了郭贵妃。郭贵妃设计害死了甄氏,并被立为皇后。曹睿明白,郭贵妃为了要斩草除根,迟早要对自己下毒手。一次,曹睿跟父皇曹丕上山打猎,突然窜出一只母鹿和小鹿。曹丕搭箭将母鹿射死,小鹿一见母鹿倒地,围着母鹿哀鸣不肯离去。曹睿一见此情景,立即联系到自己的身世,不由得伤感起来。这时,曹丕急了,大声叫道:"孩儿,快射小鹿!"

曹睿机智地回答了一句,使得曹丕以后精心培养曹睿,立他为太子,把皇位也传给了他。曹睿是这样说的:"（　　）"

① 皇上,小鹿太可怜了,儿臣不忍心射它!

② 皇上已射杀了它的母亲,儿臣怎么忍心再去杀害那头已经失去了母亲的小鹿呢?

③ 皇上,儿臣想到,小鹿失去了母亲是可怜的孤鹿,儿臣失去了母亲是可怜的孤儿!

④ 皇上,射杀哺乳中的母鹿已是不仁,儿臣又怎忍心再射杀小鹿呢?

7. 著名戏剧家萧伯纳善于向一切人学习。有一次在苏联访问期间,他在街上看见一个小姑娘,长得白白胖胖,有一对明亮的双眸,头上扎着大红蝴蝶结,真是可爱极了。萧伯纳鹤叟童心,停下来同她玩了很久。两人都觉得很开心。临别前,萧伯纳把头一扬,对小姑娘说:"你知道我是谁吗?"小姑娘摇了摇头。萧伯纳认真地说:"别忘了回去告诉你妈妈,就说今天同你玩的是当今世界的大文豪萧伯纳!"萧伯纳以为小姑娘会惊喜万分,不料小姑娘回答了一句话,使萧伯纳深有感触地说:"一个人不论取得多么大的成就,都不能自夸,都应该永远谦虚,这就是那个小姑娘给我的教育!"

小姑娘的这句话是:"（　　）"

① 萧伯伯,您怎么会说自己有多了不起呢? 请您回去以后也告诉您的妈妈,就说今天同您玩的是一位苏联小姑娘!

② 萧伯伯,您怎么可以自我夸耀呢? 这是不好的品质呀!

③ 萧伯伯,谦虚使人进步,骄傲使人落后!

④ 萧伯伯,您再这么自夸的话,我就不跟您玩了!

三、案例分析

菲德尔费电气公司的推销员韦普先生去宾夕法尼亚州推销用电。他看到一所富有的整洁农舍,便前去叩门。敲门声过后,门打开了一条小缝,户主布朗前·布拉德老太太从门内向外探出头来,问来客有什么事情。当他得知韦普先生是电气公司的代表后,"砰"的一声把门关上了。韦普先生只好再次敲门。敲了很久,布拉德老太太才将门又打开了,仅仅是勉强开了一条小缝,而且还没等韦普先生说话,就毫不客气地破口大骂。怎么办呢? 韦普先生并不气馁。他决心换个法子,碰碰运气。他改变口气说:"很对不起,打扰您了。我访问您并非是为了电气公司的事,只是向您买一点鸡蛋。"听到这句话,老太太的态度稍微温和了一些,门也开大了一点。韦普先生接着说:"您家的鸡长得真好,看它们的羽毛长得多漂亮,这些鸡大概是多明尼克种吧? 能不能卖给我一些鸡蛋?"这时,门开得更大了。老太太问韦普:"你怎么知道这些鸡是多明尼克种呢?"韦普先生知道自己的话打动了老太太,便接着说:"我家也养一些鸡,可是,像您所养的那么好的鸡,我还没见过呢。而且,我养的来亨鸡只会生白蛋。夫人,您知道吧,做蛋糕时,用黄褐色的蛋比白色的蛋好。我太太今天要做蛋糕,所以特意跑您这里来了……"老太太一听这话,顿时高兴起来,由屋里跑到门廊来。韦普则利用这短暂的时间,瞄一下四周的环境,发现他们拥有整套的养殖设备,便接着说:"夫人,我敢打赌,您养鸡赚的钱一定比您先生养乳牛赚的钱还要多。"这句话说得老太太心花怒放,因为长期以来,她丈夫虽不承认这件事,而她总想把自己得意的事告诉别人。于是,她把韦普先生当作知己,带他参观鸡舍。在参观时,韦普先生不时对所见之物发出由衷的赞美。他们还交流养鸡方面的知识和经验。就这样,他们彼此变得很亲切,几乎无话不谈。最后,布拉德太太在韦普的赞美声中,向他请教用电有何好处。韦普先生实事求是地向她介绍了用电的优越性。两个星期后,韦普收到了老太太交来的用电申请书。后来,便源源不断地收到这个村子的用电订单。

结合案例,谈谈一个优秀的谈判人员应该具备怎样的性格特征与能力要求?

_____

_____

_____

第4章　商务谈判准备

【本章要点】
- □ 如何知己知彼评估谈判形势？
- □ 如何制定谈判的方案和计划？
- □ 谈判团队如何组织与管理？
- □ 为什么要及如何策略性准备？

【技能测试】

你在公司做技术五年了，部门人手紧缺，老板又从外面新招了几个人进来，但是他们的薪水都比你高，你很不服气，你也想涨薪。此时你会：A. 向老板抱怨，要求涨工资；B. 向同事们抱怨；C. 向老板讲你比新来的同事优秀，暗示老板；D. 问老板你怎么做才能涨工资。

选择 A，说明你性格直率，每个人都嫌自己的工资低，老板早就听烦了，每个人情况不同，老板凭什么给你涨工资呢？选择 B，除了博点同情，你什么也得不到，如果传到老板耳里，搞不好要滚蛋；选择 C，这只是你一个人的想法，老板的想法可能跟你不一样，说不定还会找出你一堆的问题；选择 D 就对了，让对方跟你分享核心信息，问问老板怎么做才能让你涨薪？也许他能给你一些非常有价值的建议，你如果做到了，对公司有贡献，自己涨薪也得以解决，那就是双赢。

4.1　商务谈判准备的目的和任务

4.1.1　商务谈判准备的目的

1）知己知彼

孙子曰：知己知彼，百战不殆。在谈判中，不仅要了解自己，更要了解对手，了解对手一切跟谈判有关的信息，了解对手越多、越准确，谈判的主动权越强。

2）增强实力

谈判实力是影响谈判结果的主要因素，因此如何增强己方的谈判实力成为谈判者最关注的问题。而谈判实力如何很大程度上来源于谈判前的准备，准备得越充分，谈判实力越强。

3）建立期望

商务谈判准备的重要目的之一就是要设法建立或改变对方的期望，通过"信号"和谈判前的接触，建立对方某种先入为主的印象，使之产生某种心理适应，降低其心理期望值，从而减轻谈判的难度，为实现谈判目标奠定良好的基础。

4）创造条件

只有在谈判前经过充分的准备，才可能客观地分析自己的优势和劣势，进而寻找办法弥补己方的不足，为谈判的顺利进行创造时间、地点、人员、环境等方面的有利条件，推动谈判的成功。

4.1.2　商务谈判准备的任务

1）谈判形势和情境评估

谈判者在谈判之前，首先要做的就是要收集足够的信息，以知己知彼，为谈判形势与情境的评估奠定基础；其次要做好自我评估，弄清己方的根本利益，评估己方的谈判实力和优势，评估己方的谈判风格以及己方的谈判目标点与保留点（底线）；再次，评估对方，弄清对方的谈判成员和决策者、对方谈判实力、对方的利益和立场，评估对方的谈判协议替代方案等；最后要评估谈判的情境，根据谈判情境的不同选择相应的谈判策略。

2）制定谈判方案与计划

谈判方案与计划是谈判人员在谈判前预先对谈判目标具体内容和步骤所做的安排，是谈判者的行动指南。一个周详、可靠而又不失灵活的谈判方案可以使谈判人员胸有成竹，在关键时刻处乱不惊，一如既往地去争取谈判目标的实现。

3）谈判人员选择与组织

商务洽谈是一种有组织的经济活动。为了使谈判能够顺利进行，需要由一定的组织形式作保证。也就是要做好商务洽谈人员的筛选、谈判班子的配备、谈判人员的管理等方面的工作。

4）谈判前的策略性准备

谈判前的策略性准备是指谈判者在正式谈判前开展的一种非正式谈判。它常常是一种无形谈判，是谈判准备阶段的重要策略。其目的在于设法影响或建立对方的心理期望，或者增强己方的谈判实力，为正式谈判取得良好效果而创造条件、奠定基础。

4.2　谈判形势与情境评估

4.2.1　谈判信息搜集

信息是谈判实力的重要来源，谁拥有的信息更全面、更准确，谁就在谈判中占据优势。在进行谈判形势和情境评估前，必须尽可能地搜集必要的信息。

1）信息搜集的内容

（1）经济信息　主要包括宏观经济信息、行业信息和市场信息。尤其是市场信息对谈判的影响最为直接，如国内外市场分布信息、市场需求方面信息、销售价格方面的信息、产品竞争方面的信息、产品科技发展信息等。

［案例］

一条简单信息节省 15 万美元

1986 年秋，我国一家仪表公司同联邦德国仪表行业的一家颇有名气的公司进行了一项技术引进的谈判。对方报价40万美元向我方转让时间继电器的生产技术。德方靠技术实力和名牌,在转让价格上不肯让步,谈判陷入僵局。我方要求德商分项报价,以找到突破口。通过对德商分项报价的研究,我方获悉德商提供的技术明细表中包括一种时间继电器元件石英振子技术,而这一技术国内厂家已引进并消化吸收,完全可以不必再引进。在下一步谈判中,我方便掌握了谈判的主动权,提出不再引进石英振子技术,将技术转让费由40万美元降至25万美元。这样,靠一条信息,避免了重复引进并节省了15万美元。

(2) 文化信息　主要包括谈判者当地的历史文化、生活方式、价值观念、文化习俗、宗教信仰、商业惯例、谈判风格等信息,尤其是与外国客商谈判时更为重要。

(3) 法规信息　主要包括有关国家和地区的政治状况,谈判双方有关谈判内容的法律规定,有关国家或地区的各种税收政策,有关国家或地区的外汇管制政策,有关国家或地区的进出口配额与进口许可制度方面的情况等。

(4) 对方信息　包括谈判对方的主体资格,对方公司性质和资金状况,对方公司的营运状况,谈判对方的商业信誉情况,对方谈判目标和谈判时间限度,对方谈判成员的有关情况等。一般情况下,于对方不利的信息对谈判实力和谈判筹码影响最大,是信息搜集的重点。

3) 信息搜集的方法

(1) 公开信息搜集的方法　要灵活巧妙地获得准确的信息资料,很重要的一个诀窍就是捕捉并分析公开的信息资料,如文献资料、统计数字、各类报表、书籍、报纸、杂志、年鉴、各类文件、广告、广播、电视、企业名录、产品说明书等等。在每种载体上都有十分丰富的内容,如国家的政治、经济、政策、法令、调研、新闻、广告、价格、企业经验、市场需求等信息,此外还有各种服务性的单位,如信息中心、咨询公司、技术服务公司等,他们提供的服务也可称为公开信息。

公开信息的搜集方法包括:互联网资料收集法,报刊资料搜集法,广播电视资料搜集法,会展资料搜集法,会议资料搜集法等。

[案例]

日本人如何通过报纸判断油田在北大荒?

20世纪60年代,日本人从中国报纸上看到了中国生产石油的消息,就迫切地想知道油田的地点,以判断出中国是否需要输油管,与中国做生意。日本人首先从报纸上刊登的照片分析,王进喜身穿皮袄,头戴皮帽,背景是漫天大雪,便判断油田很可能在东北。报上说,油田设备是工人们从车站拉到油田的,从而进一步推断,油田肯定离铁路线不远。报上还说在油田的路上很泥泞……综合各种信息之后,日本人断定油田在北大荒,据此,他们认为中国需要架设输油管,随后通过各种途径探听中国人是否愿意购买日本的输油管。

(2) 非公开信息的搜集　在搜集商务谈判的信息资料时,有些资料往往无法搜集到,因为这些资料往往是属于非公开的,甚至是保密的,但它们在谈判中往往具有重要的影响。这就要求谈判者有时必须设法搜集这些信息。这其中有些方法可能是灰色的,但在现实生活中却是经常存在的。

非公开信息的搜集方法主要有:重金购买信息资料,聘请掌握信息的"知情人",甚至使用商业间谍窃取所需情报信息。

[案例]

竟然想到开餐馆获取情报

日本一家企业想购买英国某公司的技术专利,但谈来谈去,英方就是不卖。日本人只好宣布作罢。可是没过多久,在英国这家公司的附近出现了一个新开的小餐馆,物美价廉,服务良好,该公司的许多员工都纷纷前往就餐。过了不久,英国人不肯出让技术的那种产品就在日本问世了,这家餐馆也随之歇业。原来,英国这家公司的员工在就餐时,同事之间谈论涉及业务的话题及丢弃的资料都被餐馆的"服务人员"一点一滴地搜集了去,最终成为一份完整的技术资料。英国人在谈判桌上费了好大劲想守住的东西,却在不知不觉中被日本人给弄到了手。

4.2.2 自我评估

1)己方的谈判实力

重点是要弄清己方在谈判中的优势或有利条件有哪些;有哪些因素和途径可以增强己方的谈判实力;己方可以利用的权威的规范或标准有哪些;与对方相比,己方的劣势或不足是什么。

2)己方的利益与目标

己方的利益就是己方通过谈判真正想要实现的根本需求或价值,它不一定是价格或金钱,将利益局限在价格上会遮蔽我们的视野。己方的目标是我们要实现的最理想的谈判结果,高期望的目标点是高效谈判的重要因素,谈判应该围绕目标点而不是保留点(底线)而谈。

3)己方的谈判风格

评估己方的谈判者是哪种风格,以便采取合适的谈判方法和策略,或者选择合适风格的谈判者去参加相应情境的谈判。5种谈判风格如表4.1所示。

表4.1　5种谈判风格

谈判风格	基本行为模式
迁就型	非常乐于解决对方的困难;注重与对方的关系;对他人的情绪敏感
妥协型	急于弥合谈判差距,达成协议;不必要地加快谈判进程,过快地让步
规避型	害怕谈判冲突,尽力回避谈判的矛盾;喜欢拖延,尽量减少谈判的冲突
合作型	不断探寻,努力谋求最佳解决方案;期望双方真诚合作,互动双赢
竞争型	乐于控制谈判,喜欢赢;不断实施压力,坚持追求己方利益的最大化

4)谈判协议最佳替代方案

谈判协议最佳替代方案(BATNA)是指谈判协议如果不能达到己方的目标,己方的最佳选择是什么,BATNA是增强谈判实力的有力武器,BATNA越好,谈判实力越强。例如,你想以100万元(目标点)卖出一套二手房,如果买方出价不到100万元,你有以下几个替代方案:适当降价,只要高于你的保留点(底线)即可;直接出租,获得较低的长期收益;重新装修出租,获得较高的长期收益;等待更多的买家出价;不卖了,自己住。在这些替代方案中,对你价值最大的那个方案,就是你的 BATNA。应该指出的是,BATNA 不是一成不变的,应随着谈判环境的变化不断改善。例如人们不应该只看上一所房子、一个工作或一种环境,而应该多发现 2~3 种感兴趣的选择。

4.2.3 对方评估

1)对方的谈判实力

针对以下情况评估:对方在谈判中的优势有哪些;有哪些因素和途径可以削弱对方的谈判实力;对方可以利用的权威的规范或标准有哪些;与己方相比,对方的劣势或不足是什么。

2)对方的利益与目标

理解对方真正需要的东西是成功谈判的关键。谈判者必须学会换位思维,站在对方的角度来分析对方的利益与目标,例如,哪些方面对对方来说是最重要的?对方会更偏爱哪种方案?以此来寻找双方的共同立场,谋求既能解决对方问题,也能实现你的谈判目标的低成本方案。

3)对方的谈判决策者

要理解对方需要的是什么,首先必须明确对方谈判的决策者是谁,他不仅可以决定组织的需求,而且决策者个人的需求,如他们的身份、安全、自尊和自我实现的需求,都影响着谈判。

4)对方的谈判协议最佳替代方案

谈判中最具价值的信息之一就是对方的 BATNA。谈判之前弄清对方的 BATNA,谈判者可以找到相应的应对方案,化解谈判中对方 BATNA 的威胁,增强谈判的优势。谈判者在谈判准备阶段,通过对对方的调查了解,收集必要信息,去研判确定对方可能的 BAT-NA。

4.2.4 谈判情境评估

1)谈判情境的类型

根据对谈判中利益和关系的重要性认识程度,可以将谈判的情境分为 4 种类型,如图 4.1 所示。

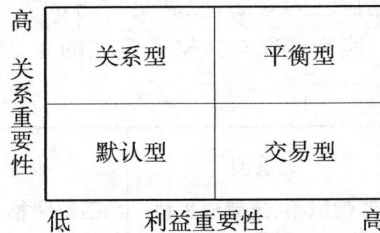

图 4.1 情境矩阵

(1)关系型情境 谈判者认为维持双方的关系比争取己方的利益更重要,因此应该尽力善待谈判的另一方,建立和改善与对方的良好关系,如朋友关系、工作团队关系、长期伙伴关系等。

如何谈爱因斯坦的薪酬?

20世纪30年代,普林斯顿研究院正寻觅世界级的学者和研究人员,以创建世界一流的思想库。研究院的主任Abraham Flexner邀请爱因斯坦加入该机构。爱因斯坦当时坦住在欧洲,正寻找新职业,他表示感兴趣。Flexner问爱因斯坦希望拿多少薪水。爱因斯坦回答,每年3 000美元可以满足他的需要,除非你认为我可以"用更少的钱养活自己"。Flexner是怎么回答的呢? 他承诺给爱因斯坦的薪水是他本人要求的3倍还多,达到每年10 000美元,加上安家费、养老金等,合计年收入达到近15 000美元,这在当时大萧条的时代,无疑是一个超级明星般的数字。Flexner认识到,如何让"王冠宝石"级的教授感到被人尊敬、被人赏识,从而愿意将研究院当成自己的职业归宿,远比爱因斯坦的薪水重要得多。爱因斯坦后来成了研究院的标志性人物,吸引了其他许多出类拔萃的学者,确立了这所研究院的世界级声誉。

(2)平衡型情境 谈判者认为关系和利益都很重要,一方面想获得理想收益,但不希望以损害双方关系为代价;或者希望双方未来的关系稳固,但不愿支付过高费用,如劳资纠纷、家族企业纠纷、企业并购重组、长期供应关系、战略同盟、同一公司内不同部门间的合作等。

(3)默认型情境 即关系和利益对谈判者都不是太重要的情境,双方会按照约定俗成或自动自愿的原则处理。这种情境在日常生活中比较常见,而在商务谈判中很少。如两名司机在没有红绿灯的路口相遇,双方谁先走都可以(利益不重要),双方不会再见面(关系不重要)。

(4)交易型情境 利益远比未来的关系重要,谈判者并不需要为了今后的合作而迁就,谈判起作用的是优势,双方的关系无足轻重。如陌生人之间的房屋、汽车交易,各类零售市场上的交易,一次性的合作等。但许多看似交易型的谈判,如果双方打算合作,谈判形势本身常常需要他们建立某种形式的工作关系,此时关系还是对谈判有一定影响。

2)谈判情境与谈判风格的匹配

总体而言,合作型风格的人适合参与关系型的谈判,这种谈判情境强调关系,不包含重大的利益冲突;而喜欢竞争的人适合参与交易型的谈判,这种谈判情境强调利益而忽视关系。平衡型情境需要既乐于合作又善于竞争的谈判者,在坚持立场的同时又不显得咄咄逼人,对人友好对事强硬,同时还需要有解决问题的创造性和耐心。合作型的谈判者有时做不到这一点,他们常常过快放弃自己的立场,以满足对方的要求;而竞争型的谈判者立场过于强硬,很少顾及对方的感受。谈判情况与风格匹配如图4.2所示。

高		
关系重要性	关系型 匹配风格:迁就或妥协	平衡型 匹配风格:合作或妥协
	默认型 匹配风格:回避或迁就	交易型 匹配风格:竞争或合作
低	利益重要性	高

图4.2 情境与风格匹配

3）评估对方的谈判情境

谈判情境是人们主观认知的产物，并非客观事实，而人们对谈判情境的认识通常并不相同。因此，对谈判情境的评估，不仅要有自己对谈判情境的认识，还要考虑对方的看法。例如，谈判一方认为关系最重要，而另一方也许认为利益更重要。由于对谈判情境的认识有差异，双方的谈判策略可能也会不同。如果有可能，你必须说服对方在理解谈判情境的问题上与你保持一致。

例如你到百货公司退货，但接待员从纯粹交易的角度看待此事，因此态度强硬，拒绝退货。如果你说服对方相信，关系是重要的，否则会影响对方的声誉，对方也许会缓和自己的立场。

4）确定沟通方式

针对不同的谈判情境和谈判风格，谈判者应该考虑适宜的沟通方式，即怎样与对方沟通效果最好。它包括两个方面：一是直接与对方谈判还是否委托代理人谈判？例如你发现自己不善于交易型的谈判，那么委托一位竞争型的代理人则是不错的选择；二是采用面对面、电话、电子邮件还是互联网谈判？每种沟通方式各有利弊，不同的谈判情境和风格适用不同的沟通方式。

例如，你的同事要买你的房子，为避免过多面对面讨价还价的尴尬，那么采用电子邮件或微信、QQ沟通就比较适宜。再如你打算买新车，但不想让销售人员给你带来压力，影响自己的判断，那么选好车型后，可以通过互联网来讨价还价。现在大多数的谈判不可避免地会采用多种沟通方式，谈判者应根据谈判过程的每个阶段选择最佳的沟通方式。

4.3 谈判方案与计划制订

4.3.1 构建双赢谈判方案

双赢谈判也称整合型谈判，即做大蛋糕，使双方总体利益都得到增加的谈判。应该看到，很多商务谈判都可以成为双赢谈判，一些分配型谈判（切蛋糕式的谈判，如纯粹的价格谈判）通过有效的谈判策略，也可以转化为双赢型谈判。双赢谈判的真正意义在于，所有可能的机会或价值都被利用，没有浪费该分的资源或潜力。

1）谈判方案的实质

谈判方案也称为合作方案，是指双方能够实现有效合作的基本方式和条件，是一系列合作或交易条件的匹配组合，是实现双赢谈判的关键。一般来讲，一个谈判往往有好几种合作方案。谈判者要学会换位思维，充分构思双方利益最佳结合的方式。好的谈判方案一定是基于双方核心利益、优势互补、充分利用所有价值和机会的方案。

2）双赢谈判的主要方法

（1）分享核心信息　核心信息是指关于双方基本利益和优先考虑事项的信息，是构建双赢谈判方案的前提。首先，谈判者要善于换位思考，询问和发现对方的利益和优先事项；其次，谈判者要视情况适时把自己的核心利益和重要事项信息透露给对方，按照互惠原则，也能更好地获得对方的信息，从而为构思双赢谈判方案提供有效的指引和帮助。如分橘子案例中，如果双方能分享各自的需求信息（橘子皮和橘子肉），那么就能提出一方得橘子皮、一方得橘子肉的双赢谈判方案。

（2）挖掘所有价值　基于价值而不是价格谈判，是双赢谈判的基本路径。合作的真正目的，是实现各自价值或利益的最大化。以价值交换相应的价格，是谈判成功的基础。合作的价值有些是显性的，有些是潜藏的；有些是短期的，有些是长期的；有些是有形资产，有些是无形资产。要做大蛋糕，就要善于充分挖掘和利用好那些容易被忽视的、潜藏的、长期的、无形的价值。

（3）扩大议题范围　如果谈判只围绕一个议题（如价格），那么就很容易导致分配型谈判。如果能够扩大议题的范围，增加议题、拆分议题或创造新议题，就增加了整合型谈判的可能。例如将价格与品质、数量、付款、时间、服务、附加条件等结合起来谈，就比单纯讨价还价要有效得多。

（4）一揽子交易　所谓一揽子交易就是将核心交易和附属交易一起融合的交易，能最大化平衡和实现各自的利益，其实质是好的合作模式和方案。例如卖汽车是核心交易，但如果能将汽车装饰、配件、保险、维保等统筹考虑就是一揽子交易，买卖双方均能获益更多。

（5）多个等价方案　促成谈判成功的一个重要方法就是提供多个价值相当的方案供对方选择，这样可以更好发现和满足对方的需求，同时因为多方案，降低了对方讨价还价的力度。为此，要设法获得对方更多的有用信息，提出富有吸引力、说服力的多款"套餐"，也许总有一款适合对方。

（6）后效契约　所谓后效契约是指双方根据后续效果而进行相应约定的契约。后效契约最大的好处是避免了双方事先主观预测可能导致的误差，更能切合实际情况，从而也就更有效地减少了双方的利益冲突。例如版权费率与作品销量息息相关，但作者与出版社都不可能事先准确预测未来的销量，为公平合理起见，双方可商定后效契约来化解分歧；再如房地产代理销售也面临同样的问题。

（7）预协议　预协议是指双方在全面达成合作协议之前签订的预备、局部、过渡性质的协议。其好处一是确立了双方合作的基础，为全面合作提供了可能；二是避免了短期内解决所有问题的风险和难度。预协议也是协议，但它是初步的、暂时的，一旦条件成熟，会为正式协议所替代。

（8）后协议　所谓后协议是指双方在签订正式协议后，根据情况的变化而签订的改进性协议，它可以是补充协议，也可以是替代协议。后协议是因为一方或双方找到了一个比以前更好、更能符合双方利益的协议，其签订需要双方坦诚合作，平等自愿，互利互惠。

4.3.2　谈判计划的制订

谈判计划与谈判方案既有区别，又有联系。谈判方案强调的是合作的方式方案，而谈判计划强调的是行动方法举措，是实现谈判方案的具体路径和策略。

1）谈判计划的主要内容

（1）谈判议题　所谓谈判议题就是谈判所要讨论和解决的主要问题，它关系到谈判者的主要利益和基本要求，涉及什么不该谈、什么先谈、什么重点谈的问题。

（2）谈判目标　谈判目标是谈判者拟要实现的主要和基本利益要求，它既包括以价格为标志的总体目标，也包括围绕价格的相关交易条件的分项目标。

（3）谈判人员　包括谈判的参加者、决策者和影响者。如己方谈判人员如何组成和分工，对方的谈判人员及决策者是谁，对谈判有影响的人员还有哪些等。

（4）谈判优势　双方各自的主要谈判优势有哪些？如果未达成协议，双方各自有哪些损失？哪一方损失更大？双方实力对比,优势总体倾向哪一方？谈判协议的最佳替代方案是什么？

（5）谈判策略　谈判策略是指实现谈判目标的主要方针和手段,包括谈判的总体策略和具体策略两个方面。谈判的总体策略是指谈判的总体思路和方针,主要包括不同谈判地位的策略、不同谈判情境的策略、增强谈判实力的策略等;谈判的具体策略是指针对某一具体问题（如价格）的策略。

（6）权威标准　己方可用的事实、数据和权威的标准或规范有哪些？对方的权威标准或规范有哪些？己方反驳的论据是什么？

（7）时间地点　对己方有利的谈判时机和谈判期限是什么？对方的谈判期限如何？合适的谈判地点和场所在哪？谈判环境需要什么样的安排和布置？

（8）沟通方式　根据谈判情境,确定谈判最佳的沟通方式是什么,谈判各阶段的主要沟通方式是什么。

2）谈判计划工作表

谈判计划工作表如表 4.2 所示。

表 4.2　谈判计划工作表

Ⅰ主要问题		
问题陈述:(我必须要解决哪些主要问题)		
Ⅱ利益与目标		
	我方	对方
根本利益 优先考虑事项 重要目标 谈判底线		
Ⅲ谈判人员		
	我方	对方
谈判人员 决策者 有影响的人	（我应该事先和这些人谈判吗?）	
Ⅳ谈判优势		
	我方	对方
主要优势 未达成协议的损失 最佳替代方案		
优势偏向:	□我方　　　　□对方	□大致平衡
谈判总体方针:(可行的建议)		
增强实力的策略:(有哪些方式可以增强己方优势)		
Ⅴ情境策略		
	我方	对方
谈判情境认知	□交易型□关系型□平衡型□默认型	□交易型□关系型□平衡型□默认型

预期情境策略	□竞争□合作□妥协□迁就□规避	□竞争□合作□妥协□迁就□规避

我的基本风格是＿＿＿＿＿＿＿＿＿,因此在本情境中我必须更加＿＿＿＿＿＿＿＿＿＿

Ⅵ 权威标准

我方	对方	我方反驳的论据

Ⅶ 时间地点

对我方有利的谈判时机：

合适的谈判地点和场所：

Ⅷ 沟通方式

最佳方式:□代理人 □面谈 □电话 □电子邮件 □电话会议 □QQ □微信 □书信 □其他

Ⅸ 总体立场

（用简短陈述概括你在本次谈判中的根本目标）

4.4　谈判人员的组织与管理

4.4.1　谈判人员的选择

选对的人参加对的谈判,谈判人员选择的依据和参考因素主要有以下一些方面：

(1) 交易的重要性　交易越重要,对谈判者的素质和层级要求也越高。

(2) 谈判的内容　选择熟悉谈判相关内容、懂行、专业的人员参加。

(3) 谈判者个人情况　个人的谈判能力、谈判风格是主要考虑因素。

(4) 谈判团队的结构　尽量形成专业互补、风格互补的谈判团队结构。

(5) 谈判对手的情况　选择适应对方谈判风格、与对方关系良好的谈判人员。

(6) 谈判的进展情况　谈判的不同阶段,需要不同角色的谈判人员参与。

4.4.2　谈判团队的组织

1) 谈判圈的组成

所谓谈判圈,是指与谈判活动相关联的所有人员组成的群体或圈子。它包括谈判的决策层、执行层和关联层 3 个层次。谈判中每一个层次的人员均不可忽视,必须充分调动所有相关部门和人员的力量为谈判服务,而不能形成阻碍或起消极作用。谈判圈的组成如图 4.3 所示。

(1) 决策层　是指为谈判进行决策的人员,他们不一定出现在谈判桌中,但对谈判进行幕后指挥,必要时才走到台前。

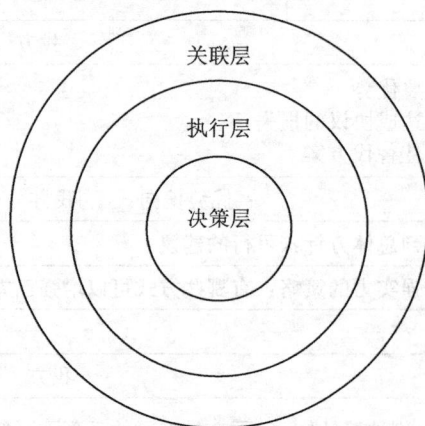

图 4.3　谈判圈的组成

（2）执行层　是指直接参与谈判的人员，是谈判的台前人员，包括谈判负责人和谈判小组的成员。

（3）关联层　是指为谈判提供支持、服务的人员或影响谈判的外界人员，如商务谈判中的销售服务部门、技术部门、介绍人、上级领导、主管部门人员、关联组织人员、其他相关的合作单位人员等。

2）谈判小组的规模

谈判小组的规模主要受到谈判所需专业知识的范围、谈判策略的需要、主谈人的能力素质、谈判效率的需要等因素的制约。实践证明，商务谈判小组的理想规模一般以2～4人为宜，既可以保证谈判的策略需要，也可以保证谈判的效率需要，但这不是绝对的。

3）谈判团队的结构

（1）职能结构　谈判团队的职能结构如表4.3所示。

表 4.3　谈判团队的职能结构

职　务	主要职能	辅助职能
决策人	组班子，提要求，听汇报，适当参与	礼仪，破僵局，促成交
负责人	负责谈判小组的全面工作，与上级联络，调度谈判小组人员，适当参与谈判	配合主谈人谈判（谈判桌上），配合组织谈判人员准备谈判
主谈人	准备谈判总体方案，主持与对方谈判，负责谈判目标的实现	配合负责人向上级汇报，配合辅谈人的专业谈判并破其僵局
辅谈人	协助主谈人谈判，负责专业问题（技术、工程、法律等）的谈判	配合角色分配，配合主谈人实现谈判目标和条件

主谈人是谈判的核心和关键角色，直接影响着谈判的效果。在小型的谈判中，谈判负责人与主谈人往往合二为一。

例 4.1

谈判班子的组成：谈判决策人：周先生，公司销售副总，负责谈判的最后决策。

谈 判 负 责 人：王先生：销售部经理，项目的负责人和主谈人。

谈 判 成 员：李先生：工程师，负责所有工程和生产方面的谈判。

张先生：法律顾问，负责谈判中涉及的所有法律问题。

吴先生：公司会计师，负责谈判中涉及的所有财务问题。

赵小姐：经理助理，负责谈判的记录整理工作。

（2）策略结构　谈判过程中，谈判小组可运用某些谈判手段相互促进，相互提醒，软硬兼施，说服对方。常用的策略是谈判小组成员分成两派：一方为"白脸"（鸽派），态度温和，表面看来能为对方考虑，从而博得对方的好感和信任；另一派为"红脸"（鹰派），态度强硬，立场坚定，想从气势上压倒对方。运用这种策略要想收到预期的效果就要求谈判者能把握时机和分寸，时软时硬，配合默契。

4.4.3　谈判人员的管理

1）谈判人员的基本要求

（1）一致性　是指谈判人员的行动统一性，即不论谈判人员的地位高低，处在台前还是台后,都必须对外统一口径,保持高度的一致性。即使成员间有不同意见也不应公开暴露在对手面前,以免自毁防线,让对手钻空子。

(2) 保密性 是指对谈判人员信息保密的管理。谈判过程中,双方的信息在一定阶段内均属秘密,过早泄漏就会给谈判带来不利影响,因此必须加强谈判人员的保密意识。

(3) 纪律性 是指谈判人员应遵守谈判规则和纪律,必须有集体意识和组织观念,必须服从组织的领导,不得擅自行动。如不许单独收受对方的礼品和宴请,必须及时汇报,不许越权作决定,必须服从时间安排等。

(4) 责任性 是指谈判人员必须具有清廉勤奋、努力进取、恪尽职守的职业操守,必须具有维护和争取已方利益、树立和提升组织形象的高度责任感。

2) 谈判人员的一般职业习惯

(1) 注重社交礼节与道德规范。

(2) 尊重商务交往惯例。

(3) 尊重对方的人格与习俗。

(4) 守时、讲信用。

(5) 不要随便推翻已作出的决定。

(6) 不在公共场所谈论谈判业务。

(7) 不要随便乱放谈判资料和文件。

(8) 一般不借用对方的函电工具。

(9) 理智对待不友好事件。

(10) 善于与对方个人交朋友。

4.4.4 谈判信息的保密

谈判是一场心理战,也是一场信息战,谈判各方都想获取于己方有利的对方信息或情报;另一方面要设法对已方不宜或暂时不宜公开的信息进行保密。做好谈判信息的保密工作,有助于增强谈判的实力,掌握谈判的主动权;相反,如果泄露了不该泄露的信息,就会为对方所利用,陷入被动乃至输掉谈判。因此,谈判中的信息保密是一项不容忽视的工作。

1) 谈判信息保密的一般要求

(1) 树立保密意识 谈判者的地位越高,权力越大,其所接触的信息广度与深度越强,相应承担的保密责任就越大。对于与谈判活动相关的各个方面人员都必须制定相应的完善的保密制度,强化保密意识。

(2) 确定信息保密的内容与范围 哪些信息哪些人可以知道,哪些信息哪些人不应该知道,哪些信息应绝对对对方保密,哪些信息暂时对对方保密等等,谈判者必须做到心中有数,有的放矢。

(3) 确定信息传递的渠道与手段 哪些信息应该由哪些人传递,哪些信息不应该由哪些人传递;哪些信息可以公开传递,哪些信息应该私下传递;哪些信息可以明示,哪些信息应该暗示或意会等等。弄清这些问题,对信息的保密至关重要。

2) 谈判信息保密的一般措施

(1) 资料保密 对需要保密的资料的搜集、分析与保管应建立严密的程序,资料调阅必须遵守严格的规定,资料保管地也要在严格控制的情况下才可以接近;提供给对方的资料应尽量减少。

（2）信息分级　不需要知道有关信息的人，尽量不让他知道；需要参与谈判的人，也只让知道必要的信息部分；最后的底牌只能让关键人物知道。

（3）人员管理　选择保密意识强、稳重的人参加谈判；考虑在本方谈判人员间使用暗语；做好谈判场所的保密工作；将工作人员与外界无关者隔离；绝对保护安插在对方的信息源，且知情者越少越好；坚决处理违反保密制度的人。

4.5　商务谈判策略性准备

4.5.1　策略性准备的意义

1）策略性准备的含义

谈判前的策略性准备是指谈判者在正式谈判前开展的一种策略性准备活动，可以看作是一种非正式谈判和无形谈判。对实施的一方来说，因其已经开始了谈判的行动，因此可以说是一种谈判；而对另一方来说，因其不知晓对方已经开始了谈判行动，因此又可以说不是一种谈判。

2）策略性准备的目的

策略性准备的主要目的是为了建立或影响对方的谈判期望，降低对方的期望值和谈判实力，增强己方的谈判实力；同时通过谈判前的接触，也是为了摸清对方的底细，调整与对方的关系，为正式谈判取得有利的结果打下良好的基础。

策略性准备对改变双方的实力对比、掌握谈判的主动权具有显著的作用，但常常被谈判者所忽视。研究表明，要成为出色的谈判者，最重要的一个步骤是养成准备策略的习惯。

3）策略性准备的特点

（1）提前性　策略性准备是在正式谈判开始之前进行的，其意在蓄力和诱导，先入为主，先声夺人，一旦谈判正式开始，就失去其意义了。

（2）无形性　策略性准备常常是在对方不知晓的情况下实施的，正因为对方不知晓，所以才具有可信度、渗透力，一旦对方知晓，产生了防范或戒备，就失去其作用了。

（3）策略性　策略性准备具有鲜明的意图性和目的性，它本身就是一种谈判策略，其实施一定要围绕谈判者的策略目的方能奏效。

4.5.2　建立对方的期望

如前所述，策略性准备的主要目的就是要设法建立对方的期望。为什么要在谈判前建立对方的期望？这是因为对方对谈判结果的要求往往是由其期望值所决定的，而且期望值建立得越早、越无形，就越奏效，谈判开始以后尤其是到了谈判的后期阶段要想改变对方的期望值是非常困难的。因此，要建立对方的期望值，最好在谈判之前进行。

1）建立对方期望的目标

（1）传递谈判的重要概念　要将谈判中可能产生分歧的一些重要概念、原则、观点等事先传递给对方，让对方产生心理适应或理解认同，届时对方就不会坚持自己的异议了。如某单位要解雇一批员工（这总是一件头疼的事），比较好的方法是事先将这一消息通过非正式渠道传递出来，让那些有可能被解雇的员工先有心理准备，届时再正式与员工洽谈解雇事宜时,难度就会降低。

（2）降低对方的期望值　谈判前要设法降低对方的心理期望值,要将己方的谈判目标和要求以可信的方式传递给对方,使其逐步认识、认同,同时让对方感觉到自己原有的期望是不正确的、过高的,正如温克勒所说:"让对方习惯你的大目标。"

（3）削弱对方的谈判实力　谈判前通过寻找和利用对方的漏洞与错误,使对方感觉到内疚、惭愧,就可以大大降低对方的期望值,削弱对方的谈判实力。

[案例]

通过找差错让银行贷了款?

一家大银行的分行有个客户公司,公司归一个很不好对付的王老板所有。王老板有个习惯:年成好时日子过得相当好,而在年成坏的时候又不把较多的利润放回公司投资。总行的人曾警告分行的经理,他们不同意给那家公司额外透支,尽管该公司在地方上经营多年,声誉也很好。

王老板想要一笔贷款来做另一桩生意。他知道,若直截了当提出这件事,或进行任何说服,都是得不到这笔款子的。他曾有向银行恳求的念头,但他认为这有失他的风度,况且银行经理对这种恳求的声音也听得多了。

因此,他决定削弱分行经理的地位。他让他的会计向银行抱怨了一番,仿佛这些问题全是银行的错。银行业务本来就有点清淡,业务主任给会计打了个电话道歉。公司在得到外汇时银行有所延误,这又引起了会计的极大不满,银行只好再深表歉意。通过让他的会计提意见的方法,王老板正试图迫使银行屈从。后来他又找到了银行一个更严重的错误,银行把王老板个人账户的账记错了。他打电话大发脾气,历数了银行以前所犯的错误,要求银行作出书面解释。

两周后,提心吊胆的分行经理接到了一个由王老板打来的私人电话。他问经理,若作为能延续两年以上的私人贷款,正常的利率情况怎样,因为怕遭到另外的攻击,经理给出的利率有所优惠。王老板问这个利率是否是市场上最优惠的利率。经理说是的,就他所知,这可能是目前市场上最优惠的利率。王老板解释说,他准备购买一批东西,并在考虑几种不同的筹款方式。他当然认为要是他找银行借款,只要给出一般的保证,凭他个人账户借到这笔钱是不成问题的。经理同意了,随后这笔生意就达成了。

分行经理受到了总行的谴责,因为他允许客户的负债总额又增加了。但经理解释说,要么同意借他钱,要么失去这个客户。

2）建立对方期望的方式

建立对方期望的主要方式是使用"信号",既要将信息发布出去,又要使"信号"可信、有效,其最佳的方式是看似无意的"放风"(非正式渠道),或有意的犯错让对方获悉(如故意将保密资料放在对方可以发现或得到的地方),或利用第三者来传递。直接、明示、正式地发出"信号"往往会使"信号"失去效力或让对方产生防备。

4.5.3　积聚谈判的力量

如果在谈判前己方的谈判实力不足以与对方抗衡,那么就需设法增强己方的谈判实力,找到一种加强力量的方式,待己方的谈判实力积聚到一定程度后再与对方开展谈判。积聚谈判的力量,是谈判准备阶段的重要任务。

1) 比对手先行一步

就是为比对手先行一步而进行准备,例如,比对手调查研究得更彻底,信息掌握得更全面,准备工作做得更充分,也就越有力量。

2) 在谈判前就让对方信任你

如果在谈判前就能获得对方的信任,那么将可以大大加强己方力量。要获得对方的信任,就必须让对方信赖谈判者的人品,必须以事实和行动来向对方表明自己是一个重承诺守信用的人。

3) 调整关系距离

如果己方的地位较弱,那么就应把双方关系的非正式味道搞得浓一点,应该与对方尽可能面对面地会谈,使自己与对方的私人关系处得近一些;如果己方的地位较有利,就应该适当地与对方保持距离,减少会面,让对方递交书面文件等。

4) 寻找最佳时机

无论谈判地位如何,拖延几乎总是可以加强谈判力量,随着时间的推移,力量的对比就会发生变化。当然,一个重要的环节是事先评估一下,拖延对对方更有利还是对己方更有利。善于建立交易的"最佳时机",使对方觉得此时是交易的最好时机。

5) 寻找对方差错

作为加强力量,你还要善于懂得找出对方的一些差错或不足,适当发一些抱怨,可以变得有点吹毛求疵,找到对方的错误,数落对方的不是,以此来削弱对方的地位。当然,应当懂得分寸,如果再能加点幽默,那么效果就更好。

6) 谨慎施加压力

要加强谈判实力,向对方施加适当的压力是一种有效的手段,如可以含蓄地告诉对方若不做成这笔生意将有何种损失,或向对方施加某种时间压力等等。但是使用压力须谨慎,最好不要让对方感觉到,通常应隐藏在说话的方式之中,用暗示来发出信号,而不是流露在字面上。

4.5.4 选择谈判的时机

谈判时机的选择是一个常常被谈判者忽视的问题。实际上时间是制约谈判结果最关键的因素之一,时间可以改变双方的实力对比。选择好谈判时机,有助于增强谈判实力,掌握谈判的主动权,扭转谈判的局面。谈判时机选择的主要依据有以下几个方面:

1) 谈判前的准备程度

争取在己方已做好足够的准备时开始谈判。一般来说,准备越充分,谈判实力越强,谈判时机就越有利,但有时要处理好谈判时机和准备状态之间的矛盾。

2) 对我方的有利程度

谈判的态势对我方越有利,谈判的时机越佳。如果你是买方,应主动避开卖方市场时机;如果你是卖方,则应主动避开买方市场时机,因为这两种情况难以进行平等互利的谈判。不要在你急需某种商品或亟待出卖产品时进行谈判,要有适当的提前量,做到"凡事预则立"。

3）双方实力对比情况

谈判时间最好选择己方的谈判实力强于对手之时,而尽量避免选择己方的谈判实力明显弱于对手的时候。如果己方的谈判实力不足以与对方谈判,那么就应设法增强己方的谈判实力后,再与对方谈判。

4.5.5 谈判前的接触

1）谈判前接触的意义

谈判前的接触是指进入正式谈判前的通信、联系、会面、寒暄、试探、宴请等社交活动。它是谈判双方相互了解、获取信息的"前哨战",它和谈判的开局具有同等重要的作用,也可以说是"开局的开局",它为谈判的开局创造一个良好的前提与基础。

谈判前接触的主要任务:一是进行试探摸底,了解和落实对方的必要情况、可靠程度与诚意;二是建立与对方的人际关系,增进双方的相互信赖,为谈判添加"润滑剂";三是为谈判的进行创造直接相关的条件。

2）谈判前接触的方式

谈判前接触的方式主要有两类:一类是信函、电话、传真、互联网等非面晤方式,它具有速度快、成本低、留有回旋余地等优点,因而被广泛使用;另一类是面晤形式,即通过非正式互访、小型会晤、安排一些联谊活动等。面晤虽属于非正式会谈,但接待礼仪不可轻视。面晤虽较耗时并需一些花费,但它有直接性的好处,可以较好地了解谈判对手的个性、风格、情况,也便于摸清对方的真实意图和目的,因此是谈判中尤其是首次谈判或较重要谈判的必不可少的一种形式。

3）谈判前接触的策略

谈判前接触与正式谈判一样,必须注重礼仪,善于公关,才能达到接触的目的。影响整个谈判进程与结果的,不仅在于谈判过程和谈判内容本身,而且在一定程度上还在于谈判前的接触以及诸多与谈判内容无关的其他因素。谈判者的言行举止、所作所为都会给对方留下某种印象,对以后的正式谈判产生微妙的影响。

（1）谈判前接触的态度　无论谈判者本身是什么风格或有意给对方留下什么"印象",都必须以尊重人为基本前提,把握好谈判的姿态和分寸。

① 礼貌而不卑躬屈膝:无论谈判实力如何,谈判者均应给予对方应有的礼节、礼貌,以示尊重、平等与友好,态度从容大方,举止合体得当。但礼貌也有一个"度"的问题,切忌过分热情,更不可卑躬屈膝,失掉应有的自尊乃至人格。

② 庄重而不拘谨:在待人接物时应衣着整洁得体、举止稳重、仪态端庄、落落大方,这样才能使对方产生信任感、可靠感,形成个人的社交风格与魅力;同时也应注意亲切随和,不可过于拘谨严肃,如临大敌,造成尴尬、冷场。

③ 自信而不自大:谈判者只有自信,才能赢得他信。自信是内心的一种心理状态,是一种战胜困难、取得成功的坚定的信心和决心,而不是目空一切,狂妄自大,把谁都不放在眼里,或者滔滔不绝,气势汹汹,随意许诺,认为一切都不在话下。

（2）谈判前接触的公关　公关即公共关系活动。公关的目的在于通过信息交流与对方或有关方面沟通感情、建立关系、促进合作,为谈判扫除障碍、铺平道路。公关的手段,除了通过面晤和非面晤的方式进行联系、沟通与交流外,还可以通过宴请、游览、赠送小礼品等方式来加深双方的信任与感情。总之,手段是多种多样的,关键是要因时、因地、因人制宜。

4.5.6 商务谈判的其他准备

1) 行政后勤的准备

（1）谈判资料准备　将谈判所需的有关文字资料撰写、打印或复印好，需装订的要装订成册，在谈判开始前，送交己方的谈判者手中。若需送交对方的材料，也要如此准备。

（2）谈判用品准备　谈判用品准备包括谈判中需要出示的某些实物如样品，接送谈判人员的车辆，谈判所需的摄像、摄影、通信，谈判所需的有关证据等。

（3）谈判室的准备　谈判至少需要 2 个房间，在集体谈判时更是如此。其中一间是主要谈判室；另一间是私下密谈室，以利于当需要时可进行个人之间的直接交往。

主谈室应当舒适、光线充足，具备良好的灯光、冷暖调节、通风、隔音等条件，并配有一定的装饰、摆设、色调、烟茶用具等。最好还能安装类似黑板的视觉中心。除非经双方同意，一般不要配备录音摄像设备，因使用这些设备后，人们本能地难以畅所欲言。

密谈室是双方均可使用的单独房间，是协调、缓冲的场所。它既可供某一方谈判小组私下协商之用，亦可供双方人员进行私下讨论之用。密谈室应贴近主谈室，其物质条件应与主谈室类似，但必须配备黑板或笔记本与笔、小型桌子、茶几或比较舒适的坐椅、沙发以及现代通信设备。密谈室最重要的条件是隔音。

（4）谈判环境的布置　谈判环境的布置是谈判准备不可忽视的环节，对方会从环境的布置中看出你对谈判的重视程度和诚意，因而留下较深的印象。谈判环境的布置一般应以尊重、整洁、优雅、舒适为基本格调，能显示己方的精神面貌，符合礼节要求，同时还可根据对方的文化、传统及爱好增添相应的设置，这样能促使人们以轻松、愉快的心情参与谈判。

[案例]

私人别墅谈判带来出奇效果

1958 年，阿登纳访问法国与戴高乐举行会晤。戴高乐选择了他在科隆贝的私人别墅接待阿登纳。这个别墅的环境十分优雅，房屋的布置虽说不上华丽，但能给人非常舒适的感觉。会谈在戴高乐的书房里举行。阿登纳进入书房后，举目四望，周围都是书橱，收藏有各种史学、哲学、法学著作。阿登纳认为，从一个人的书房陈设就可以多方面了解这个人。后来他多次向他的左右谈到过戴高乐的书房给他留下的良好印象。由于首次会谈给双方留下的良好而深刻的印象，奠定了尔后签订法国和联邦德国友好条约的基础。

戴高乐选择自己的别墅作为他们首次会谈的地点，就是为了充分发挥环境的影响力，达到使会晤愉快、顺利的目的。

（5）谈判人员的行程与食宿安排　谈判人员的行程与食宿安排，也是谈判准备工作中不可缺少的一个方面。在食宿方面为对方提供满意的服务，能表示我方的诚意、热情和文明礼貌，要注意对方人员的饮食习惯、文化传统等。当然，在行程方面也要为对方创造尽可能方便的条件。

2) 谈判准备工作的检验

检查谈判准备工作的落实情况，发现遗漏及时补救。若未如期完成必要的准备，则应限期加速完成，以免影响正式谈判的开始。

（1）谈判准备工作检验的作用

① 检验谈判方案与计划的可行性、有效性：谈判方案与计划是对未来将要发生的正式谈判的预案，这本身就受思维方式、考虑问题的立场、角度等因素的局限，谈判方案与计划难免有不足之处和漏洞。事实上，谈判方案与计划是否完善，只有在正式谈判中方能得到真正的检验，但这毕竟是一种事后检验，往往发现问题为时已晚。通过对谈判准备工作认真、细致的检验能及时发现谈判方案与计划的不足之处和漏洞，就可尽早修改和完善。

② 提高谈判人员的谈判技巧和应变能力：正如舞蹈演员演出前在脑海里练习舞步，教师在上课前备课一样，检验谈判准备工作能起到重要的积极的作用。据心理学原理，正确的想象练习能提高检验者的能力。

（2）谈判准备工作检验的方式

① 谈判人员互相提问：把谈判者聚集在一起，充分讨论，自由发表意见，共同想象谈判的全过程。这种方式的优点是利用人们竞争心理，使谈判者充分发表意见，相互启发，共同提高谈判水平。

② 专业人员评价推敲：其形式与谈判人员互相提问的方式相类似，不同的是它有专业人员在场对谈判者的表现给予一定的评价，关键是要寻找出他们的缺点和不足，提出完善的建议。

③ 模拟谈判：从己方人员中选出或指定某些人在尽力"吃透"对方的基础上，扮演谈判对手角色。从对方的谈判立场、观点、条件、风格、个性、心理出发，与己方谈判人员对执开谈，预演可能的谈判过程，检查实施己方谈判方案、计划可能产生的效果。

练习题

一、实训题

先科公司是一家销售各种电子元件和设备的中等规模的公司，是国内外几家知名品牌的代理商，近年来发展很快。现在有一个重要客户耐特公司需要一批三种不同规格的元器件，这个客户曾在先科公司购买过各种各样的电子元器件，虽然在这个大地区还有几家竞争者，但他们一直合作得比较愉快。这个客户没有固定的购买计划，但他们通常一要货就购买先科的产品。根据以往的经验，客户不会同意提高这三种元器件的价格；过去有几次，对方提出过某些送货的要求，估计这次也会老调重弹；对方还很可能要求我们在当地保持一些存货，以保证早点发货；还可能要求以送到目的地的离岸价格交易；以前还提过 10 天内付款打 2% 折扣的要求。客户所要的这批元器件目前有些供不应求，价格有上扬的趋势。这个客户比较通情达理，希望供应能赚些钱但又不牺牲自己的利润。先科公司的目标是获得订单，实现弹性送货，并争取以后一年的供货合同。

1. 先科公司必须和希望达到的谈判目标是什么？

_____

_____

2. 先科公司的主要优势、劣势和面临的风险是什么？

_____

_____

3. 请为先科公司制定一份可行的谈判方案。

_____

_____

_____

二、选择题

1. 假设你是公司的营销经理,正在与两位争着与你们做生意的旅游代办人谈判。你已经告诉他们,你们公司将在菲律宾饭店订 60 人的床位,召开年度销售会议,费用的限度也告诉了他们,但是你还希望得到一些额外的免费服务:3 次观光旅行,1 次免费的夜总会娱乐,以及其他等。在你方并没有作出任何保证的情况下,你将:

① 首先向对方提出你的最高要求　② 首先向对方提出你的最低要求　③ 把你的要求全盘端出,让对方去区别处理　④ 只要能把所有要求说清楚就行了,提问的方式是无关紧要的

2. 假设你是那位争着与公司做生意的旅游代办人,公司方面已经向你提出了他们的要求,你应该:

① 如果对方把生意给你做,你就答应他的第一个要求　② 先设法弄清对方的所有条件　③ 把你的条件向对方全盘托出　④ 告诉对方事情没有谈判余地,并且真正实行之

3. 星期天你带领团体包租的飞机因引擎故障在机场趴窝了,经营这一航线的公司经理无法告诉你何时才有下一班飞机,但是可以为你的团队在当地旅馆提供免费住宿。他说你们最多也不过晚一天或者一天多一点,你注意到订票规则给他们留出了合法的退路。你应该对他说什么呢?

① 请你们尽快修好飞机,我们可以理解,乘飞机旅行时总会有这样那样的事情发生　② 我们将对你们起诉,要求归还我们的全部费用,并且赔偿我们名誉上的损失　③ 这是一个非常严重的问题,我们必须考虑一下我们应该采取的立场　④ 把你的老板家的电话告诉我

4. 你自己先于你的团体搭乘班车去察看接待地方的情况,那里的事情简直安排得一塌糊涂:旅行代办单位的代表不在那里,旅馆已经超员,你们有 5 个人必须另找宿处,没法找到开会必需的投影仪,夜总会的票还没订。虽然你事先已预付了一半的现款,但旅馆并没有收到相应的款项;即使旅馆同意你们住宿,他们也要求你先写一份付清这笔钱的书面保证。其他旅馆已客满且无会议设施。而现在你的团体已经登机,正在飞行途中。你应该怎样做呢?

① 立即让步——如果你不让步,就不会为你的团体找到住宿的地方　② 把双方的问题都摊到桌面上,求助于对方的良知,同时提交你写下的付款保证　③ 告诉对方,他们应该找旅行代办人要钱,并且向他们说明你方已付过账了　④ 只有在对方对所有服务的缺陷都做了改善以后,包括订好夜总会娱乐的票,你才提交付款保证书

5. 一个从公司总部打来的电话说,旅行代办人已经进行破产清理了,你预先付出的款项只好销账。反省一下,这项交易是很不成功的,你也许应该和另一位旅行代办人做生意。那么,你主要的错误出在哪呢?

① 讨价还价太狠了　② 没有把合同中的各种细节问题联结为一个完整的整体　③ 没有在谈判过程的每一步都反复检查　④ 没有做好调研和准备工作

三、案例分析

美国有位谈判专家想在家中建一个游泳池,建筑设计的要求非常简单:长 30 英尺(约 9.1 米),宽 15 英尺(约 4.6 米),有水过滤设备,并且在 6 月 1 日前做好。谈判专家对游泳池的造价及建筑质量方面是个外行,但这难不倒他。在极短的时间内,他不仅使自己从外行变成了内行,而且还找到了质量好、价格便宜的建造者。

谈判专家先在报纸上登了个想要建造游泳池的广告,具体写明了建造要求,结果有 A、B、C 3 位承包商来投标,他们都交给他承包的标单,里面有各项工程的费用及总费用。谈判专家仔细地看了这 3 张标单,发现所提供的温水设备、过滤网、抽水设备、设计和付款条件都不一样,总费用也有差距。

接下来的事情是约这 3 位承包商来他家里商谈,第一个约好早上 9 点,第二个约好早上 9 点 15 分,第

三个约好早上 9 点 30 分。第二天,3 位承包商如约而来,他们都没有得到主人的马上接见,只得坐在客厅里彼此交谈着等候。

　　10 点钟的时候,主人出来请第一个承包商 A 先生到书房去商谈。A 先生一进门就宣称他的游泳池一向是造得最好的,好的游泳池的设计标准和建造要求他都符合,顺便还告诉主人 B 先生通常使用陈旧的过滤网,而 C 先生曾丢下许多未完的工程,而且他现在正处于破产的边缘。接着主人同 B 先生进行谈话,从他那里了解到其他人提供的水管都是塑胶管,他所提供的才是真正的铜管。C 先生告诉主人的是,其他人使用的过滤网都是品质低劣的,并且不能彻底做完,拿到钱以后就不管了,而他则绝对保质保量。

　　谈判专家通过静静的倾听和旁敲侧击的提问,基本弄清了游泳池的建筑设计要求及 3 位承包商的基本情况,发现 C 先生的价格最低,而 B 先生的建筑设计质量最好,最后他选中了 B 先生建游泳池,而只给 C 先生提供的价钱。经过一番讨价还价之后,谈判终于达成了一致。

试分析:

1. 谈判专家的策略性准备体现在哪些方面?

_____

_____

_____

2. 他运用了哪些谈判原理或技巧?

_____

_____

_____

第 5 章　开场商务谈判

【本章要点】
- □ 如何制订有效的谈判议程?
- □ 如何营造适宜的谈判气氛?
- □ 如何在开局亮出你的优势?
- □ 如何进行商务谈判的摸底?

【技能测试】

你看中了一辆二手车,于是向车主询价。对方告诉你,她老公说了,最低要卖 12 万元,而且看起来不肯再降了。你心中理想的成交价是 10 万元。此时,你应该:A. 把你的电话号码告诉她,要她在改变主意时跟你联系;B. 问她 10 万元行不行;C. 经过一番讨价还价后,若她还是不肯降,就按她的价格成交;D. 要求和她老公面谈或把电话给你。

选择 A:不是最佳选择,你还没有经过充分的开局沟通,就过早放弃了,对方也许在等下一个买家,除非她没有更好的买家,才会跟你联系;选择 B:你太着急了,还没有充分摸底,就还价了,而且你还把自己的目标价作为还价起点,其结果肯定是你的代价大于 10 万元;选择 C:你还是有点操之过急了,对方通过"权力有限"让你中招,没法把价格杀下来,除非你特别急需这辆车;选择 D:明智的做法,如果按她说的由老公定是真的,那么你应该跟谈判决策人商量,看看他的底价到底是多少? 如果她说的不是真的,那么"权力有限"就会被揭穿,你就有了主动权。

5.1　商务谈判开局

好的开端是成功的一半。在商务谈判中,由于谈判开局是双方刚开始正式接触和正式亮相的阶段,是谈判的开端,因而,谈判开局的成功与否对谈判能否顺利进行关系极大,它不仅决定着双方在谈判中的力量对比,决定着双方在谈判中采取的态度和方式,同时也决定着双方对谈判局面的控制力和影响力,进而对谈判的结果产生实质性的影响。

5.1.1　开局阶段的主要任务

开局阶段是指谈判双方进入具体谈判内容之前,双方相互介绍、寒暄以及就具体内容以外的话题进行交谈的阶段。开局阶段所占用的时间较短,讨论的内容除去阐明议题与有关程序外,大多与谈判的主题关系不大或根本无关。但是,这个阶段却很重要,是为整个谈判奠定基调的阶段。经验表明,这个阶段所创造的气氛会对谈判的全过程产生影响。因此,谈判者在这个阶段的主要任务就是为谈判创造一个合适的气氛,谋求有利的开局地位,尽量谋取谈判的主动权,为后续的谈判打下良好的基础。

查到一个姓氏搞定一桩生意

美国华克公司承包了一项建筑,要在一个特定的日期前在费城建一座庞大的办公大厦。开始计划进行得很顺利,不料在接近完工阶段,负责供应内部装饰用的铜器承包商突然宣布:"他无法如期交货。"这样一来,整个工期都要耽搁了! 要付巨额罚金! 于是长途电话不断,双方争论不休。一次次交涉都没有结果。华克公司只好派高先生前往纽约。

高先生一进那位承包商的办公室,就微笑着说:"你知道吗? 在布洛克林巴,有你这个姓氏的人只有一个。""哈! 我一下火车就查阅电话簿想找到你的地址,结果巧极了,有你这个姓氏的人只有一个。""我一向不知道,"承包商兴致勃勃地查阅起电话簿来,"不错,这是一个很不平常的姓,"他很有些骄傲地说,"我这个家庭从荷兰移居纽约,几乎有两百年了。"

他继续谈论他的家族及祖先。当他说完后高先生就称赞他居然拥有这么大的一家工厂,承包商说:"这是我花了一生的心血建立起来的一项事业,我为它感到骄傲,你愿不愿意到车间里参观一下?"高先生欣然前往。在参观时,高先生一再称赞他的组织制度健全,机器设备新颖,这位承包商高兴极了。他声称这里有一些机器还是他亲自发明的呢! 高先生马上又向他请教:那些机器如何操作? 工作效率如何? 到了中午,承包商坚持要请高先生吃饭,他说:"到处都需要铜器,但很少有人对这一行像你这样感兴趣的。"

到此为止,你一定注意到高先生一次也没提到此次访问的真正目的。吃完午饭,承包商说:"现在我们谈谈正事吧。自然,我知道你此次来的目的;但我没想到我们的相会竟如此的愉快,你可以带着我的保证回费城去,我保证你们要的材料如期运到。我这样做会给另一笔生意带来损失,不过我认了。"高先生轻而易举地获得了他所急需的东西,那些材料及时运到,使大厦在契约期限届满的那一天完工了。

5.1.2 开局阶段的行为方式

1) 开局的行为方式

(1) 导入 是指步入会场到寒暄结束的一段过程,包括入场、握手、介绍、问候、寒暄等行为,是谈判开始的前奏。

(2) 交换意见 谈判人员寒暄过后,话题自然转到有关谈判的问题上来,有关谈判的目标、计划、进度、人员等方面的问题,必须先于谈判内容进行探讨,使双方取得一致意见,以便正式谈判顺利进行。西方谈判学界将其概括为"4P":

① 目标(Purpose):说明双方为什么坐在一起谈判,通过谈判达到什么目的。

② 计划(Plan):会谈的议程安排,如讨论议题,双方约定共同遵守的规程等。

③ 进度(Pace):指会谈的进行速度,即日程安排。

④ 成员(Personalities):指谈判双方对每个成员的正式介绍,包括姓名、职务及在谈判中的作用、地位等。

2）开局的行为禁忌

（1）忌直奔主题　开局是谈判的一个必要阶段，有其重要的意义，如果不经开局而是直奔谈判主题，一方面会暴露出谈判者过于急切的心态，另一方面也失去了开局应有的作用，不利于谈判的顺利进行。

（2）忌毫无保留　开局是双方的一个试探、适应过程，在此阶段的主要任务是建立适宜的谈判气氛，以利于正式谈判的进行。如果过早、过多地暴露己方的信息和意图，就会失去谈判的主动权，因此开局应言简意赅，点到为止，留有充分的余地。

（3）忌缺乏自信　开局是建立第一印象的重要时机，谈判者的一举一动、一言一行都会影响到后面的谈判，因此展示良好的心态和形象至关重要。如果将谈判开局视作如临大敌，过于紧张，举止慌乱，缺乏信心，精神不振，就暴露了自己底气和力量的不足，从而为对方所利用。

（4）忌漫无边际　开局虽然是双方的寒暄和非正式交流，但不等于海阔天空瞎聊，胡吹神侃，夸夸其谈，这样做不仅使自己显得不够稳重，而且因为开局毕竟是一个短暂的过程，其目的在于为谈判提供契机和氛围，一旦时机成熟，就应及时切入正题。

5.1.3　谈判议程的协商

谈判议程的协商是开局阶段的重要任务。所谓谈判议程是指谈判议题的安排内容和安排程序，主要包括谈什么、不谈什么，先谈什么、后谈什么，主要谈什么、次要谈什么等问题。谈判议程安排得妥当与否，直接影响谈判者的基本利益能否实现。

1）谈判议题安排的基本要求

（1）尽量由己方来安排谈判议程。

（2）将己方关心或需要的问题列入议程。

（3）不容讨论和让步的问题不列入议题。

（4）作为筹码，某些问题让对方先提出。

（5）尽量回避于己方不利的问题。

（6）将对方故意回避的问题列入议程。

（7）先讨论容易解决的问题。

（8）留有一定的时间余地。

2）谈判议题安排的基本原则

（1）"框架—细节"式原则　双方先讨论解决问题的框架和准则，在达成共识的基础上再来讨论细节性的问题，这有助于谈判的顺利进展。只要谈判的基本框架确定了，即使双方在细节问题上存在分歧，也会受框架的制约而努力去达成协议。

［案例］

埃以冲突需要什么样的谈判框架？

1973 年中东战争之后，基辛格在中东穿梭调停以埃冲突时用的就是"框架—细节"原则。基辛格认为，既然以色列占领阿拉伯的领土为的是要建立一个安全的缓冲区，以确保自己的安全，而埃及攻打以色列为的是夺回被以色列所占领的领土，那么为什么双方不来个交换？即以色列归还它所占领的阿拉伯领土用以交换阿拉伯人某种程度上的安全保证，只要双方能就这个大的框架达成协议,至于具体怎么归还、归还哪一块土地、安全怎么保障,都属于细节议题,可以坐下来慢慢地谈。正是在这个框架的指导下,以埃双方经过艰苦努力,终于达成了著名的戴维营协议。

(2)逻辑原则 一项谈判会涉及许多细节议题,但这些议题之间必然存在一定的关系,如果各议题之间存在逻辑关系,则可按照逻辑顺序,把需要为谈判创造条件的议题安排在前,把需要后解决的议题安排在后。

(3)先易后难原则 为了使双方尽快进入状态,加速相互之间的信任,增强谈判信心,在安排细节议题时,可以把谈判中容易解决的议题放在前面,把比较难以达成一致的议题放在后面。当先说服一个人接受了一个小的、较容易接受的要求之后,随后再说服他接受一个大而难的要求就会容易一些。

[小资料]

接受了小要求,大要求就不远了

有人曾做过这样的实验:首先由实验者挨家挨户进行走访,要求各家主妇支持一项"安全驾驶委员会"发起的运动,并在一份请求政府以立法形式来鼓励安全驾驶的请愿书上签字。由于这是一个一般人都可以接受的较小的要求,因此几乎所有被走访的主妇都同意签名。几个星期以后,实验者又来走访这些主妇们,要求她们支持在各自的院子前面树立一块不大美观、上面写着"谨慎驾驶"字样的警告牌,这可是人们普遍不易接受的一个条件。尽管如此,由于这些主妇先前曾经接受过第一个与此有关的要求,还是有55%的家庭主妇接受了这个进一步的要求。而与此形成鲜明对照的是,当实验者将第二个要求拿到以前没有被要求在请愿书上签字的主妇手上要求得到支持的时候,却只有17%的人勉强接受了这一要求。

(4)关联原则 细节议题之间有时存在相互交叉和关联关系,需要几个议题放在一起来讨论,只有先解决了这几个议题,方可进行其他议题的讨论,那就不妨将这几个议题捆绑在一起讨论,以便每个议题在让步时可以"相互交换"。待这些议题解决之后再按逻辑顺序讨论其他议题。

3)议题的时间安排

在一定的谈判时间内,合理分配好各议题所占用的时间非常重要,也可以说是谈判议程安排的关键所在。因为时间会给谈判者造成一种无形的压力,当一个人没有充分的时间去对问题进行仔细的思考,甚至于没有足够的时间去了解问题的全貌时,匆忙之间做出的决定是很难保证它的正确性的。当我们就谈判所要讨论的议题以及议题的讨论顺序做出安排以后,还要仔细审阅各个议题的时间是如何进行分配的,这种时间安排能否保证己方在谈判中有足够的时间来进行讨价还价。

[案例]

日本人如何利用谈判议程给对方设套?

谈判大师赫伯早期就曾落入日本人所设计的时间陷阱。有一次,公司派他去日本东京谈一笔生意,公司给他的期限是 2 周时间。当他一走出羽田机场时,早已等候他的两位日方代表马上热情地迎了过来,行上 90 度的鞠躬大礼,热烈欢迎他的到来,又急急忙忙帮他领取行李,顺利通过海关后,将他带入了一辆高级豪华轿车。在车上,这两位日本代表向他表示:您是我们的贵宾,难得到日本一趟,我们一定会竭尽全力使您的日本之旅舒适愉快,您有什么琐事,就尽管直接交给我们办理。然后,就向他征询起他在日本的行程安排,打算在什么时间返回,他们好事先安排回程的机票和接送车辆。他们的热情让赫伯十分感动,于是,便毫不犹豫地从口袋里拿出机票给他们看。赫伯丝毫也没有意识到,就是自己的这一举动,竟使日本人轻而易举地探测到了他在日本的停留期限,并开始筹划如何利用这一信息。在赫伯下榻之后,日方没有立即安排他开始谈判,而是用了一个多星期的时间陪他参观游览日本的名胜古迹,甚至还安排了一项用英语讲授的课程来说明日本人的信仰。每天晚上还安排长达 4 小时的日本传统宴会招待他。每当赫伯要求开始谈判时,日本人总说:不急,不急,我们有的是时间!到第 12 天,谈判总算开始了,但日本人又在这一天安排好了 18 洞的高尔夫球,谈判必须提早结束。在第 13 天的谈判里,日本人又为赫伯安排了欢送宴会,谈判还得提前结束。直到第 14 天的早上,双方才终于谈到了核心问题,而正值此关键时刻,那辆接他去机场的豪华轿车又到了,于是,日本人建议在车上继续谈。在日本人的精心策划下,赫伯自然已经没有了与对方周旋的时间,可又不能空手而归,只好在到达机场之前匆匆与日方签订了使日本人如愿以偿的协议。

5.2 谈判气氛营造

5.2.1 谈判气氛对谈判的影响

谈判者通过一定的情绪和行为方式形成一定的气氛,而一定的气氛反过来又会影响人们的情绪和行为方式。在谈判的开局阶段,最重要的是要形成一种适应己方谈判需要的气氛。随着谈判过程的深入,开局的气氛会随形势的变化而不断变化,但它是整个谈判的基础,为后续的谈判定下了一个大的基调。开局气氛对谈判的影响表现如下:

1) 影响谈判的主动权

在开局阶段,谁能营造一个于己有利的谈判气氛,谁就能取得有利的谈判地位,从一开始就掌握谈判的主动;相反,如果谁在开局阶段落于下风、陷入被动,那么就为对方所牵制,失掉谈判的主动权。

2) 影响谈判者的期望

期望决定结果,己方的期望值越高,谈判的结果就越好;对方的期望值越高,谈判的难度就越大。这是一个浅显的道理。不同的谈判气氛,谈判者的期望值是不一样的,高调的谈判气氛,谈判者的期望值就高;相反,低调的谈判气氛,谈判者的期望值就低。

3) 影响谈判的方式

谈判气氛为谈判决定了一个基本格调,这个格调是坦诚还是诡诈,是信任还是怀疑,是融洽还是对立,是热烈还是冷淡,是积极还是消极等等,无疑会对谈判的进行和演绎方式产生显著的影响。

5.2.2 营造开局气氛的策略

建立良好的谈判气氛是大多数谈判者的选择,但并不是所有的谈判气氛都是友好、融洽的,出于策略的需要,谈判者往往有意营造某种于己有利的谈判气氛。谈判的气氛大体有4种:一是冷淡、对立、紧张的;二是松松垮垮、旷日持久的;三是热烈、积极、友好的;四是平静、严肃、严谨的。有的谈判学者也将谈判气氛分为3种:高调气氛、低调气氛和自然气氛。除非策略需要,一般情况下,谈判者应努力营造一种谋求一致、和谐融洽的良好谈判气氛。

影响谈判气氛策略的因素主要包括谈判双方的实力对比和关系程度两个方面。一般来说,谈判实力越弱,或双方的关系越重要,越强调营造高调气氛;相反,谈判气氛的选择越自由。

1) 高调气氛营造策略

高调气氛是指谈判情势比较热烈,谈判双方情绪积极、态度主动,愉快因素成为谈判主导因素的一种谈判气氛。高调气氛有利于双方的融洽相处,坦诚相待,促进协议的尽快达成;其缺点是容易暴露己方的迫切心态,拔高对方的期望值。

(1) 求同法 营造友好气氛最有效的方法之一就是找到一些可与对方分享的共同利益、爱好或与谈判无关的经历。按照相似性原理,当我们熟悉某人,或认为他与我们有相似之处时,我们对他的信任就更多一些,气氛当然就更融洽一些。

(2) 称赞法 是指通过恰当地称赞、肯定对方来削弱对方的心理防线,从而引发出对方的谈判兴趣与热情,调动对方的积极情绪。

(3) 幽默法 是指利用幽默的语言和方式来消除对方的戒备心理,创造愉快、轻松的谈判气氛,使对方积极参与到谈判中来。

2) 低调气氛营造策略

低调气氛是指谈判情势严肃、低落,谈判的一方情绪消极、态度冷淡、不快或对立因素构成谈判主导因素的一种谈判气氛。其目的在于给对方制造某种压力,降低对方的谈判期望,促使对方作出让步。但低调气氛是有风险的,一旦把握不好,就会令对方退却,或为对方所破,使己方难堪。

营造低调气氛通常有以下一些方法:

(1) 指责法 是指对对方的某项错误或失礼加以指责,令其感到内疚、不安,从而营造于己有利的谈判气氛。

(2) 冷淡法 有意以冷淡、不积极、无所谓的方式与对方相处,从而达到降低对方期望值的目的,为谈判赢得主动。

(3) 拖延法 是指尽量拖延或不主动切入谈判正题,或对对方的所问所求不予表态或不予正面回答,从而达到增强谈判地位和主动权的一种做法。

3) 自然气氛营造策略

自然气氛是指一种不冷不热、双方情绪平和自然的一种谈判气氛。这种气氛无须刻意去营造,许多谈判都是在这种气氛中开始的。自然气氛有利于向对手进行摸底,因为在这种气氛中传达的信息要比在高调或低调气氛中传达的信息准确、真实。营造自然气氛要注意以下几点:

(1) 注意自己的行为礼仪与礼节。

(2) 要多听、多记,尽量不与对手争执。

(3) 讲话要注意原则性,并有所保留。

(4) 态度要冷静、平和,不急不躁。

5.3 谈判意图表达

谈判意图的表达,是指为了达到己方的谈判目标,在谈判开始阶段向对方表达己方谈判的基本目的、要求、原则和希望等,以引起对方的重视和响应。谈判中,谈判者不仅要了解对方的谈判意图(摸底),也需要将己方的谈判意图有目的、有针对、有策略地传达给对方。研究表明,传递让人不愉快的信息最好做到:时间要早、内容明确、可信度高,这样可以有效降低对方的期望值。

5.3.1 表明己方的优势

你的谈判优势既是现实存在的,又是一种主观认知,对手相信你有什么优势,那才是你真正的优势。如果你具有实际的优势,或你的条件有吸引力,或者即使没有对方的合作你也能应付自如,那么你有必要在谈判开始阶段向对方表明这些优势,以增强谈判的主动权。

优势的运用如图 5.1 所示。

实际优势

	强势	弱势
强硬	充满信心提要求 发出可信的威胁 表明选择让对方决定	强调未来的不确定性 虚张声势 (做出实力强大的样子)
灵活	表明你在意双方关系 慷慨待人	承认对方的实力 强调未来的潜在收益 恳请对方的同情

(左侧纵向文字:运用优势)

图 5.1 优势的运用

5.3.2 谈判意图表达的方式

1) 概说

概说,即概括地、简明扼要地说。简要地阐述己方的谈判目的与意愿,以及对有关问题的看法和基本原则,并以此换取对对方更多的了解。在此过程中,双方既有所表,又有所藏,心照不宣。概说的目的是留有充分的余地,并试探对方的反应,因此切忌啰嗦、说得过多、说得过死,同时时间上不宜过长,一般几分钟即可。概说的方式可以采用"软式"或"期望式"表达法,如"我们很愿意与贵方真诚合作,希望今天有关技术方面问题的讨论,能获得一个我们双方都满意的结果"。

2) 明示

要清楚、完整、有效的表达自己的谈判意图,不仅需要概说,也需要明示。一般来说,概说过后,对方往往会作出某种反应,此时为了把己方的所欲、所求、重点等清楚地表明,往往需要明示;尤其是对于自己合理的或必须实现的要求,必须加以明示。明示的主要方式有:强调——对重点予以重复、加强性地说明;澄清——对对方有歧义、有疑问的地方予以澄清。

小洛克菲勒如何说定强大的摩根？

美国石油大王洛克菲勒的儿子小洛克菲勒,在1901年的时候代表父亲与钢铁大王摩根谈判关于梅萨比矿区的买卖交易。摩根是一个十分傲慢专横、喜欢支配别人的人。当他用眼睛瞟到很年轻的小洛克菲勒时,他理都不理继续和同事谈话。直到有人向摩根通报进来的人是谁的时候,摩根才对这个长相虚弱也很年轻的小洛克菲勒瞪起圆圆的眼睛,大声叫道:"哦,你们要什么价钱?"小洛克菲勒盯着老摩根,礼貌地答道:"摩根先生,我看这之间一定有一些误会。不是我到您这里来出售,相反,我的理解是您想要买。"老摩根听了小洛克菲勒的话,顿时目瞪口呆,沉默了一阵子,改变了讲话的声调和语气。最后谈判下来,摩根答应了小洛克菲勒提出的价钱。

3) 暗示

谈判中表达己方的意图不仅需要明示,也需要暗示。对于一些不便于直接提出的要求,或明示提出后易造成对方的异议,往往可以通过暗示来试探对方的反应,此时暗示比明示具有更大的回旋余地。有时通过暗示还可以让对方把问题先提出来,使己方获得更多的主动。

5.3.3 谈判意图表达的策略

谈判意图有多种多样的表达方法,无论采取什么样的方法,其目的都是为了谋求在谈判开局中的有利地位和实现对谈判开局的控制。以下介绍几种典型的方法:

(1) 协商式表达 是指谈判者以友好、商讨和征求对方意见的口吻来表达自己的谈判意图,以创造或建立起一种"谋求一致"的谈判气氛。这种表达法常在高调或自然气氛中使用,因其是一种平等尊重和留有余地的表达方式,因此在谈判中常常被采用。

(2) 坦诚式表达 是指以开诚布公、坦率直言的方式向对方表达己方的观点或想法,从而引起对方的信任与共鸣,打开谈判的局面。这种表达法因其坦诚直率常常能获得对方的好感,但易暴露自己的意图与心态,从而为对手所利用,因此要综合考虑自己的身份、与对方的关系、当时的谈判情势等因素后谨慎地使用。

(3) 含蓄式表达 与坦诚式表达相反,这种表达法是一种含蓄模糊、委婉间接、有所保留的表达法,对问题不作彻底、确切的回答,给对方造成某种神秘感而难以把握,从而加强己方的主动性。它常常在低调或自然气氛中使用。

(4) 攻击式表达 是指通过指责或抨击对方的错误或不良用心来达到削弱对方的谈判气势,加强己方谈判地位的一种表达法。攻击式如果能站得住脚,那么常常能取得较高的成效,但其使用的风险较高,弄不好会导致谈判双方的对立乃至不欢而散。

［案例］

"强盗"对"小偷"

1991年以吴仪为首席代表的中国代表团与以坎特为首席代表的美国代表团,就中美知识产权保护问题开展谈判。因美国企业知识产权在中国受到盗版的困扰,因此美方代表态度强硬,要求中国政府采取有力措施制止侵权行为。谈判伊始,坎特就来了一个下马威:"我们是与小偷在进行谈判。"针对美方的这种蛮横无理行为,吴仪当即回击道:"我们是与强盗在谈判。"狠狠地打击了对方的气焰,赢得了开局的主动权。

5.4 商务谈判摸底

谈判开局以后,随即进入双方相互了解和接触摸底阶段。在这一阶段,双方的重要任务就是探测对方的真实意图,设法弄清对方的底牌。在这方面双方都会竭尽所能,谁能够在谈判中更多地获取对方的"底牌",掌握对方的真实动向,谁就能在谈判中掌握更多的主动权。

5.4.1 摸底的目的和意义

1) 摸底的主要目的

摸底的主要目的是摸清对方真正的利益、需求与底线,并进行必要的审查,评估定价的基本形势和成交的大致轮廓,为报价和讨价还价及谈判策略的调整奠定基础。

2) 摸底的战略意义

在谈判中,信息,尤其是对方的需求信息,就是你的力量。对方希望或必须达成协议的任何理由都可以转化为你的优势,都可以成为你的谈判筹码,前提是你必须知道那些理由是什么。

3) 摸底的主要内容

摸底重点是要对己方谈判计划涉及对方的内容进行检验和核实,主要内容包括:对方的根本利益、优先考虑事项,谈判目标与谈判底线,对方的决策者,对方的主要优势、谈判协议最佳替代方案,对方对谈判情境的认知及谈判风格等。

4) 摸底的注意事项

摸底是一个复杂的、动态的过程,谈判者不仅要学会听话听音,还要学会察言观色,同时还要善于从多个角度、多个方面去理解和证实对方的真实含义和意图,不妄自揣测,过早定论。以下是摸底的忌讳事项:

(1) 忌盲目轻信　谈判者不可不信对方的话语,也不可全信对方的言论,对对方的讲话要多留一个心眼,多存几个疑问,学会独立地看问题,而不可轻信盲从。

(2) 忌过早锁定对方的意图　谈判中谈判者意图的显现是一个从无到有、从少到多、从虚到实的过程,是一个互相比拼、亮相的过程。因此,在谈判前期切不可过早锁定对方的意图,即使是对对方的意图有了一定的了解,也不可将其固化,而应以灵活的、开放的心态对待。

(3) 忌不关注对方　在摸底过程中,另一个应该避免的现象就是不关注对方。一些谈判者在谈判中只关心自己的问题和利益,而不想关心对方的问题和利益,在对方谈话时,不是仔细倾听,而是心不在焉;不是主动去询问和探寻对方的需求,而是漠不关心。

(4) 忌"一条道"到底　在谈判摸底阶段,切忌过于固执己见、刚愎自用,只允许一种声音、一种方案,听不得不同的意见,其结果必然堵塞谈判的通道。

5.4.2 摸底的方法

要取得谈判的成功,仅靠谈判前所搜集的信息是不够的,谈判者要在善于通过摸底及时地探测和捕捉新的谈判信息,并做出必要的分析判断,适时调整谈判的方案和策略。

1) 直接法

这是一种通过与谈判对手直接接触而获取谈判信息的方法,它包括提问、观察等方式,是谈判摸底的主要手段。

(1) 提问　一般是提出一些特定的问题,然后通过倾听对方的回答探知对方的信息。通过提问来把握对方的意图,关键是要提高倾听的技能。当然,对于提问的方式也应该特别讲究。在摸底阶段,一般不涉及具体的细节问题,貌似闲聊,实为摸底,所提问题应该是对方乐于接受的,起码也要使对方能够容忍,否则就是不恰当的。当然,有一些问题直接向对方提问,不一定会得到对方明确肯定的回答,此时也不必强人所难。

(2) 观察　观察即所谓的察言观色,通过观察和认知对方的行为语言来把握对方的真实意图,如对方的表情、动作、姿态、眼神等。行为语言表达的含义往往比语言本身表达的含义更准确,因此察言观色是发觉和掌握对方意图的重要方式。为此,谈判者一方面要结合对方的语言本身、环境、关系等因素来理解行为语言;另一方面要学习掌握各种肢体语言所蕴藏的特定含义。

【技能训练】

你去参加一场招聘营销人员的面试,考官就是这家公司的销售总监,但他对你的面试表现不太满意,又不便直接拒绝你,于是说:"非常感谢你能来参加这次面试,我会向公司老总报告你的面试情况,到时候再给你消息。"其实这次面试是这个总监完全可以决定的。此时,你应该:A. 好的,谢谢! 我等您的消息;B. 好的,谢谢! 那你们什么时候能决定呢? C. 总监,你觉得我有希望录取吗? D. 您是公司的销售总监,难道您不可以决定吗? E. 您会向公司老总推荐我的,对吗?

选择 A:你没有摸对方的底,相信了他应付你的话,其结果可能连回复都没有。选择 B:也许对方会回答你,给你一个时间;也许顺便支应你,说时间还没有定,如果他不想录用你,你问了跟没问没多大区别。选择 C:稍好一点,起码你设法去摸底,但你问得太直接,对方不会给你明确答复,你也得不到确切的消息。选择 D:较好,你已经具备了谈判思维,设法摸底对方的决策权有多大,对方为了回复你,不得不思索一番,你从对方回答中也许可以找到进一步沟通的策略;同时,你表现了一个销售人员应有的勇气和胆略,对方也许对你刮目相看。选择 E:最佳,你表现了你的果断自信和真诚愿望,让对方的心理产生了矛盾和思量;他实在不忍心拒绝你的渴望,你让他也看到了一个营销人员的良好素质和态度,让他下定决心录用你(这个案例的真实结果)。

2) 间接法

这是与直接法相对应的一种方法,是一种试探性的方法,即通过语言或行动试探、旁敲侧击的方法套出对方的真相,如投石问路、抛砖引玉等方法。

[案例]

美国人如何试探苏联的反应?

1960 年 4 月 30 日,一架美国 U-2 飞机进入苏联领空进行侦察活动,被苏联的导弹击中坠毁,驾驶员鲍尔斯也被活捉。美国发现U-2飞机逾期未归,驾驶员也下落不明,便想利用间接方法试探苏联的反应。于是,由中央情报局起草了一份声明,声称有一架U-2气象侦察机的驾驶员在土耳其上空用无线电报告说机上氧气出了麻烦,此后就失踪了。这份经艾森豪威尔总统批准的声明,由国家航空与航天局发布。苏联对此马上作出了反应。赫鲁晓夫在苏联最高苏维埃会议上宣布U-2飞机已被击落,并强烈谴责美国的侵略行径。

5.4.3 谨防己方泄密

谈判者在探测、搜集对方谈判信息的同时,对方往往也在想方设法地搜寻着己方的信息。因此,切不可忽略自己随时都有被刺探、过早泄密的可能。

1) 做好自我保密

在谈判中,除由于谈判需要而必须向对方传递的信息以外,其他涉及己方的重要信息,如己方的最后期限、己方所面临的困境、己方的最低出价信息等,在谈判中都必须严格保密,切不可和盘托出,不能让对方掌握己方的信息命脉,否则会给谈判造成无法挽回的影响。

当然,对于谈判人员来说,明白什么样的信息需要保密这一点非常重要。在谈判前,要能正确估计出对方对己方谈判信息的掌握情况,并由此判定在谈判中对哪些信息应该保密,保密到什么程度,以及需要注意哪些保密环节。

2) 应对对方探问

在谈判中,谈判者可能时常会遇到对方直接向你提出一些你不愿意回答的、关系到己方谈判机密的问题。对此,除了必要时正面向对方明确表示这是过分的或不公正的要求,而予以正面拒绝以外,更多的时候要学会运用回答的技巧加以巧妙应对。

3) 防止落入场外陷阱

在谈判中采用直接的方法探测谈判信息,有时会引起对方的警觉与防范,特别是在一些涉及重要内容的谈判中,双方的警惕性都很高,不容易探听。谈判的组织者便将注意力转移到谈判场外。精心设计、安排一系列热情的场外活动,如欢迎、宴请、参观、游览、娱乐、私聊等等,希望通过这些热情的场外活动使你放松警惕,在酒酣耳热之际泄露出"天机"。而在一些跨国的重大谈判中,有的甚至不惜采用"美人计""苦肉计"等手段,以猎取重要的情报。因此,谈判者必须随时保持高度的警惕性,尤其是在客场谈判时,更要处处留心,谨防陷入对方的场外陷阱。否则,一旦被对方摸到了"底牌",就会给谈判造成难以想象的损失。

5.4.4 摸底后的审查

谈判双方经过前期的互相摸底后,往往需要对获得的信息、双方的分歧与差异等作一必要的分析、总结和审核,为下面的提案和后续的谈判提供准备。审查就是对对方的谈判诚意、谈判意图、谈判方式、双方的差距等进行真实性、可靠性的审核与查验。

审查的结果有3种可能:一是继续谈判,如果认为双方有进一步谈判的可能性和必要,或趁热打铁,则继续谈判;二是中断谈判,如果认为双方的分歧比较大,或需要暂时中断谈判来调整谈判的思路与方案,那么就暂时休整,中断的时间以双方的约定为准;三是终止谈判,如果认为双方的分歧太大,无调和的可能,或一方缺乏谈判的诚意,另一方认为没有必要谈判,则可能谈判终止。

审查是为了谈判更好地进行和获得更好的谈判结果,并非要双方非常或绝对一致才可继续谈判。同时,审查亦是一个连续的过程,不是审查了一次就不需要再审查了。毕竟谈判的重头戏还没开始,双方尚未经过真正的较量,谈判真正的或主要的分歧亦还未出现,因此,过早地断定什么亦是不合适的。

5.4.5　摸底后的提议

提议是指谈判双方经过一定的相互摸底、审查后,为了推动谈判的进展,由谈判的一方提出后续谈判的方向、议题、方案等的建议。提议对引导谈判的顺利进行、维护己方的利益以及谈判的成功具有积极的影响。好的提议,往往能引起对方的共鸣和热情,促进谈判的顺利进行;而差的提议,要么偏袒一方、激化双方的矛盾,要么使谈判无序进行,增加谈判的难度。

1) 提议的基本原则

(1) 提议应简明易行。

(2) 提议应有商讨的空间。

(3) 提议应维护己方的基本利益。

(4) 让己方的提议看起来符合对方的需要。

2) 提议的基本策略

(1) 先提议与后提议　谈判者既可以先提议,也可以后提议。一般来说,先提议可以更好占据先机,因为谈判者都想谈自己最关心的问题,先提议可先提自己想谈的问题,只要合理可行,一般对方很难拒绝。而后提议,则可以在了解对方提议的基础上再行提议,如果对方的提议符合己方的要求,则依对方的提议进行;如果认为对方的提议不合理,则可以再提出己方的提议。

(2) 先易后难与先难后易　提议可以先易后难,也可以先难后易。先易后难,从容易谈的问题谈起,再逐步深入难的问题,可以更好促进双方的靠拢,有利于建立良好的谈判气氛与形势;先难后易,则是首先从难的问题谈判,难的问题谈好了,谈判就成功在望了,这种方式效率比较高,但不利于最大限度地促进谈判的成功。

(3) 先谈价格与后谈价格　作为提议的一种重要方式,谈判者可以选择先谈价格还是后谈价格。作为双方最关心的问题,价格往往是谈判中最难谈的问题,一切谈判的条件均围绕价格转。先谈价格是一种先难后易的方式,双方可以进行一定的价格试探和交涉,如果在价格上不能一致(事实上价格往往到谈判的最后关头才会敲定),又会回到其他问题上去谈,边谈其他条件,边谈价格;后谈价格是一种先易后难的方式,谈判双方先将其他的交易条件谈到一定程度,待时机成熟,才来攻克价格这个最后的"堡垒",可以更好地促进成交。

练习题

一、实训题

李力是一家医疗器械公司的销售代表,王华是一家公立医院的采购主管,李力以前并没有同这家医院打过交道,也没有同王华来往过。李力非常想将产品打入这家医院。

1. 李力在谈判前应做哪些准备?

_____

_____

2. 李力应如何进行良好的谈判开局?

_____

_____

3. 李力要将产品打入这家医院,关键要做好哪些工作?

_____

_____

二、案例分析

[**案例分析 1**]　日本松下电器公司创始人松下幸之助平生第一次到东京找批发商谈判推销自己的产品时,与批发商刚一见面,批发商就友善地发问道:"我们是第一次打交道吧? 以前我好像没见过您。"批发商以此为托词,为的是要探测对手究竟是生意场上的老手还是新手。松下幸之助缺乏经验,马上恭敬地回答道:"我是第一次来东京,什么都不懂,请多多关照。"松下这番极其平常的答复却使批发商获得了一个非常重要的信息:对手原来是一个初出茅庐的新手。批发商接着问:"你打算以什么价格出售你的产品?"松下又如实告知对方:"我的产品每件成本是 20 元,我准备卖 25 元。"按照当时的市场价,松下的产品每件卖 25 元的价格是适中的,加上他们的产品质量又好,争取再高一些的价格是完全有可能的。但批发商已了解到松下幸之助在东京人地两生,而且急于为产品打开销路,因此趁机杀价:"你首次来东京做生意,刚开张应该卖得更便宜些才是,每件 20 元怎么样?"双方最后以 20 元达成交易。

1. 分析松下先生谈判意图的表达是否恰当? 如何理解谈判中的诚实?

_____

_____

2. 批发商采用了什么样的摸底方法?

_____

_____

[**案例分析 2**]　乙方拥有的一块地皮,甲方有意购买下来。甲方找到乙方后说:"我公司拥有雄厚的经济实力,虽然有几个公司愿意把他们的地皮转卖给我们,但我们打算多看看。你们这块地皮对我们很有吸引力,我们准备把这块地皮的旧建筑全部拆掉而盖一幢新的商业大厦。最近我们已同这块地皮上的有关公司打过交道,估计问题不大,相信他们会高兴地同意的。现在关键的问题是时间,我们要以最快的速度在这个问题上达成协议。对此我们准备简化正常的法律及调查程序。以前咱们从未打过交道,不过据朋友讲,你们一向是乐意合作的,我们很高兴与你打交道。"

乙方充分注意到甲方的上述立场,然后说道:"很欢迎你们来到我们这里。虽然我们从未接触过,但对贵公司的情况还是有所了解的。我们非常愿意出卖这块地皮,但是我们还承诺过别的公司在这块地皮上保留现存建筑物。当然,这一点是灵活的。我们关心的是价格是否优惠,反正,我们也不急于出售。看来,你们对我公司已经有了相当的了解，我们很愿意同理解我们的朋友处事。"

1. 谈判的主动权掌握在何方手中？为什么？

_____

_____

2. 甲乙双方的讲话中有哪些可取和不可取之处？

_____

_____

_____

_____

3. 双方各采取了什么样的谈判气氛策略？

_____

_____

第6章　中场商务谈判

【本章要点】
- ☐ 如何做报价的高手？
- ☐ 如何进行讨价还价？
- ☐ 如何提出或实现要求？
- ☐ 如何在谈判中有效让步？
- ☐ 如何促使对方做出让步？

【技能测试】

你想卖掉自己的旧车，换辆新车，根据市场行情，你觉得能值8万元，虽然有些小毛病。那么你在二手车网站登广告时会：A. 标价8万元；B. 标价10万元，后面加上"可议价"；C. 不提价钱；D. 标价9万元；E. 标价8.2万元。

选择A：你的开价就是你的目标价，缺少讨价还价的空间，无论你的报价多么合理，客户一般不会接受你的第一次报价；选择B：你是自己在打自己的脸，表明你的价格是虚的，让对方来跟你玩杀价游戏；选择C：等于没做广告，不标价格不会有客户理你，网上车多的是，除非你是顶级名车；选择D：你的标价"水分"有点高，在线下也许可以，但在网上价格透明度高，你没有价格优势，客户就难来了；选择E：正确，你的报价起点合适，既有诚意，也有让步空间，交易效率高。

6.1　商务谈判报价

6.1.1　询价与报价

1）询价的含义

询价（询盘）是指交易的一方以口头或书面的形式向另一方询问交易条件、征求交易意向的表示。询价应尽量笼统、简要地介绍己方的需求、意图；语言文字表达要精炼、简短，叙述要明白、准确；并根据谈判的需要，合理选择询价的形式和媒介。

询价的特点是公开、笼统地表示某一商务活动的意图，不具有任何法律效力，对发出方没有任何约束力。其意义是询价发出方在陈述自己需求意向和期望后，借以了解市场行情和供求态势，摸清对方情况，探测对方意图，捕捉对方利益要求，以期占据谈判的主动地位。

2）报价的含义

报价（报盘）并不单纯指提出价格条件，而是指谈判一方主动或根据买方询价向对方提出自己的交易要求。当然，在所有这些要求中，价格是其核心和关键。

报价标志着商务谈判进入实质性阶段,也标志着双方的物质性要求在谈判桌上"亮相"。许多商务谈判活动成功与否,都与报价是否恰当密切相关。同时,它与谈判双方在价格谈判合理范围内的盈余分割息息相关,对谈判各方的经济利益实现具有举足轻重的影响。

6.1.2 报价的依据

1)成本因素

成本是影响报价的最基本因素,商品的报价是在成本的基础上加上合理的利润。当商品的成本一定时,报价的高低直接影响谈判的经济效益。在决定商品的报价时,不仅要考虑现在的成本和将来的成本,而且要考虑竞争对手的成本。

2)品质因素

商品的品质是指商品的内在质量和外观形式。它是由商品自然属性决定的,包括独特性、品种、质量、性能、规格、花色、等级等特性。商品的不同品质特性具有不同的使用价值,是客户购买的根本利益所在,也是谈判双方重点洽商的问题。商品报价时要按质报价。

3)竞争因素

商品竞争激烈程度不同,对报价的影响也不同。竞争越剧烈,对报价影响也越大。由于竞争影响报价,要做好报价,除了考虑商品成本、品质等因素外,还必须注重竞争对手的价格,特别是竞争对手的报价策略以及潜在竞争对手加入的影响。

4)对方因素

报价的高低在很大程度上取决于对方需求的程度、数量、期限,对方的承受能力和谈判目标,对方的内行程度,对方可能的还价,谈判双方相互信任的程度及合作的前景、交易的次数等因素,尤其是对方可以接受的底价是报价考虑的关键因素。

5)政策因素

一般来说,国家或地区对一些商品价格的高低和变动有相应的限制和法律规定。同时,国家还利用生产、市场、货币、金融、海关等经济手段,间接调节价格。例如国家对某种商品的最高限价和最低限价的规定就直接制约着报价的高低。在国际贸易中,各国政府对价格的限制就更多了,卖方更应了解所在国对进口商品的政策,并作为自己报价的参考依据。

6.1.3 报价的基本要求

1)报价起点的基本要求

(1)大胆开价 报价最核心的要求就是要敢于开高价,即一定要开出高于自己预期的条件。基辛格曾说:"谈判桌上的成果完全取决于你能在多大程度上抬高自己的要求。"

开高价的好处是十分明显的:一是它可以让你留有充分的谈判空间,人们总是很容易降低价格,但却很难提高价格,你对对方了解得越少,你的最初报价就应该越高;二是对方很可能会立即接受;三是它可能会提高你的产品或服务在对方心目中的价值;四是只有通过这种方式,你才能创造一种让对方感觉赢了的谈判氛围。

大胆开价的临界点在于,如果它再高(或低)一点,你就无法找到支持性的标准或论据,你的开价需要有说服力的论据支持,只需一个像样的例子即可。大胆开价与让人无法接受的胡乱开价的区别在于,后者没有任何支持性的理由。

（2）显示诚意　在商务谈判中，买方与卖方处于对立统一体之中，它们既互相制约又互相统一。一般来说，报高价是值得的，但这种高价要能够说得出理由，要有一定的根据，能自圆其说，也就是要能够显示出合作的诚意来；否则纯粹的"漫天要价"，毫无根据，就会丧失诚意，会使对方离你远去，或者在谈判之初就陷于被动。同时，你的报价较高时，一定要让对方知道价格是可以商量的。

2）不同谈判情境的报价

大胆开价不是所有的情况下都适用，当你缺乏谈判优势，处于关系型谈判情境时，或者对方不愿讨价还价时，大胆开价并不是理想的选择。不同谈判情境下的报价如表 6.1 所示。

表 6.1　不同谈判情境下的报价

谈判情境	可否先报价	报价起点
交易型	如信息充足，可先报价；否则，后报价	大胆开价
平衡型	同上	立场公平
关系型	可先报价	友好对待
默认型	可能的话，可先报价，避免冲突	尽量解决问题

3）报价表达的基本要求

（1）先粗后细　报价时，先报总体价格，在必要时，再报具体的价格构成。

（2）诚恳自信　报价的态度要诚恳、自信，只有这样才能增强报价的可信度和影响力。

（3）坚决果断　报价要坚定、果断，不能暧昧犹豫，吞吞吐吐，否则会使对方产生不信任感。

（4）明确清楚　报价要明确、清晰而完整，含义准确，避免让对方产生误解和价格歧义。

（5）不加解释　报价时原则上要求不加解释。在对方还没有提出异议之前，便主动加以解释说明，既暴露出己方价格的不自信，同时也没有针对性，纯粹多此一举。

4）报价解释的基本要求

（1）不问不答　是指买方不主动问及的问题不要主动解释说明。其实，买方未问到的一切问题，都不要进行解释或答复，以免造成言多有失的结果。

（2）有问必答　是指对对方提出的所有价格疑问，都必须做出解答，并且言之成理；否则，不解答的话对方会认为抓住了你的漏洞，从而对你提出更多要求。

（3）避虚就实　是指对本方报价中比较实质的部分应多讲一些，对于比较虚的部分，或者说水分含量较大的部分，应该少讲一些，甚至不讲。

（4）能言不书　是指报价能用口头表达的，就尽量不要用文字来表达。口头报价比较灵活，一旦发生问题可以及时调整；而书面报价比较刻板，是一种正式要约，不能随意更改。

6.1.4　报价的基本策略

1）报价的时机策略

报价的时机对报价的成效具有重要影响，时机不成熟时过早报价，会暴露己方的迫切心态，欲速则不达；而报价过晚，会错失成交的最佳时间。

（1）对方对产品的使用价值有所了解　不管一方的报价多么合理，但价格本身并不能使对方产生成交欲望,对方注重的首先是产品的使用价值。所以,正式报价之前应确认对方对项目的使用价值有所了解,尤其是价格弹性比较大的时候更应如此,以避免造成价格期望障碍。

(2) 对方对合作的兴趣高涨　谈判中提出报价的最佳时机应是对方对合作兴趣高涨的时候,因为这时对方的情绪高涨,价格谈判的阻力较小。

2) 报价的先后策略

(1) 先报价　先报价的好处在于能够先入为主,为谈判划定一个大致的框框,即"锚定效应"。即便是报出来的价过高或过低,都能影响对方的期望值,对对方造成实质性的心理影响。其弊端在于报价过低或过高带来的风险,因为你一旦先报价,就立即显示了你的报价与对方期望价格之间的距离。如果你的报价比对方期望的价格低,那么就使你失去了本来可以获得的更大利益;如果你的报价远高于对方的心理承受价格,会冒着失去交易或缺乏诚意的风险。

一般来说,先报价适用于内行,因为可以减少先报价过低或过高带来的风险。有时候出于谈判策略的需要,所谓"先下手为强",影响或改变对方的期望值,谈判者可以主动先报价。

[案例]

卖服装先报价之利

不久前,北京服装检测中心的同志曾经公开说过,北京市场上的服装,往往高出进价的3倍到10倍。如果一套衣服进价300元,标价900元,请问,购买者还价时,会还到多少呢?一般还800元、700元,就不得了了;还到600元的,算是很有勇气了;买主绝不敢还到500元、400元,他们怕被卖主骂,怕被人瞧不起,所以,宁可不还价而转身一走了事,免得招惹是非。而卖主往往在500元、400元的价位上就愿意成交了,何况买主愿意出600元、700元,甚至800元呢?所以说,卖主只要一天中有一个人愿意在900元的价格上与他讨价还价,他就大大地成功了。

[案例]

先报价使甲壳虫乐队少收17.5%

20世纪60年代,甲壳虫乐队的经纪人爱泼斯坦正在为甲壳虫首部电影《艰难时光》(A Hard Day's Night)的票价收入分成而谈判。爱泼斯坦对电影业知之甚少,一开始提出了一个他认为有些过分的分成要求:电影纯收入的7.5%。制片人毫不犹豫地同意了,他们本来准备向甲壳虫支付高达25%的纯收入,对爱泼斯坦提出的7.5%喜出望外。《艰难时光》后来风靡一时,甲壳虫乐队挣到了钱,但比原本可以拿到的数额少得多。

(2) 后报价　后报价的好处在于后发制人,降低先出价失误的风险,因为无论对方报出什么样的价格,你都可以自由地还价,所谓"漫天要价,坐地还钱",有时候还可以得到对方报价欠佳的好处。其不足在于丧失了先入为主影响对方期望的机会,同时还可能增加对方先报价与己方期望差距过大带来的谈判难度。一般来说,后报价是一种大多数情况下适用的策略,尤其是不太内行的时候。

[案例]

后报价多挣 60 万美元

美国加州一家机械厂的老板哈罗德准备出售他的 3 台更新下来的数控机床,有一家公司闻讯前来洽购。哈罗德先生十分高兴,准备开价 360 万美元,即每台 120 万美元。当谈判进入实质性阶段时,哈罗德先生正欲报价,却突然停住,暗想:"可否先听听对方的想法?"结果,对方在对这几台机床的磨损与故障做了一系列分析和评价后说:"我公司最多只能以每台 140 万美元买下这 3 台机床。多一分钱也不行。"哈罗德先生大为惊喜,竭力掩饰住内心的喜悦,还装着不满意的样子,讨价还价了一番。最后自然是顺利成交。

【技能训练】

你有一个装修项目要供应商报价,并告诉了对方你的总体要求。供应商还没报呢,就问你预算多少。你准备怎么回答? A. 让他不管预算多少,按实报价,该多少就多少;B. 告诉他大致的预算范围;C. 告诉他预算,同时明确告诉他不能超过预算。

选择 A 是比较可行的做法,你应该让对方先报价,这样可以对各个供应商的报价作比较评估,掌握主动;选择 B 就不好了,谈判还没开始,你就透露了一个重要的信息,他对你的报价肯定往高处报,增加了谈价的难度;选择 C,你采用了先报价,但起不到"锚定"的作用,因为装修项目弹性很大,而且你没有对方内行,你的风险就大大增加了,所以你失去了一个很好的谈判筹码。

3) 报价的模式策略

(1) 西欧式报价模式　即先高后低模式。首先提出留有较大余地的价格,然后根据双方的实力对比和具体谈判情况,给予适当的让步,最终达成交易。该模式是通常的报价模式,是绝大多数谈判报价的选择,符合谈判活动的基本规律。

(2) 日本式报模式　即先低后高模式,是一种艺术化和策略化的报价模式。其一般的做法是,将最低价格或部分价格列在价格表上,以求引起买主的兴趣,增强竞争力。由于这种低价格一般是有条件的,或者难以全部满足买方的需求,如果买主要求改变有关条件,则卖主就会相应提高或增加价格。因此,买卖双方最后成交的价格,往往高于最初报价的价格。

4) 报价的计量策略

(1) 整体报价　即给出一个完整的或总和的报价,其优点是有较大的价格回旋和调整空间,诚信度较高,其缺点是可能令报价显得较高。

(2) 分割报价　较小计量单位或部分主体产品的价格报价,造成价格便宜或总价较低的印象,吸引客户兴趣赢得先机。其缺点是可能给客户提供了分析价格"漏洞"的机会。

6.1.5　如何对待对方的报价

永远不要接受第一次报价,即使你对对方的报价非常满意,也不能接受,这是商务谈判的基本技巧。你爽快地接受了第一次报价,对方不仅不满意,反而会非常难受。在对方报完价后,比较策略的做法是,首先,表现出某种程度的"惊愕"或"诧异",给对方形成强大的心理压力,使其怀疑和动摇自己的报价。这种做法的效果是非常显著的,大多数情况下会令对方不攻自破,千万不要以为这样做太孩子气或太做作,谈判只不过是一场商业游戏而已。其次,可以要求对方对其价格的构成、报价的依据、计算的基础以及方式方法等作出合理的解释。通过对价格解释的分析,可以了解对方报价的实质、意图、诚意和“水分”,从中寻找破绽,为讨价还价提供可靠的基础。

6.2 讨价与还价

6.2.1 讨价

1) 讨价的含义与作用

讨价是指在一方报价之后,另一方认为其报价离自己的期望目标太远,而要求报价一方重新报价或调整报价的行为。讨价可以是实质性的,也可以是策略性的。讨价也可以称为“砍价”“杀价”,其主要作用是为己方还价和最后的成交价提供有利的条件,因为在不同的起点上还价,其最后的成交价格可能也会不同。讨价还有一个作用就是缩短了双方的利益差距,增强了谈判成功的机会。

2) 讨价的基本程序

(1) 总体讨价 是指讨价者从总体的交易条件入手,要求报价者从整体上全面改善价格,重新报价。这种讨价不仅使用一次,还可以根据情况使用两次、三次或更多次。

(2) 针对性讨价 是指讨价者有针对性地从交易条款中选择某些条款,要求报价者重新报价。这些被选择到的条款可以是一项,也可以是若干项;可以同时是几项,也可以是逐条逐项。

讨价的这两个阶段是可以不断重复、连续进行的过程。讨价次数的多少,应根据心中保留价格与对方价格改善的情况而定。每一次讨价,争取都能得到对方的一些让步。

【技能训练】

你选定了一家知名供应商帮公司购买一批办公设备,对方销售给你报了价,并说只能给你打九折,不能再降了。你和他谈了好久,但价格一直没有降下来。你当然不满意,你的目标是打七五折。过了两周后,这个销售突然给你发来一个报价,价格打八五折,并强调报价的有效期只有三天,而且是找公司领导特批过的,过了三天后价格将恢复到九折。此时,你应该:A. 价格应该到位了,准备下单;B. 告诉对方你的要货并不急,并在八五折基础上与对方继续砍价;C. 告诉对方三天时间太短了,要延长期限,你要找领导商量。

选择 A,你就落入了对方的陷阱,对方给你设了一个三天的期限,制造时间压力,就是为了引你上当;选择 B 就对了,说明你是一个成熟的谈判者,销售最大的动力就是拿单,忽略三天这个期限对你没什么实质影响;选择 C,不仅告诉对方你上钩了,而且是在给自己、给领导找麻烦。

3) 讨价的基本方法

(1) 举证法 亦称引经据典法。为了增加讨价的力度,使对方难以抗拒,谈判者以事实为依据,要求对方改善报价。这种事实可以是市场的行情、竞争者的价格、对方的成本、过去的交易惯例、产品的质量与性能、研究成果、公认的结论等等,总之是有说服力的证据。证据要求客观实在,起码是对方难以反驳或难以查证的(如竞争者的状况、己方过去的交往记录等),而不是凭空杜撰的证据或对方一揭就穿的证据。

(2)求疵法 讨价是朝着对方报价条款的"水分"、缺漏、差错而来的。有经验的谈判者,都会以严格的标准要求对方,以敏锐挑剔的目光寻找对方的疵点,降低对方的期望值,要求对方重新报价或改善报价。

(3)假设法 以假设更优惠条件的口吻来向对方讨价,如以更大数量的购买、更优惠的付款条件、更长期的合作等优惠条件来向对方再次讨价,这种方法往往可以摸清对方可以承受的大致底价。假设不一定会真正履行,但因其是假设,所以留有余地。

(4)声讨法 即针对一些报价偏高、水分太大的情况,以极度不满意的态度,声讨和指责对方的漫天要价、没有诚意、不够朋友、不讲信用、歧视己方等,在气势和心理上给对方形成强大的压力,动摇其心智,使其觉得理屈、内疚,从而报出较实的价格。

(5)沉默法 罗森·道杰也称其为"钳子策略",是指对方报价后,你只需要说一句"对不起,你必须调整一下价格或者你们必须做得更好"后,就闭上嘴巴,缄口不言。这会给对方施加强大的心理压力,大多数情况下,对方会主动调整价格。

6.2.2 还价

1)还价的含义与影响

还价,实际上就是针对谈判对手的首次报价,己方所做出的反应报价。还价以讨价作为基础,在经过一次或几次讨价之后,估计其保留价格和策略性虚报部分,推测对方可妥协的范围;然后根据己方的既定策略,提出自己可接受的价格反馈给对方。

如果说报价划定了讨价还价范围的一个边界的话,那么,还价将划定与其对立的另一条边界,双方将在这两条边界内展开激烈的竞争。还价对对方心理的影响也是实质性的,还价与报价的意义一样重要,同样可以起到震慑、锚定对手的作用,因此需慎重对待。还价的目的不是仅仅为了提供与对方报价的差异,而应着眼于如何使对方承认这些差异,并愿意向己方价格靠拢。

2)还价的主要依据

(1)对方的报价 在还价之前必须充分了解对方报价的全部内容和虚报程度,准确把握对方提出条件的真实意图及底线,必须摸清对方报价中的条件哪些是关键的、主要的,哪些是附加的、次要的,哪些是真实的,哪些是虚设的等,如此才能有效地还价。

(2)还价的时机 对方报价后一般不宜马上还价,而应视情况进行若干次讨价,只有当对方将价格改变到你认为比较合适的基点时,才可以进行还价。还价的基点越高,谈判的难度越大。一般来说,对方经过1~2次调价,往往会要求你还价,此时会考验你的耐心,你要善于坚持,只要对方的价格还没有达到你心中理想的基点价位,你就不可轻易还价。

(3)己方的目标 还价的另一重要依据是己方的谈判目标,根据对方报价与己方目标的差距决定还价的幅度和次数。因为在谈判中价格差距一般都有向中值靠拢的趋势,因此还价应考虑谈判目标与中值的差距。中值离自己的价格目标越远,还价起点越低;相反,还价起点越高。

3)还价的基本步骤

(1)计算 根据对方报价的内容和自己掌握的比价资料,推算估计对方报价的策略性虚拟的水分,并将其虚头最大、依据最不充分,而己方反驳证据最充分的条款定为还价的主要突破口。

(2)判向   通过耳听、目察、口问,仔细了解对方的态度是否坚决、明确,对价格解释是否合理、有根有据,及时捕获信息,掌握实情,判断动向,寻找还价的根据,选准还价的突破口。

(3)列表   为了更好地还价,将面临的问题分门别类,区分问题的轻重缓急,编制成表格。通常列表是设计两张表格:提问表和实施要点表。提问表是将还价中要提出的问题,按提出问题的先后顺序进行排列而成的表。实施要点表是将还价过程中需要注意区分的要点,按对方是否可以让步的内容设置排列的表格。

4)还价的基本方法

(1)比价法   是指以搜集相同或基本相同的业务或产品的价格为依据,参照比较,给予还价。这种方法显得比较公平,既便于操作,又容易被接受。

(2)成本法   是指运用产品成本构成的资料,进行计算分析,并考虑一定的利润,最后构成商品的价格,以匡算的价格作为还价的依据。这种还价方法针对性强,有很强的说服力,可以明晰估计对方的大致利润额,判断其策略性虚拟价格的水分,还价有力准确。

6.3 商务谈判要求

要求驱动着谈判。谈判者一方面要表达自己的要求,另一方面要面对对方的要求,或同意或拒绝,围绕着要求与反要求,构成了谈判的实质运动。作为谈判者,必须善于提出要求和应对要求。谈判者通过提出一个个要求并予以实现,来达成谈判目标;反之,谈判者不准备要求,不善提要求,不坚持要求,就无法实现谈判目的。

6.3.1 谈判要求的作用

1)引导谈判

由于谈判要求自身反映了一方关于交易条件的立场,因此,每一要求都会使谈判更加接近成交。为了成交,双方都会有很多要求,这些要求会影响着谈判的成功与破裂。同时,在谈判中,谈判者还可以利用它来控制谈判的进程和方向。例如,谈判者放松要求,谈判进程就会加快;谈判者坚持要求,就会阻缓谈判进程。又如,谈判者在某些方面提出要求,谈判就会在这一方面激战。

2)平衡利益

谈判要求可以平衡谈判双方的利益。谈判要求本质上反映了一种义务和利益,向对方提的要求越多,就意味着对方的义务加大,己方的利益增加;反之,意味着己方的义务加大,利益减少。要求犹如交易天平两边的砝码,当一边砝码过重时,另一边也要加上点砝码予以平衡。谈判者正是利用其平衡利益的功用来提出要求和权衡利益的。

6.3.2 如何提出要求

提要求是运用谈判要求的核心,也是谈判者的基本功。一个不会提要求的谈判者绝不是一个合格的谈判者。因此,必须学会和善于提要求。

1）依谈判目的提要求

（1）为向谈判目标推进而提要求　指谈判者为引导谈判的进展而提出的要求,可能涉及交易相关内容明确细化的要求。

（2）为平衡双方的利益而提要求　指谈判为了维护己方的合理利益而提出的对等或不对等的要求。

（3）为制造谈判僵局而提要求　是一种策略性的要求,谈判者提出坚持不让的高要求或对方不能接受的要求,一旦对方不能满足,就会出现僵局,其目的是迫使对方作出适当的让步或其他方面的要求。

2）依谈判态度提要求

根据谈判者的态度,要求可以分为强硬的要求、可协商的要求和可放弃的要求三种。

（1）强硬的要求　指态度坚决、不可更改的要求,诸如"贵方必须……""贵方只有……"等语气;甚至提出一些不讲理的要求,诸如只提要求,不讲理由,拒不听对方的解释,态度强硬,势在必得。

（2）可协商的要求　指具有灵活性且可以妥协的要求,它往往属于试探性、根据对方情况可以调整的要求,应该说,谈判中大多数都是可协商的要求。

（3）可放弃的要求　指不求果的要求,可能涉及可有可无、影响不大的要求,也可能是一种策略性的要求,将其作为谈判的筹码。

3）依谈判地位提要求

（1）谈判地位主动时提要求

① 针对性要求：针对己方的某个有利情况而提出的要求,例如,针对某个论点确立而提出的要求,针对对方的失误而提出的要求,针对对方的让步而提出进一步的要求等。

② 追击性要求：对真理在手、对方难以抗拒的情况而提出的要求,如："我方刚才已说得贵方哑口无言,请贵方对我方的要求作出回答。""我认为,该问题不解决,不能继续谈判"等。

③ 重复性要求：反复对对方未答复的要求再提要求,这类要求大多反映在有理、有利、也有节的要求未予以解决时,坚持再提同一要求。如："贵方在避重就轻地答复我方要求。""贵方的答复只解决了我方所提要求中的一小部分,还有很大差距有待解决"等。

（2）谈判地位被动时提要求

① 反击式要求：被动中的一种进攻性的、以攻为守的要求。例如,在对方针对性和追击性要求下,一方面可以表示考虑对手的要求,另一方面也可提出己方的进攻性要求,促使对手降低其要求的力度、尺度。

② 平衡式要求：在对方要求的同时在别的问题上提出要求,在准备表示考虑接受对方合理要求的同时,让对方也考虑并接受己方的合理要求。

6.3.3　如何坚持要求

谈判者除要善于提要求外,还要善于坚持要求。优秀的谈判者一般"不提则已,言出必有果",否则,会影响自己的形象,长对方的气焰。因此,学会坚持要求十分重要。

1）坚持要求的方法

（1）依理　即依据理由坚持要求。要求的提出总会伴随着一些理由,当理由充足时,坚持就有力;当理由不是很充分时,谈判者一方面要坚持有理部分,另一方面要做好"理喻"工作,使对手尽可能地信服己方更多的要求。

(2) 依势 即依据在谈判中所处的态势来坚持要求。当处在优势地位时,要求必定要坚持,并以势压对方尽快接受要求,不过在以势压人的过程中,要注意尊重对方;当处在劣势地位时,要求仍应坚持,不过要有信心、有理和灵活,因为有势不等于有理,只要充满信心、理由充分、讲究策略,要求是可以实现的。

(3) 依时 即依据时机来坚持要求,利用时效来实施压力,支持坚持要求的力度。它反映在时间与机会上。时间上,例如拖延谈判进度,不解决要求就不往下谈,使用最后期限让对方作出答复等;机会上,如双方的上司出场谈判,双方谈判者的喜庆事宜,新的竞争者出现,市场行情的变化等。

2) 坚持要求的层次

坚持要求的目的是实现要求,谈判中实现要求存在不同的层次,亦即要求的实现形式多种多样。

(1) 追求结果 即达到要求,这是要求的最终目的。根据实现的程度,追求结果,可以分为全部结果、大部分结果和小部分结果,谈判者起码应追求大部分结果,坚持要求才能成功。

(2) 追求记账 即不兑现就必须记下账,以便日后算账用。例如,对方对要求即使响应了,但要研究、请示,联系其他议题等,使要求延迟兑现。无论哪种情况,谈判者坚持要求就必须"记账",而且是明示记账,向对方声明,己方的要求是不会放弃的,或者单方约定在何时再提此要求。

(3) 追求响应 即引起对方重视,这个要求的最低目标起码要得到面子。对方响应的方式有多种,如我未听清、请给予时间考虑、目前条件还不成熟,即使对方不应允,也算给了己方面子。如果要求提出后,对方没有任何反应,就要重复提,否则实在丢面子。因此,对要求的响应是起码的要求,无论响应是积极的还是消极的。

6.3.4 如何对待要求

谈判者除了提出要求、坚持要求外,在谈判中很重要的工作是如何处理对方的要求。对付对方的要求与争取己方的要求是相互联系的。

1) 明确要求

明确要求是对付对方要求的重要一步,即通过向对方了解其要求的意义来确定其要求的实质分量,同时,可以进一步试探对方的灵活性和追求目标。它既有收集信息的作用,又有反击的作用,即通过找出对方要求中的不合理或自相矛盾的成分予以回击,让其难以成立。

2) 缓冲要求

面对对手的要求,尤其是分量和影响较为敏感的要求,最好的对策是先缓冲其压力、冲力后再解决,以求代价最小。缓冲的方法有借口研究和挑剔对手。

(1) 借口研究 是以研究对方要求为借口,避免即刻答复。该方法是顺着对方的意思而考虑要求,不易激怒对方,并获得时间上的宽容。

(2) 挑剔对手 指从对手要求的理由和动机出发,找出其不足之处、无理之处并以此进行反击。该方法系逆向缓冲,即顺着对方要求而来,反驳对方要求而去。

【技能训练】

你一直从一家加工厂采购零配件。一天该厂销售打来电话,说你们定制的那个零配件从下个月起开始停止供货,因为老板说那个价格太低了,做了很长时间也没赚到钱,简直无利可图。这时你会:A. 告诉对方,你简直开玩笑;B. 建议重新谈判,协商新的价格;C. 立即向其他类似零配件厂询问价格和供货的可能性;D. 要求对方提供详细的成本分析与期望价格。

选择 A,说明你行事鲁莽,除了让对方与你辩论,于事无补;选择 B,你就正好中了对方的招,即使你真的需要他们的零配件,也不用这么快就接招,否则就丧失了谈判的主动权;选择 C,你不觉得有点太晚了吗? 你的定制产品是一时半会能找到替代品的吗? 即使找到了一定会比对方便宜吗? 这说明你平时没有做好"备胎"的准备;选择 D 是可行的做法,不仅你缓冲了对方要求,而且为自己赢得了时间,便于去做,然后再根据各种收集到的信息,制订合适的谈判策略。

3) 避重就轻

这是一种故意将对方的要求以大化小,或满足其一部分要求而代替整个要求的做法。以大化小,是指将对方的要求分解成几个等级,取尽量小的等级来搪塞对手要求的做法,如对手要求 100,取较低的等级,如 20 表示同意,以抵挡其 100 的要求。满足其一部分要求,是指从对方要求的构成内容中选择一部分予以满足,以抵消其整个要求。

4) 考验记忆

它是利用谈判的内容多、时间长来制造对手记忆上可能遗忘的错误,从而达到挡住对方要求的做法。其具体做法有记下要求和开"远期支票"。

(1) 记下要求 是在谈判中只记下对手要求并不马上作答的做法。记下要求表示尊重对方,表示己方会予以考虑。事后,对方不提,就不答;对方若提,就表示忘了。

(2) 开"远期支票" 是对对方要求表示在某个时间或某个议题讨论之后给予答复的做法。该做法给对手以希望,以为答复了要求就是承诺了要求,易使对手丧失警惕。当时间推移后,由于忙或细节太多,某些"期票"就可能忘却。

5) 反提要求

它是面对对手无法摆脱的要求而采取的以攻为守,针对对手要求提出己方新的要求,以达到缓解或抵御对方要求的做法。反提要求的分量要与对手要求相当或更重才能达到阻止对方要求的目的。此外,反提要求不等于不理睬对方要求,而是将双方的要求同时考虑,统一解决。

6.4 解决谈判异议

6.4.1 谈判异议产生的原因

1) 产品原因

产品原因主要是指谈判一方认为某种产品或服务不符合自己的需求。产品异议于谈判人员而言是非常严峻的考验,因为需求不合,也就没有谈判的必要。那么,诸如价格、付款等问题也就无从谈起了。即使如此,谈判人员也不应丧失继续努力的勇气,而应冷静地分析异议产生的具体和真实原因，在此基础上区别对待，正确应对。

2）价格原因

价格原因即客户认为价格太虚，难以接受。价格异议是谈判中最常见的异议，也被认为是最难克服的障碍。实际上，价格异议远没有想象的那么重要，也没有想象的那么难以克服。真正的谈判高手从来不把价格异议看成是最主要的困难，因为价格原因而使交易告吹。

[案例]

钱没有你想象的那么重要

客户愿意多付钱。首先，价格其实是一个因人而异的问题。你觉得很高的价格对方可能反而觉得很便宜。在向别人推销东西时，对方关心的不一定是怎样省钱；事实上，真正重要的是他感觉做了一笔好生意。要达到这一点，你必须做好两件事情：一是你必须给对方一个这样做的理由；二是你必须让对方相信，他在其他任何地方都不可能得到更好的条件了。几乎所有的销售人员都听到这样的话："我们很想跟你做生意，但你的价格实在太高了"。实际上，这跟价格根本没有任何关系，即使再把价格降低20％，客户仍然会发出这样的抱怨。

比钱更重要的东西：相信自己得到了你所能提供的最好的条件；产品或服务的质量；如果客户真的只想要最低的价格，那么90％的商店都会关门大吉；你所提出的交易条件；你提供的送货安排；你的相关经验；你提出的承诺及兑现承诺的表现；退货；跟你和你的公司建立合作伙伴关系；你的信用；你的团队；你根据对方的要求调整自己产品的能力；你所表现出的尊重；内心安宁；你的可靠性。

——摘自：罗杰·道森《绝对成交》

3）财力原因

财力异议是对方以无钱购买或资金不足为由提出的一种异议，是严重的谈判障碍。对方之所以提出财力异议，可能是因为他确实目前的经济状况不佳，也可能是产品价格与他预期的标准存在差异，或者他只是想试验一下你对价格的态度是否坚定等。

4）权力原因

这是指对方表示无权决定购买而表示的异议。例如，"我做不了主，等经理回来再说。"权力异议有真实与虚假之分，虚假的权力异议往往是对方为了达到某种目的而寻找的一种借口。

5）筹码原因

对方的各种异议是虚假的，或者说只是一个借口，目的是将这些异议作为谈判筹码，迫使我方让步。我方要通过认真细致的观察，识别虚假的异议，分析其产生的真正原因，迅速采取行动，设法说服对方。

6）理解原因

有的异议可能出于对方信息掌握的不足，对产品的不了解或对谈判内容的误解，只要拿出相应的事实与证据，就可以及时地给予纠正，很快排除异议。

异议是谈判中不可避免的，处理不当会对谈判造成消极的影响。一个优秀的谈判人员，不应惧怕对方的异议，而应仔细分辨异议的真实原因，找出相应的解决之道。

6.4.2 解决销售异议的技巧

1）转折法

转折法也称为"但是法"，即"是的……但是"处理法，还可称作赞成—反驳处理法。转折法通过间接的途径答复对方的问题，避免因直接回答而使对方产生抵触情绪，便于对方接受，是非常实用的一种异议处理方法。这种方法就是先接受对方的异议，然后再用有关事实和理由予以否定。

2）反驳法

反驳法也叫否定法。与转折处理法不同，反驳处理法是谈判人员明确、直接地表示自己不同意对方的意见，依据比较明显的事实和理由，对对方的异议作出直接的否定，而不是通过迂回、间接的途径作出反应。

对方：这种服装式样还不错，可惜面料太薄了，不耐磨。

我方：不，这种服装是用一种高级纤维织成的，虽然薄，可耐磨力很强，很耐穿。

3）转化法

转化法又称自食其果法。不管对方基于怎样的考虑，他们的许多反对意见都直接或间接地对我方有帮助，谈判人员可以将此作为克服异议的起点，将对方的异议变成对方接受的理由。

对方：我确实不需要保综合险，因为我很少开车，所以出事故的可能性是微乎其微的。

我方：我很高兴您提出这样的问题，这正是我想要建议您办理综合险的理由。如果不出现交通事故，您每年可以少交纳10％的保险费。您开车越是小心谨慎，不出事故，您就越应当保综合险。因为，万一您的汽车遭到严重损坏时，您还可以从保险公司那里得到一笔可观的保险金。有的时候，发生交通事故的责任不在您的身上，对吗？

对方：对。但是，如果一辆汽车完全损坏的话，我可以从第三者的责任方面得到补偿。

我方：是的，说得对。这说明保综合险的另外一个好处。因为汽车被碰撞或者在结冰的路上打滑以至完全损坏的情况是极少出现的。这应该说是幸运的事。如果您投保综合险，保险公司就会为您承担所有的费用。

4）补偿法

补偿法又称抵消处理法，就是肯定对方异议中的合理成分，同时指出产品的优点或优惠足以抵消它所存在的不足。如果对方提出的异议确实有道理，采取否认的做法是不可取的。谈判人员可以向对方说明产品某些方面的确存在不足，但这些不足对产品的实际使用所产生的影响有限，与产品的优点或优惠比较起来是可以忽略不计的。

对方：你们公司没有经销维修点，如果机械零件坏了怎么办？

我方：我们不提供经销店的维修服务，不过我们在进行各种严格测试的基础上，为每台机械配足了使用期内所需的零配件。如果机械出现问题，你们自己就可以更换零件和维修，既节省开支又节约时间。

5）削弱法

削弱法，就是谈判人员首先重复对方提出的异议，然后再作出答复。其最大优点是可淡化矛盾冲突,并将话题转到对我方谈判人员有利的方面。一个有经验的谈判人员会用自己的话把对方的反对意见重述询问一遍,在对方表示同意之后,才开始应答。这样对方异议的程度已发生了某些变化,谈判人员就有可能从中发现问题的实质,有针对性地进行说服工作。

[案例]

饭店如何处理客户腹泻的投诉?

广西某饭店是一家全国连锁的饭店,以泉水加秘方烹饪家常菜为特色。2000年7月的一天,该公司在广西南宁的一个分店遭到消费者投诉。一个消费者来到该分店,说昨天他们一行8人在此店吃饭,之后6人发生了腹泻。到医院看病,医生说是食物中毒,并开了药。消费者要求该分店赔偿昨天的餐费并且负担全部医药费,否则就将此事曝光。当时,主持工作的是分店经理助理,他认为店里的食品绝对没有问题,要来人出具证明。消费者对这种处理不满,于是告到《南宁日报》。

总经理得知该事以后,意识到曝光对连锁饭店的影响颇坏,马上去电《南宁日报》,表示将立刻妥善处理。第二天,总经理马上派出两个助理去南宁,第一个助理前去安慰消费者,说:"关于这次食物中毒,是我们饭店的失误,但是饭店饭菜是没有问题的,这点你们可以放心;你们几个人闹腹泻,由饭店来赔偿损失。"

投诉的消费者其实拿不出实际的证据证明饭店的饭菜有问题,见到助理一出面就把责任都往自己身上揽也觉得不好意思,没有多说就接受了他提出的赔偿建议。另一个助理则对记者说:"我们饭店十几年来的经营,从来没出现食物中毒问题,这次可能是失误,但为了消费者饮食安全,我们邀请您去详细调查,报道饭店的卫生和经营情况。"于是,《南宁日报》决定跟踪报道该公司的食品卫生情况。调查结果,饭店饭菜当然是没有问题的,消费者投诉完全是个人的问题,通过媒体的正面报道与宣传,这起中毒事件非但没有带来负面影响,反而给饭店进行了良好的正面宣传。

【技能训练】

你是一家排名前三的饲料设备厂的销售经理,正在和一家饲料厂谈判饲料设备的销售。经过两轮谈判,你觉得你的让价基本到位了。一天对方负责人告诉你,你的设备比排名第一的厂商还高10%(也许真也许假,你无法查证)。此时你会怎么办? A. 说你厂的设备质量一流,不比对方差;B. 告诉对方,只要答应订货,价格好商量;C. 说你厂的设备独一无二,同行不好比;D. 真的吗?把他们的报价给我看看;E. 提醒对方,你们提供套餐保养服务,24小时随叫随到。

选择A:欠佳,每个厂都声称自己的质量最好,如果情况属实,对方早就知道了,你这样说打动不了他;如果情况不属实或无法定论,那你就被动了。选择B:不妥,对方正是用你的对手压你,你这么快让步,只会增加对方的期望,何况你的价格已基本到位了。选择C:尚可,你可以强调你的独特性,如果确实有,但客户看重的不是你的独特性,而是性价比;如果没有,这么说你就勉为其难了。选择D:无效,对方完全可以跟你说,这是商业机密,你不便看;哪怕是假的,你也不能只谈价格。选择E:最佳,你这是向对方卖你的服务,对方跟你谈了这么久,肯定是对你的设备感兴趣的,你通过强调你的服务能给对方带来什么好处,并讲个案例,就可以往下推进了。

6.5 商务谈判让步

6.5.1 让步的意义

1) 让步的意义

让步是一方向另一方进行利益上的退让。谈判是因为分歧而产生的,而解决分歧最直接、最根本的办法就是让步,因此让步是商务谈判的必然现象,有谈判就有让步。从某种程度上说,谈判的艺术就是让步的艺术。没有让步,就没有谈判的成功。让步是谈判成功的"润滑剂"和"推进器"。让步本身就是一种策略,它体现了谈判者用主动满足对方需要的方式来换取自己需要得到的满足的精神实质。

2) 正确看待让步

不能将让步视为弱小的象征和消极的退让,问题不在于作不作让步,而在于如何作出有效或高明的让步。在谈判桌上,不应该有无谓的让步,你的每一次让步都应该有实际的效果。由于每个让步都要让出自己的利益,而给对方带来某种满足,因此,以最小让步换取谈判的成功,以局部利益换取整体利益是己方让步的出发点。理想的让步是互惠、双向的让步。

6.5.2 让步的类型

1) 按照让步的结果分类

(1) 积极让步 是指有计划主动做出的、换取对方让步的一种让步,因其姿态是主动的,结果是互利的,因此也是一种积极的让步,良性的让步。

(2) 消极让步 是被迫做出的、单纯牺牲己方利益的一种让步,因其姿态是被动的,结果也是不利的,因此是一种消极的让步,不良的让步。

2) 按照让步的实质分类

(1) 实质让步 即实质利益上的真正让步,目的是以己方的让步换取对方的合作与让步。

(2) 象征让步 象征让步并不是真正的让步,只不过是让步的形式,己方并未出让任何实质性的利益,如非利益要求补偿的方式,给对方面子或下台阶,无关紧要的条款让步。

［案例］

朝三暮四也是让步

中国古时有一则"朝三暮四"的寓言。讲的是主人给猴子定量进食的故事。主人给猴子早上吃 3 颗橡树果,晚上吃 4 颗橡树果,猴子不满意。于是,主人重新作出安排。早上给它吃 4 颗橡树果,晚上给它吃 3 颗,结果猴子很满意。

(3) 高明让步 谈判中要找出哪些是对己方不重要而对对方重要的东西,或者哪些是对方不重要而对己方重要的东西,以此来互换让步,可称为高明的让步。

3)按照让步的时间分类

(1)主要让步　主要让步是在谈判最后期限之前作出,以便让对方有足够的时间来品味。这就犹如一席丰盛的酒宴,主要让步恰似一道大菜,在酒宴上掀起一个高潮。

(2)最后让步　谈判应留出次要或少量的让步放在最后阶段作出,亦即最后让步,以促成交易的一锤定音。这犹如酒宴结束时上桌的最后一碟水果,使人吃后感到十分舒心。

6.5.3　让步的基本形式

让步的基本形式如表6.2所示。

表6.2　让步的基本形式

让步形式	让步金额	第一次	第二次	第三次	第四次
坚定式	100	0	0	0	100
等额式	100	25	25	25	25
慢递增式	100	10	20	30	40
快递增式	100	20	30	50	0
慢递减式	100	40	30	20	10
快递减式	100	50	30	20	0
不定式	100	60	40	—10	10
一步到位式	100	100	0	0	0

1)坚定式的让步

不到关键时候绝不让步,让对方一直以为妥协无望。若是一个软弱的买主可能就会不再努力而放弃与卖主讨价还价了。

2)等额式的让步

这种让步模式的特征就是逐步诱导,让步幅度较小,但让步次数较多,很容易刺激谈判对手继续期待更进一步的让步。当他争取到一定数额的让步时,他就可能认为再努力一番,说不定还可以争取到同样的让步,结果他成功了。然后他会继续这样想,继续要求让步,如果卖主坚持不再让步,买主可能就会失望,很可能达不到成交的目标。

3)递增式的让步

就是每一次让步的数额是逐渐增加的,可以分为慢递增式让步和快递增式让步。这种让步模式往往会造成卖主重大的损失。因为它将买主的胃口越吊越高,买主会认为只要坚持下去,令人鼓舞的价格就在前面。买主的期望值会随着时间的推移而越来越大,对卖主极为不利。

4)递减式的让步

这是一种由大到小、渐次下降的让步形态,可以分为慢递减式让步和快递减式让步。这种让步形态比较自然、坦率,同时显示出卖主的立场越来越坚定,给予对方的期望越来越小。

5)不定式让步

不定式让步即在己方所提条件较高的情况下,面对对方的讨价还价,采取灵活多变的方式进行让步。可以先高后低,然后再拔高,甚至可以将让步收回,起到出其不意的作用,其关键是谈判者要了解对方情况,能控制局面,灵活掌握。

6) 爽快式让步

一步到位式让步即爽快式让步,这种让步模式对于买主会产生极强烈的影响。如一下价格让到位,使买主顿时充满了信心和希望,但接下来的便是失望,如果卖主不再降价,就有谈判破裂的危险。

从让步的实际效果来看,一般情况下,比较理想的是递减式或不定式让步形式。要么使对方的期望值降低,要么打破对方的心理防线,从而比较容易为对方所认同和接受。

6.5.4 让步的基本原则

(1) 必争 首先尽量争取不作让步;如果让步必须争回应得的利益。

(2) 有序 让步事先应有计划安排,不能临场随便退让,手忙脚乱。

(3) 适度 让步幅度要适度,不宜太大,次数不宜过多。

(4) 互让 每一次让步必须换回一定的利益,有失应该也有得。在对方没有做出相应的让步之前,己方不再作新的让步。

(5) 动心 以小幅度的让步,换取对方最大的心理满足,让对方在心理上觉得他已经赢了。

(6) 忍耐 谈判中要顶得住,不论是受到赞美吹捧,还是恶语相讥、人身攻击,都应忍下来,记住"小不忍则乱大谋"。

(7) 撤销 如果作出了不妥当的让步,想收回,也不要不好开口,可找个理由撤销让步。

[案例]

汽车配件年度降价谈判

张先生是一家汽配厂的销售总监。汽车行业年度降价谈判(常规惯例),客户提出"张总,今年的零部件价格你要给我降5%"。作为供应商,张先生只想降2%,但是事先公司的跨部门通气会上,听到驻地工程师(在客户公司办公)反映:"他们员工抱怨奖金又发不下来啦",猜测对方今年可能现金流紧张,于是表示"李总,我这里有两个方案,第一,我降1.5%,1个月付款;第二,还是降1.5%,付款期改两个月。怎么样?""你看你产品质量一直不好,去年出了不少产品问题。"对方想要更低的价格。"我们去年的PPM(百万件产品中残次品的数量)是……,比B公司低很多。"张先生拿出数据报告。对方陷入沉默,仍不愿成交。"这样吧,李总,我们各让一步,我降2%,付款期两个月。如何?"张先生见势让步,客户立刻拍板。

6.5.5 不同情境下的让步策略

让步的最佳方式是什么,往往取决于你所处的谈判情境。在不同的谈判情境,有效让步的方式和策略有所不同,在一个情境中有效的让步策略在另一个情境不一定适用。

不同情境的让步策略如表6.3所示。

表 6.3　不同情境的让步策略

谈判情境	有效的让步策略
交易型	坚定式、递减式（慢慢让步，幅度递减，让步于预期水平之上）
平衡型	递减式、不定式（小问题大让步，大问题小让步；多个方案；一揽子谈判）
关系型	爽快式、妥协式（迁就对方或公平地妥协）
默认型	迁就对方

6.5.6　避免己方让步的方式

1）防范式

（1）先苦后甜　这是一种先用苛刻的虚假条件使对方产生疑虑、压抑、无望等心态，以大幅度降低其期望值；然后在实际谈判中逐步给予优惠或让步，使对方满意地签订合同，己方从中获取较大利益的策略。这种谈判策略来源于实际生活中的常见现象。

［案例］

飞机晚点 10 分钟乘客喜出望外

一架民航班机向乘客报告：本机着陆时间将要推迟 1 小时。乘客们一面抱怨，一面不得不做好思想准备，在空中度过这难熬的 1 小时。然而过了不久，空姐又向乘客们宣布：晚点的时间将缩短半小时。听了这个消息，乘客们十分高兴，松了一口气。又过了 10 分钟，乘客们听到广播说：由于机场地勤人员努力，本机即可着陆。这一下，乘客们个个喜出望外。

（2）既成事实　就是预料对方可能在谈判中就某个问题上要求己方作出让步，而己方很难就此问题做出让步，先让这个问题造成对方不能提出相应要求的既成事实，从而有效阻止对方的进攻。例如预料对方可能会提出地区总经销的要求，而己方不愿将市场交给一家经销，如果其经营不善会影响己方的销售计划，因此，在与对方谈判之前，可以先设置几家分销商，使对方难以提出独家经销的要求。

2）阻挡式

（1）权力有限　也称提交高权威策略，是指谈判人员声称自己权力有限、不能决定而阻挡对方要求的一种做法。因为一个谈判人员，在他本身受到诸如上司授权、国家法律规定、公司政策、贸易惯例等限制的时候，任何一个谈判对手都不能强迫其不顾国家法律、公司政策的规定，超越其权力而答应本方的要求。"权力有限"有其合理性，是一张有效的"挡箭牌"，但未必就是真的，因此它常常成为一种借口或策略。

（2）资料不足　　在商务谈判过程中，如果对方的要求确实难以拒绝，而己方又不愿马上同意时，借口资料不足、需要研究等理由，可以暂时缓解对方的进攻，化解对方咄咄逼人的攻势，待谈判进入到一定程度时，再视具体情况予以解决。资料不足是一种缓兵计，不可经常使用，否则会陷于被动。

（3）最后价格　谈判中常用"这是最后价格，我们再也不能让步了。"以此来强化对方对价格的信任力，如果对方相信，就不会要求我方继续做让步，生意就可能成交；即使对方不相信，也可以大大降低对方的期望值，使其感觉让价空间不大了，从而缓和对方的价格进攻力度。

（4）没有先例　是指对方提出一些己方难以接受的要求时，己方可以声称没有这样的先例，从而有效缓解对方的进攻。因为商业有尊重惯例的习惯，这是一种比较令人信服的理由。使用没有先例的策略时，要注意有一定的分寸，只有当对方的要求比较过分和有一定根据时才可使用，否则难以成立。

3）融化式

（1）求得同情　一般情况下，人们总是倾向于同情和怜悯弱者，不愿落井下石，置之于死地，比较容易地答应弱者的要求。当对方就某一问题要求己方作出过度让步时，如果我方无正当理由加以拒绝，但又不愿意在这方面作出让步，就可以装出一副痛苦、确实难以做到的样子，求得对方的同情与理解。比如可以说，按对方的条件，我们就会亏本、就有可能破产；或者说，这不符合公司规定，如果我答应了，就会被公司解雇等，以此来软化对手，不至于被过分强逼。

（2）坦白从宽　谈判总体上是一种虚实、比拼的过程，双方都留有余地，本来是循序渐进、逐步亮底的过程，有时候坦白就是一种出人意料的有效策略。其意是不再隐瞒和藏虚，而是把本次交易的真实条件和要求和盘托出，以期迅速获得对方的响应，从而阻止对方的进攻。

4）对攻式

（1）针锋相对　是指在谈判中针对对方的要求和进攻，毫不示弱，据理力争，针锋相对，从气势上、论理上压倒对方，使对方不至于提出过分的要求乃至主动撤回自己的要求，从而阻止对方进攻。

[案例]

针锋相对的价格谈判

买方：贵方立场太坚定，我们无法相互靠近。

卖方：贵方态度也不软，靠不拢也有你的责任。

买方：你的价格像夏天穿棉袄，这么厚，怎能让人靠得拢？

卖方：要是"穿棉袄"的价，我早脱了。

买方：我眼中看到的价就是"穿棉袄"的价。

卖方：贵方的眼神有点问题。

买方：就算我的眼神可能有问题，难道这么多双眼睛（用手指自己的助手）也有问题？

卖方：实不瞒贵方，我的价格已是"背心价"了，请贵方能仔细考虑。我再让价，就要"光膀子"回家了！

买方：不会。我不但不会让你"光膀子"回家，还要让你穿着"西服"体面地回家。

最后，卖方没有回话的余地，又回到调整价格的细节上来，最终经过双方互相妥协达成了协议。

（2）以一挡一　在对方就某个问题要求我方让步时，我方可以把这个问题与另外一个问题联系起来，也要求对方在另一个问题上让步，即以让步换让步，这是通常的做法。实际上，我方可能无意在此问题上让步，提出对方相应让步的目的是为了让对方收回自己的要求,从而化解对方的进攻。

【技能训练】

你是一个二手车商,一台八成新的奥迪车你标价9.8万元,一个客户对这辆车很感兴趣,但他告诉你他最多只有8万元。你该怎么办? A. 差距有点大,你拒绝这笔交易;B. 你降到9万元,说这是最后价格了;C. 让他去看看店里其他8万元左右的车。

选择A,你拒绝了一个潜在的好客户,这不是做生意的方式;选择B,你的"最后价格"说法不错,但你的让步太快太大了,也许对方正是用"预算有限"来促使你让步呢,更何况对方是不是真的就只有8万元? 选择C就高明多了,通过试探看看对方到底喜欢什么样的车和是不是只有8万元? 是看重牌子还是其他什么情况? 你弄清了他的真实需求,就能找到更有效的让步策略。

6.5.7 促使对方让步的方式

1) 软化式

(1) 戴高帽　心理学上又称伪假设角色策略,是指给对方一顶高帽子,对方一旦戴上后,就会不自觉地按此高帽子的角色行事,比如说对方是专家,对方就不会显示外行的样子;说对方爽快,对方就会表现出不迟疑的样子;说对方大方,对方就会显示不小气等。该策略是一个非常厉害的策略,一般人很难抗拒,关键在于,我们要选取一个合适的高帽给对方戴上,以适应谈判需要。例如,赤壁之战中诸葛亮舌战群儒,先是提到自己的主公刘备只有"数千仁义之师",依然不愿投降,坚持对抗曹操;又夸赞东吴"兵精粮足",还能依仗长江天险;最后提出自己的建议——孙刘联手抗曹。这就如同说:你们兵多粮足,地理位置也如此险要,如果还是要投降,不是会被天下耻笑吗?

[案例]

只剩九十九顶高帽了

清朝《一笑》中有这么一则故事:有位京中的朝官将要到地方任职,临行前向他的老师道别。老师教诲他说:"外官难做,你好自为之。"这位朝官踌躇满志地说道:"老师请放心,学生已准备下了高帽一百顶,逢人便送一顶,当可化险为夷。"老师面带愠色道:"我辈以直道做人,怎么能这样做呢?"那位朝官赶忙回道:"天下像老师您这样不喜欢戴高帽的人,实在是太少了,我辈应该向您学习呀!"老师这才喜笑颜开,点头道:"你这话不无道理呀!"那人出门后便自言自语道:"我的一百顶高帽只剩下九十九顶了。"

(2) 借恻隐　借恻隐,即通过装扮可怜相、为难状,唤起对方同情心,从而达到对方让步的目的。常用的手法有说可怜话,诸如:"如果你不同意的话,回去要被批评,要被开除。""求求您,高抬贵手!"等。装可怜相,在谈判桌上尽量表现极其痛苦的样子。恻隐术运用时要显得真实,同时注意人格,在用词与扮相上不宜太过分。

(3) 磨时间　磨时间强调的是"磨",对方不同意己方的要求,就一直软磨硬泡,直到对方同意为止。因为反复的"磨",态度和蔼,满面笑容,对方也找不出什么不是,被磨得没办法,只好表示同意。"坚持得越久得到的就越多",该策略可以逐步消磨对方的斗志和锐气,对方往往难以招架，一般情况下都可收到良好的效果。

2）攻击式

（1）竞争法　再没有什么武器比制造和利用竞争对手来迫使对方作出让步更有效了。谈判一方在存在竞争对手的时候，他的谈判实力就会大为削弱，处于劣势。作为买方，货比三家是常用的策略，没有竞争者也要给对方制造竞争对手，这是促使对方让步的强大撒手锏；作为卖方，要善于扮演不情愿的卖家，要制造独特不可比性，要显示货源的紧张，要拿已成交客户的条件来制约对方。

（2）指责法　指出并责备对方的不足、瑕疵、差错乃至失礼，是一种促使对方让步的有效策略。指责，可以分为两大类：一类是真正的不满；另一类是策略的抱怨，其目的在于压制对方的气势，使对方觉得理亏、负疚，从而做出己方所希望的让步。

（3）震慑法　在谈判过程中，如果感觉对方的态度、行为欠妥或要求过分时，我们可以抓住这一时机，突然情绪爆发，大发脾气，严厉斥责对方的无理、不是，以震慑对手。如果对方不是谈判老手，往往会手足无措，动摇自己的信心和立场，甚至怀疑和检讨自己的行为，从而作出某些让步。使用该策略应把握住时机和烈度，无由而发会使对方一眼看穿，烈度过小，起不到震撼、威慑对方的作用；烈度过大，或者让对方感到小题大做，失去真实感，令谈判陷入困境。

[案例]

曾宪梓如何劝服难缠的叔辈？

曾宪梓可以说在商界家喻户晓，他现为金利来集团有限公司董事局主席、中华全国工商业联合会副主席，曾任香港特区特委会委员、香港中华总商会会长。1963 年，曾宪梓的哥哥曾宪概和其叔曾桃发产生遗产纠纷，曾宪梓在哥哥多次催促下，动身来到泰国。曾桃发知道后以为曾宪梓定是与其哥哥联手来对付他，所以早就想好了对策。

三个笑容可掬的曾家叔父长辈来到了曾宪梓住的小旅店里，执意要请曾宪梓去"喝喝茶、吃吃饭"。曾宪梓寒暄一番后，随他们来到了叔父曾桃发的公司里。当所有人严肃就位以后，叔父们便一改最初亲切温和的神情，对曾宪梓纷纷大加指责："你看你，像什么话，一个小辈，一点道理也不懂！来了泰国这么久，为何不来拜见叔父、叔母。这算什么？没规矩！"

这纯粹是无中生有的"莫须有"罪名，因为曾宪梓来泰国当天便执晚辈之礼，拜见了叔父叔母。因此，这些训斥令曾宪梓一头雾水，叔公们见曾宪梓无言以对，认为曾宪梓自知理亏，于是更加毫不留情地把曾宪梓骂个"狗血喷头"！

正值二三十岁血气方刚的曾宪梓终于忍耐不住，作了黑脸的莽汉："你们简直是太不像话了！因为你们是叔公，我本来尊重你们，但你们纯粹的血口喷人、不讲道理改变了我的态度，你们玩弄这些骗人的小把戏，以为我不明白吗？你们不配得到我的尊重！"接着，曾宪梓指着刚好从他们面前走过的一个小孩说："我这个人，对于讲道理的人从来都是尊重的。明事理不分年龄老小，就是这样的小孩，只要知道做人应该讲道理，明白事理，我也会很尊重他。但对于像你们这样的长辈，只会嫌贫爱富，昧着良心拍有钱人的马屁，一点道理也不讲，你们这样让我更加瞧不起你们，我也有道理不尊重你们！"

曾宪梓如此一番义正词严的刚言相向，令原本气势汹汹的叔公们自知理亏。这样虽然很畅快,但是如果继续大骂指责下去,便有可能使原本已有的胜势转瞬即逝。所以,曾宪梓扮起了好人,接下来又是一番有理有据的摆事实,讲道理,并不失时机地给叔公找台阶,进入了收场的好戏。"叔父当初多么不容易,凭着自己的劳动,凭着自己的智慧,才能一点一滴地建立起像今天这样庞大的事业。现在叔父有钱有势,那是叔父的能耐,叔父的本事,我只会从心里感到佩服。叔父现在大可不必为了这些财产的事情绞尽脑汁,你是我叔父,我是晚辈,有什么话跟我说,让一个小孩把我叫来就可以了。"

曾宪梓话说完以后,令叔父叔母激动得喃喃自语:"好侄子,好侄子!"原本剑拔弩张的气氛也化为乌有。

(4)通牒法 是指给对方规定最后的期限和最后的条件,如果对方不同意,己方就宣称退出谈判。该策略是一种给对手实施强大压力的手法,一般对手往往难以抗拒,到谈判的最后阶段使用该策略,可以促使对手迅速作出决策和让步。使用该策略时,最后通牒应令对方无法拒绝或无法反击,同时发出最后通牒时言辞不能太尖锐,要留有一定的余地。

[案例]

给牛气的电力公司如何施压?

电力公司一般都很牛,谈判难度较大。一家航空公司要建立一个大的航空站,想要求电力公司优待电价。这场谈判的主动权掌握在电力公司一方,因为该公司是该地区唯一的电力供应商。因此,电力公司推说如给航空公司提供优待电价,有关部门不会批准,不肯降低电价,谈判相持不下。这时,航空公司突然改变态度,声称若不提供优待电价,他们就撤出这一谈判,自己建厂发电。此言一出,电力公司慌了神,立即请求有关部门从中说情,表示愿意给予这类新用户优待价格。因为若失去给这家大航空公司供电,就意味着电力公司将损失一大笔钱,所以电力公司急忙改变原来傲慢的态度,表示愿意以优待价格供电。

(5)激将法 在谈判过程中,事态的发展往往取决于主谈人。激将法就是以话语刺激对方的主谈人或重要对手,使其感到如果不同意对方的条件,会直接损害自己的形象、自尊心、荣誉,从而动摇或改变所持的态度和条件。该法的关键是找准激点,使对方难以抗拒。如说对方连这个权力都没有,谈判就没有必要了;或者说如此做法与贵公司的形象不相称等。

【技能训练】
你和一家供应商因所供应的货品质量起了争执,对方的货品出现了残次,你们之间正常的结算方式是月结。此时你应该:A. 就争议款项提出解决方案;B. 暂缓支付争议货品的款项;C. 暂缓支付全部货款。

选择 A:你没有展现出足够的底气和实力来促使对方让步,对方可能会无视你,习以为常,你的目标是通过谈判解决问题,而不是维持现状。选择 B:这样做会削弱你的谈判筹码,可能最后的谈判结果是这样,你的开价太低了,提高了对方的期望值。选择 C:高明的做法,你通过全部拒付来引起对方的高度重视,让他来找你谈判,而不是你找他谈判,主动权在你手;同时你还可以指责对方的错误,施加些压力,让他们下次不敢了,兴许还能给你点额外优惠。

练习题

一、实训题

1. 市场部经理安排了一次与客户的销售会谈,对方人员以及本公司与此业务相关的两个销售人员小李和小王也都到场了,可是市场部经理却因为其他事情而无法参加。这几位到场的人就先开始谈判了,随着谈判的进行,小李和小王与对方都作出了相应的让步。然而,面对本公司的让步,对方仍不满意,要求进一步降低价格,还要提高品质。

假如你是小李和小王,该如何面对对方的要求?

_____

_____

_____

2. 杨杰是一家房地产中介公司的销售人员,在一套二手房上要价 32 万元,买方愿意出 28 万元,经过一段时间的讨价还价,对方已把价格提高到了 29 万元,而杨杰也把价格降到了 31 万元。以后该怎么谈呢?

假如你是杨杰,应跟对方怎么说?

_____

_____

_____

二、选择题

你的小艇用的是 GE 产 20 马力的艇外引擎。据悉该引擎(包括附加零件在内)现在的零售价(指由分销商处购买)是 $700,它包括一个电动启动器、控制盒和油箱。你每年要将引擎送去维修 2 次,每次费用为 $150,该引擎非常安全可靠,但它愈来愈旧,这使你不安,因此你准备买一台雅马哈牌引擎来替换它,出售这种引擎的商店就在停泊小艇地点的附近,但它在这个以削价出售为特色的市场上却以高价著称。新的雅马哈牌引擎的零售标价是 $1 720。目前的市场很萧条,但又是销售旺季的开始时间。如果从你所认为的买雅马哈的支出中,除掉你认为可以卖掉 GE 引擎所得到的钱,那么你买新引擎的净支出是多少?目前你没有其他的信息来源。

1. 你认为你可能达成的最好的交易是:

① $900~999　② $1 000~1 099　③ $1 100~1 199　④ $1 200~1 299　⑤ $1 300~1 399
⑥ $1 400~1 499

2. 你打算接受的可能最坏的交易是:

① $900~999　② $1 000~1 099　③ $1 100~1 199　④ $1 200~1 299　⑤ $1 300~1 399
⑥ $1 400~1 499

3. 你希望做成的交易是:

① $900~999　② $1 000~1 099　③ $1 100~1 199　④ $1 200~1 299　⑤ $1 300~1 399
⑥ $1 400~1 499

4. 在你开始买新引擎和卖旧引擎之前,你的目标是什么?

① $900~999　② $1 000~1 099　③ $1 100~1 199　④ $1 200~1 299　⑤ $1 300~1 399

⑥ ＄1 400～1 499

5. 你怎样接近你所选定的雅马哈销售商？

① 以交换的方式给他 GE，购入雅马哈　② 向他询问雅马哈的最低价格　③ 告诉他你现在的问题并征求他的意见　④ 不找他，而是先去找其他的销售商并请他们出价

6. 削价销售商正在做广告，你要买的那种雅马哈引擎的价格是＄1 380，运费另计。你到本地的雅马哈销售商那里去，告诉他你所准备出的价钱，同时告诉他眼下竞争者的报价。你是否：

① 向他询问他的最低价格　② 告诉他既然你能用＄1 380 买到引擎，就没有理由花更多的钱　③ 问他＄1 340 一台怎样

7. 他完全拒绝把引擎降到＄1 500 以下出售给你，同时告诉你这个价格包括开始的服务、免费运送和安装以及保修。"你买了那些削价的引擎后，还要设法找一些东西来进行维修，"他说，"你不知道那些引擎是从哪里来的。"他不愿用部分抵价的贸易方式买下你的 GE 引擎，但同意把它陈列在他的商店里，帮你把它作旧货销售，但自己不做任何担保。他认为你或许能卖到＄400，但你不得不花＄1 500 买雅马哈。他还告诉你，他只有这一台存货了。他附带还指出，由于你的小艇就在附近，他对你的服务会比较便宜而且他的运费也会较低。你如何做？

① 你做这笔交易　② 你走到一边考虑这件事　③ 你完全拒绝考虑这笔交易　④ 你告诉他由于你的积蓄有限，你最多只能出＄999

8. 随后，你灵机一动，GE 引擎销售商（也是你的维修商）也在附近，其标价基本与雅马哈相同，而且折价商人提供的价格也一样。GE 引擎和雅马哈引擎一样好。你向 GE 的销售商建议什么呢？

① 问他＄1 340 左右一台 GE 引擎行不行，因为他将增加他的销售额　② 告诉他在卖出你的引擎后，你身边的钱不多于＄1 000 的原因　③ 要求他作为你的代理人来出售你的 GE　④ 向他解释说你正打算买他竞争对手的雅马哈，不过，要是他能用一个最好的交易与之竞争的话，你就与他做交易　⑤ 向他解释说每年的售后服务至少给他＄300，那么直到你卖了这台引擎买另一台引擎的 5 年间，总的服务费就接近＄1 500 了　⑥ 能把他的存货转换成现金

9. GE 销售商说，他不能和你做你所希望的那笔交易，但他能贱卖给你一台只用过 1 年的旧 GE 引擎，或者卖给你一台 15 马力的新引擎，但其功率比你想要的小一点，你怎么办？

① 讨论他的建议　② 什么也不说　③ 仍和他谈你的交易　④ 说你要想一想，不作决定而走开

10. 为了做成最后的交易，你现在应该：

① 迅速努力和结束　② 慢慢努力和结束　③ 认为这事无关紧要

11. 在拒绝你的建议时，你应该：

① 坚持你的要求　② 把你的要求变化一点点　③ 询问他的意见　④ 降低你的要求

三、案例分析

意大利某电子公司欲向中国某公司出售半导体生产设备，派人来北京与中方谈判。其设备性能良好，适合中方用户。双方很快就设备性能指标达成协议，随即进行价格谈判。中方讲："贵方设备性能可以，但价格不行。希望降价。"意方："货好，价也高。这很自然，不能降。"中方："不降不行。"意方："东方人真爱讨价还价，我们意大利人讲义气，就降 0.5%。"中方："谢谢贵方义气之举，但贵方价格系不合理价。""怎么不合理？""贵方以中等性能要高等价，而不是适配价。""贵方不是满意我方设备吗？""是的，这是因为它适合我们的需要，但并不意味这是最先进的设备。如用贵方报的价，我们可以买到比贵方设备更好的设备。""这话说得倒使我无法答了。我需考虑后再说。"休息一会儿，双方再谈。意方报了一个改善 3% 的价格。中方认为还没到成交线。要求意方再降。意方坚决不同意，要求中方还价，中方给出再降 15% 的条件。

意方听到中方条件沉默了一会。从包里翻出一张机票说："贵方的条件实在太苛刻，我方难以接受。为了表示交易诚意，我再降 2%。贵方若同意，我就与贵方签合同；若不同意，这是我明天下午 2:00 回国的机票，按时走人。"说完，站起来就要走。临走又留下一句话："我住在友谊宾馆 1208 房间，贵方有了决定，请在明天中午 12:00 以前给我电话。"

中方在会后认真研究成交方案，认为 5.5% 的降价仍不能接受，至少应降 7%，也就是还差 1.5%。如

何能再谈判呢? 于是先调查明天下午 2:00 有否飞意大利或飞欧洲的航班,以探其虚实。结果,没有。在第二天早上 10:00 左右,中方让翻译给意方房间打电话,告诉他:"昨天贵方改善的条件反映了贵方的诚意,我方表示赞赏。作为响应我方也可以改变原立场,只要求贵方再降 10%。"

意方看到中方一步让了 5%,而 10% 与其内定价格相差一些,但比 15% 而言,可以谈判了。于是双方重开谈判。双方认为还有差距,双方均愿意成交,只有一条路——互相让步,你多我少,还是我多你少? 双方推断:在此之前双方各让了 5%,对等。最后一搏,是否也应对等。最后双方将 5% 的差距(意方 5% 与中方 10% 比)各担一半,即以降价 7.5% 成交。

1. 中意双方各采用了什么样的让步方式?

_____

_____

_____

2. 中意双方各运用了哪些谈判技巧来避免做出让步?

_____

_____

_____

3. 中意双方各运用了哪些谈判技巧来促使对方让步?

_____

_____

_____

4. 双方谈判较量中,哪一方更高明一些? 为什么?

_____

_____

_____

第 7 章　终局商务谈判

【本章要点】

- ☐ 终局谈判有什么特性?
- ☐ 如何正确评估成交形势?
- ☐ 如何克服销售成交异议?
- ☐ 如何有效促成谈判成交?

【技能测试】

你是一家旅行社的负责人,正与昆明的一家四星级酒店协商"十一"期间旅游旺季的客房价格。对方要价是每间客房比现行价格高 400 元,在谈判中对方最后提出一个折中方案,即将差价各让一半。这时你会:A. 同意对方意见,毕竟各让一半很公平;B. 说基本可以,只是你让 45%,他让 55%;C. 要求他让 75%,你让 25%;D. 不接受折中方案,让对方再降价。

选择 A,对方想用"折中成交法"诱你成交,你完全可以不同意折中来赢得主动权,如果你同意了,那么他下回可能会要价更高,即使最后的结果是折中,你也没有必要那么快就同意;选择 B,比 A 好一点,但与 A 没有太大区别,你还是操之过急了,你本可以做得更好;选择 C,看起来不错的大胆尝试,但你的要求可能与对方的期望相距甚远,对方不想跟你谈了;选择 D,你是个谈判高手,一方面你通过再次讨价让自己处于有利地位,另一方面你可以探析出对方的大致底价。

7.1　终局谈判的特性

7.1.1　终局谈判的主要任务

谈判经过双方讨价还价和主要让步后,如果主要差距已经消除,就会进入谈判结束(终局)阶段。在这一阶段,虽然双方还存在一定分歧,但成交的轮廓和前景已大致清晰。因此,终局谈判的主要任务首先是评估成交的形势,把握成交的时机;其次是设法促成交易,并利用谈判的最后时机争取相应的利益;再次就是协商合同条款,达成和签订协议。

7.1.2　终局谈判的心理因素

1) 短缺效应导致的紧迫感

短缺效应是最有效的谈判心理战工具之一,即某物越短缺,人们的需求就越迫切。高明的谈判者常常通过多种方式运用短缺效应,给对方制造某种紧迫感,促使其让步。

(1) 制造竞争导致的短缺　精明的谈判者常常善于给对手制造竞争者,暗示其他竞争者的出价和条件,使对手感觉短缺效应的压力在上升,从而迫使其尽快行动。

(2) 最后期限导致的短缺　最后期限的目标很简单,就是让对方感觉时间将要耗尽,机会也会随之消失,从而促使对方尽快行动或让步。当最后期限与不可抗拒的外因相联系时,效果最佳,如法律或政府规定的最后期限。最后期限还有一个有效方法是,对现有报价方案的某些条款设定一个时间限制,过期这些条款或优惠将自动取消。

(3) 退出谈判导致的短缺　"要么你接受,要么我离开"的最后通牒,往往给对方造成巨大的心理紧迫感。如果谈判者缺乏经验,或急于做成交易,那么很可能感到恐慌,并就此妥协。退出谈判策略还突出了某些关键问题的重要性。

2) 对谈判过分执着的心理

心理学表明,人们对某一事物越投入,就越渴望得到回报。谈判中人们在早期花费的时间和精力(沉没成本)越多,越不愿意接受谈判失败,就越执着于期盼谈判能够成功,即使此次合作已不再具有意义,这就是终局谈判所特有的过分执着心理。这种心理常常在谈判中被利用,精明的谈判者往往在谈判即将结束前提出"最后要求",或在协议签订前要求增加一点点利益(小赠品战术)。在经过漫长而艰苦的谈判后,大多数人不想破坏即将达成的协议,也不想因为在蝇头小利上争吵而损害与对方的关系,因此常常无奈地满足对方的要求。对待小赠品战术最佳的方法是,事先留点东西在谈判结束时再送给对方,或者要求互相赠送。

7.2　成交形势评估

7.2.1　成交前的回顾评估

谈判在进入成交前,有必要就整个谈判过程和谈判内容作一次整体的回顾与梳理,以明确在谈判最后阶段努力的方向和争取的目标。回顾评估一般包括以下内容:

(1) 双方已达成一致的地方。

(2) 尚须讨论商榷的地方。

(3) 谈判目标的达成情况。

(4) 最后的价格和让步评估。

(5) 己方最后应争取的目标。

7.2.2　谈判目标的实现情况评估

谈判目标是一种体系,包括商品的品质、数量、包装、价格、运输、保险、支付条件、商品检验、违约索赔、仲裁、不可抗力等各项条件。在谈判进入签约阶段前,应就各项主要交易条件谈判目标的实现情况做一下总结评估。明确哪些谈判目标实现的比较理想,哪些实现的不足,哪些交易条件还需最后的争取等。

例如某谈判项目范围共有 4 个要点,即价格、支付条件、交货期和担保条件。其中价格是这笔交易的关键条件,担保是次要条件,支付条件、交货期居中。通过前一阶段的磋商,各项交易条件的谈判目标(最低目标、可接受目标)实现程度如表 7.1 所示。

表 7.1　商务谈判目标实现程度分析表

目标内容	最 低 目 标		争 取 目 标	
	计划实现(%)	已达程度(%)	计划实现(%)	已达程度(%)
价　　格	100	100	90	80
支付条件	100	100	100	90
交 货 期	100	100	80	100
担保条件	100	0	100	0

　　从上表可以看出:在交货期一项上,最低目标、争取目标的实现程度都是100%,说明这一项谈判非常理想;在担保条件上连最低谈判目标也没实现,因为它是次要条件,己方就要作出权衡:是坚持要求还是作出让步;在支付条件上最低目标以圆满实现,争取目标实现了90%,实现程度较高,基本上达到了己方所期望的目标。在价格一项上,虽然最低目标已达到,但离争取目标还有差距,而价格是这一谈判的关键条件,因此,在最后的谈判中,价格仍是努力争取的地方。

[小资料]

如何确定一个客户愿意付多少钱

　　在谈判过程中,客户心中一定有个心理价位(希望能够从你这里得到的价格)和走开价格(他们所能承受的最高价位)。你通常不会知道对方的走开价位是多少,因为对方一直在围绕自己的心理价位跟你谈判。通过以下一些策略,你就可以找到对方真正的走开价位。

　　通过虚构更高权威的方法来提高价格。比如说,对方经常采购的开关价位是1.5美元,而你的报价是2美元。你可以告诉对方:"毫无疑问,你也觉得我们的产品质量更好。如果我能说服我的上司把价格降低到1.75美元,你可以接受吗?"由于有更高权威的保护,这时对方就会以为你所能承受的最低价格是1.75美元,这时双方的分歧就只有25美分而不是当初的50美分了。

　　通过提供简装版来判断对方的质量标准:"如果你不在乎铜触片的质量,我们也可以把价格降到1.51美元。"对方很可能宣称价格并不是唯一关心的问题,他们关心的是质量。

　　通过提供高质量版本来判断对方愿意承受的最高价格:"我们可以为这个开关加上一些新功能,但价格可能要提高到2.5美元。"这时,你就可以根据客户的回答判断出其所能承受的价格。

　　将自己从潜在供应商的位置上移走。这可以让客户放松警惕,甚至可能会让他透露出一些在跟你谈判时不会透露的信息。比如你可以告诉对方:"我们很想跟你做成这笔生意,可这次的机会显然不适合我们。还是以后有机会再合作吧。"通过这种方式让他放松警惕,稍后你就可以告诉他:"很遗憾,看来我们没法达成这笔交易了。不过私下里问一句,能告诉我你们能承受的价格是多少吗?"这时,对方很可能告诉你他们能接受的最高价格是多少。

7.2.3　成交时机的评估

　　判断成交时机是否成熟很大程度上是一种掌握火候的艺术。成交提出过早,会暴露己方的迫切心态,使己方陷于被动;成交提出过迟,会错过成交的最佳时机,节外生枝。理想的成交时机应是双方的成交意愿已显露出来,出现了成交的"信号"。可靠的成交信号通常有以下几种:

(1) 价格或其他重要异议已被克服。

(2) 最后让步时机的来临。

(3) 双方原则上已达成一致。

(4) 预定的谈判最后时间的到来。

7.2.4　最后让步的评估

1) 最后让步的时机

最后让步往往起着一锤定音的作用。如果最后让步过早,对方会认为这是前一阶段讨价还价的结果,而不认为这是己方为成交而做出的最终的让步。这样,对方就有可能得寸进尺,继续步步紧逼。如果让步时间过晚,则容易错失成交的最佳时机。一般来说,谈判最后阶段"平分差距"的时候,往往意味着最后让步时机的来临;在此之前,都不是可靠的最后让步时机。

为使最后让步达到最佳的效果,比较好的办法是将最后的让步分成两部分:主要部分用于最后谈判,而次要部分(小甜头)则有所保留,用于应付意外情况或促成成交。

2) 最后让步的幅度

最后让步的幅度要适宜,要能够使对方确信这是真正的最后让步。如果最后让步的幅度过大,对方反而不相信这是最后的让步;如果幅度太小,对方会认为没有诚意,没有让到位。

通常情况下,到谈判的最后关头,双方的高级主管或谈判决策者往往会出面参与谈判。因此,在确定最后让步幅度时,所要考虑的一个重要因素就是要照顾到双方主管的需求。为此,最后让步的幅度要考虑到以下两个原则性的要求:①幅度比较大,能够给足双方主管的面子。②幅度不能过大,如果过大,就会否认前期谈判人员的功劳,换句话说也要顾全谈判人员的面子。

在做了最后让步后,必须要保持坚定。因为,精明的谈判者还会想方设法来验证对方的立场,判断对方的让步是否是真正的最后让步。

7.3　成交的促成

7.3.1　克服销售成交异议

1) 转移情绪法

当你的成交建议被客户拒绝时,不要着急,不要直接强迫对方改变主意。不妨先给对方讲个故事带其精神上转一圈,转移其注意力,让他们的思绪暂时脱离自己先前的决定。前30 分钟不成交,不代表后 30 分钟不成交。等时机恰当时,再提出成交。如果对方仍然拒绝,那么再讲个故事带其转一圈。优秀的销售人员有时甚至会带客户转上五六圈。因此,当对方对你说"不"时,不要把这当成拒绝,不妨把它看成一个信号,告诉自己:"该带他转一圈了。"

2) 不会放弃法

客户提出反对意见时,有时候并不需要马上跟客户争辩或想办法说服对方,而是跟对方说:"但你并不会因为这点就放弃这笔交易吧?",看似简单的话语,却有强大的威力。很多客户都不会因为提了反对意见而放弃交易。比如对方说"你的单价比竞争对手高 10 元。"这时你可以说:"我想你并不会因为这点就放弃这笔生意吧?"对方很可能说:"喔,只要你们能够在服务方面兑现自己的承诺,我想不会的。"谈判高手都知道,他不可能满足对方的所有要求,一旦自己作出一次让步,对方就会接连不断地提出更多新的要求。

3) 设置条件法

当客户感觉他们所做的决定比较重大时,往往会显得比较迟疑,这时就可以通过为他们设置一些条件来化解他们的忧虑,淡化决定的重要性。如人寿保险经纪人在销售较大额的保险时,客户会显得犹豫。这时就可以说:"坦白地说,我也不知道自己能否让你这种年龄的人买保险。这要取决于你能否通过身体检查,所以为什么不先签个意向书,等你通过体检以后再作决定呢?"就这样,通过为对方的决定制造条件,你实际上是在把一个重大的决定变得似乎不那么重要。而且,另一方面,经纪人非常清楚,只要客户真的去体检,也就意味着他一定会为自己买下这份保险。

4) 错误故事法

如果客户在做决定时犹豫不决,你知道他们可能在犯一个愚蠢的错误,如果你直接向他们挑明,他们可能会成为你的仇人,所以千万不能这么做。这时,你只需要给对方讲个故事,告诉对方其他人在遇到同样的情况时犯了怎样的一个错误就可以了。例如发生了什么损失,导致了什么严重后果。因此,当你想要给对方施压,但又不想导致任何对抗,讲讲"错误的故事"就是一个好方法。

5) 最后异议法

就是把客户所有的异议集中到一点上,即最后的异议,只要解决了这一点,也就可以成交了。使用这种策略时,最好装成你已经放弃向他们推销了。"好吧",你可以说,"我承认,你不会从我这里买东西了,但为了澄清一下我的想法,你能告诉我为什么这样决定吗?我到底哪里做错了呢?""你并没有做错任何事情,"客户会告诉你,"只是你的价格比我们现在的供应商高了一些。""这么看来,你决定不买的唯一原因就是价格?"一旦不再继续努力成交,你就把问题细化到一个点上,只要你解决这个问题,就可以达成这笔交易了。

6) 积极假设法

在那些压力比较大的销售中,许多销售人员都因为担心对方不会购买而对客户施压,客户都不喜欢接触这样的销售人员。而一旦假设客户会购买,你就根本不需对客户施加任何压力。因此一定要让你们的对话向着积极的方向发展。比如说:"你喜欢这款产品的外形,对吧?"而不是说:"你喜欢这款产品的外形吗?""我会给你延长保修期,因为这笔交易的确非常划算。"而不是说:"你需要延长保修期吗?"一定要作出积极的假设,假设客户会成交,假设所有的事情都会进展顺利。

7) 退后一步法

当客户面对比较重大的决定时,往往需要仔细斟酌权衡,这时你需要给对方留出一些时间,让他们单独解决这些问题。一个非常简单的道理:无论跟一个人有多熟悉,你都不可能完全读懂对方的心思。但千万不要让客户自己提出来要花时间考虑一下,一定要你主动提出来。你的讲话应令人信任,你可以跟客户说,能够在压力之下作出决定的人是很少的,所以如果你无法作出决定,也不要感到沮丧。你可以进一步告诉对方,自己的作用就是帮助客户作出正确的决定,你是真正的专业人士,所以建议他们应该相信你的判断。

8）保留王牌法

无论销售什么,都不要一次告诉客户所有的好处,一定要留出一些空间用于"保留王牌"。一旦客户拒绝成交时,你就可以用"突然想起"亮出你的王牌,再次进行销售。比如,在客户就要离开时,你可以突然告诉对方:"喔,差点忘了,我刚刚想起来,还有一件相当重要的功能没有告诉你。来,请看我的展示。"然后重新进行销售演示,直至成交。

7.3.2 促成谈判成交的策略

（1）折中成交法　当谈判进入最后阶段时,双方可以用各让一半的办法来促成成交。但是一般情况下不要主动提出折中,应让对方先提出折中,因为先提出折中的一方往往处于被动地位,一旦对方不同意折中,你就居于下风了。

（2）选择成交法　当你要求人们在两种方案之间做出选择时,他们通常会选择其一。只有在很少情况下,他们才会告诉你两者当中没有一个合适的。"你觉得是星期一还是星期二见面更好些?"如果你在销售房产,带领客户看完 3 处房子后,你可以告诉对方:"我想你可能不喜欢第一套房子的主卧,那么我们还是从其他两套当中挑选吧,你觉得哪套比较合适?"选择成交法还可以用来有效处理客户的异议。"我们不会买这套房子,它外面的绿墙实在是太难看了。""那么如果决定购买的话,你是打算自己粉刷墙壁还是请人代劳呢?"无论对方选择哪种方式,你都赢了。使用这种方法,一定要记得将选择范围缩小到两个,如果方案有三个,就一定要想办法删掉一个。

（3）最后甜头法　最后甜头法是指谈判的最后阶段,除了已经作出的让步外,为了促使对方尽快成交,己方可以给对方一些意想不到的"甜头",这些甜头对己方来说往往并不重要,但对对方来说却很重要,这些甜头往往属于己方的"保留条件",来源于事先的预设。例如,二手房买卖中,电器、家具等可以不包括在交易条件中,为了促使对方成交,己方可以答应赠送对方某些或全部家具作为"甜头"。

（4）中立评估法　在谈判最后阶段,如果双方的差距过大而难以平分时,一种比较好的方法是依靠第三方中立的估价方案或鉴定报告。如果双方无法同意让单个评估人来做这项工作,可以一边选出一个专家,在两位专家提交评估数字后,再同意平分这两个数字之间的差距。

（5）最后通牒法　最后通牒包括最后价格、最后条件、最后期限等,如果对方同意就成交,如果不同意,己方就退出谈判。最后通牒是一种高压有风险的谈判手段,高风险高收益,如果己方谈判实力明显优于对手,该策略效果明显;如果己方的谈判实力弱于对手,或面临关系型谈判情境,则要谨慎使用。最后通牒有真实的,也有策略性的,谈判者要善于识别,留有一定的余地。

［案例］

最后通牒要赠款

某国政府曾允诺给我国某重大工程一笔赠款。然而,该国商务参赞来沪四次,专谈工程项目问题,却始终不谈赠款事宜。于是在一次与对方会面时,上海市的主管官员直截了当地问:"贵国政府说有笔赠款给上海这项工程,它到底是多少? 它是 1 美元,还是 100 万美元? 现在我只能算它是 1 美元。如果你们再不明确告诉我们,那我们今天就是最后一次谈这个项目了。当然我们以后可以作为朋友,在工作之余一起喝喝咖啡、聊聊天,但我们再也不可能涉及这个项目的任何话题了。"此举果然有效,不久,我国就收到有关赠款事宜的正式通知。

(6) 场外交易法 场外交易彼此可以无拘无束地谈判,即可谈交易的分歧,也可谈与交易无关的问题,诸如公司的规章制度、子女教育、文体新闻等,这些话不仅可以增进感情,了解对方的人品、习惯,而且可以成为消除分歧的润滑剂。正式谈判的参与者往往身份对等,以示公平和合乎面子,而非正式谈判却没有这一限制。在场外交易中,后台老板或其他不宜露面的人物可以从容商谈,并对一些不宜公开谈判的问题达成默契。在谈判桌上有些事难以启齿,可是在谈判桌外向对方提出某些要求,却显得轻松简单。

7.3.3 不同情境的成交策略

与让步策略一样,不同的谈判情境,对谈判最后阶段的成交策略有不同的影响。关系越重要,采用的手段越温和;利益越重要,采用的手段越坚定。不同情境的成交策略如表 7.2 所示。

表 7.2　不同情境的成交策略

谈判情境	可行的成交策略
交易型	最后期限,最后通牒,折中成交,中立评估
平衡型	以上全部,场外成交,后协议
关系型	折中成交,场外成交,迁就对方
默认型	迁就对方

7.3.4 结束商务谈判

1) 小赠品战术

在谈判即将结束时,谈判一方向另一方提出最后一个"小小的要求"(小赠品),因为即将进入签约,大多数谈判者都不想因为这点小事再浪费时间,所以很多情况下一般都会接受。但要注意这个要求一定要是"小数",不宜过大,不可过分,否则会激起对方的不满,因小失大。

2) 巩固双方关系

在谈判终了时,最好能给予谈判对手以正面评价,并可稳健中肯地把谈过的议题予以归纳。例如:"您在这次谈判中表现很出色,给我留下深刻的印象。""您处理问题大刀阔斧,钦佩、钦佩!"

一般情况下在谈判结束时对对方给予合作表示谢意,对对方的出色表现给予肯定是谈判者应有的礼节,对今后的谈判也是有益的,但要注意不要得意忘形。

3) 获得对方的承诺

在双方承诺一定执行约定之前,谈判还不能说结束了。约定本身还不够,除非双方关系稳定,彼此信任。应设法建立一种机制:如果对方未能执行约定,将付出代价。承诺的形式主要包括:举办承诺仪式(如签字仪式、新闻报道),第三方见证,保证金、定金,明晰违约责任等。

7.4 签约与履约

7.4.1 商务合同的内容与格式

1)商务合同的基本内容

商务合同的种类、形式极多,具体内容各异,不少国家的合同法对此均有各自的明确规定。但其基本的共性内容则是稳定的,包括下列条款:

(1)品质条款 品质条款的基本内容包括品名、规格和牌名等。在凭样品买卖时,一般应列出各样品的编号和寄送日期。在凭标准买卖时,应列明引用的标准和标准物版本年份。

(2)数量条款 合同中数量条款的最基本内容是交货的数量和计量单位。约定每个计量单位的数量或重量,约定溢短装条款。

(3)包装条款 约定运输包装的方法,运输包装的尺寸与重量、包装材料、唛头的式样。约定销售包装的方法、包装内的容量或重量、包装的衬填塞物。

(4)价格条款 约定价格条款的种类、价格的构成条件、计价的币种、计价的单位和价格变动风险的承担。

(5)装运条款 合同中的装运条款,主要包括运输方式、装运期限、装卸地点、时间、装卸率、装运通知和装运单据等内容。

(6)支付条款 主要内容是约定付款期限、付款方式、付款币种以及约定支付条款的中间银行。

(7)保险条款 进出口货物的保险主要是货物运输的保险。货运保险按运输方式不同,可分为海洋、陆上、航空和邮电运输保险等,其中最主要的是海洋运输货物保险。

(8)检验条款 凡是进出口货物,都需要进行检验。对外贸易的商品检验,是指对进出口货物的品质、重量、数量、包装等项实施检验和公证鉴定,以确定是否与合同中的有关标准规定一致。检验条款的内容主要有检验权、检验机构、检验的项目、检验的时间和地点、标准的方法和标准、检验费用的负担和检验的法律效力。

(9)索赔条款 索赔是指国际货物买卖中遭受损失的当事人,向违约方或对损失负有赔偿责任的当事人提出赔偿损失的要求。

(10)仲裁条款 在履行进出口合同中,买卖双方若发生争议,按国际惯例,买卖双方如愿通过仲裁解决争议,则可在合同中订立仲裁条款。

2)商务合同的基本格式

商务合同由首部、正文、尾部及附件4部分组成。

(1)合同的首部 合同的首部称约首,注明序言,名称,编号,缔约日期,缔约地点,签约双方的名称、地址等。在前文中必须注意:要把缔约方的全名和详细地址写明,因为有些国家的法律规定,全名称和详细地址是合同正式成立的条件。合同签订地与适用的法规有关,若是涉外合同,则与适用的法律有关。

(2)合同的正文 规定交易的各项条款,写明买卖双方的权利和义务,是合同的主要部分。它包括合同标的与范围、数量与质量及其规范、价格与支付条款及相应条件、违约责任、合同效力等。此部分是合同关键所在,书写应明确、具体。

(3) **尾部** 为合同的结束部分,内容包括合同的份数、合同的有效期、通信地址、合同的签署与批准等等。

(4) **附件** 是对合同有关的条款做进一步的解释与规范,对有关技术问题做详细阐释与规定,对有关标的的操作性细则做说明与安排的部分。

书写合同的具体格式在世界各国并无统一的规定,因此具体写作中可有一定的灵活性。但有的国家政府为了便于审查批准,对某些涉外合同的格式有具体专门的规定(如中华人民共和国经贸部(现改为"商务部")推荐的"专有技术与设备引进合同"的格式等),书写时必须参照。

3) 商务合同的书写要求

(1) **固化谈判内容** 书写合同并非任意撰写,必须严格根据双方谈妥、谈成的内容书写,也就是谈过什么写什么。因此书写要依据谈判的原始文件进行,原始文件不全或有遗漏之处,必须经谈判双方人员共同认可才能形成合同文字。书写合同必须是对谈判内容严格、准确的文字表达,此即所谓固化谈判内容,所以应该避虚就实。

(2) **明晰深化思想** 口头语言与文字语言在表达形式和表达程度上不可避免地存在一定的差异。书写合同时必须将口头讨论过的内容明晰化、规范化,使之可以切实操作、执行,堵塞可能出现的漏洞或纠纷,使合同无懈可击,以巩固谈判的成果,并保证合同本身不至于成为违约的依据。

(3) **完善具体细节** 口头谈判结束后,不少细节问题需要借合同书写过程逐一解决,使谈判结果具体完善。当然这些细节问题绝不是谈判内容中所没有的,而是蕴涵原谈判内容中的,是谈判内容的具体延伸。

(4) **具备法律效力** 合同是体现谈判成果的法律性文件,因此,它才具有权威性,才能保障合同当事人的权益。所以,合同的书写是一种将谈判内容整理、汇总为一个具有法律权威性的文件。

(5) **语言文字** 要严格、准确、清晰,不能含混、模糊不清。陈述必须相容、无矛盾,不能前后相互否定,包括逻辑上内涵的矛盾与否定。

(6) **双方共同参加** 书写合同是双方谈判成果落实于文字,应该双方共同参加,切忌一方独揽。一方独揽的合同常陷入有效问题的争论。谈判双方应共同推举合同撰写者,双方人数对等,以确保公平互利原则贯彻始终。

【技能训练】

你从事搬家运输业务,可就在业务繁忙时,你的一台车坏了。你的朋友刚好有一辆类似的空车愿意租给你,可以租到你那辆车一直修好的时候,他要你写一张字据,上面这么写:"一台车,一天200元"。这时你会怎么做? A. 照他的要求写字据;B. 坚持签一份正式的合同;C. 告诉他,朋友之间何需字据? D. 要求写得更详细一些。

选择A,这是一份含混不清的合约,面临未知的风险,如果车出了故障或出了事故怎么办? 到时谁承担责任? 选择B,朋友之间好像太正式了,当然如果你时间充足且懂合同,你可以坚持这么办;选择C,这是后患无穷的做法,没事还好,如果有事连朋友都没得做;选择D,应该是最佳的做法,一定要想清楚可能会出什么意外情况,多问几个"万一",明确各自的责任。

7.4.2 合同的审核与签字

1）签字前的审核

（1）在两种文字情况下，要核对合同文本的一致性；在一种文字情况下，要核对谈判商定条件、会议纪要与文本的一致性。

（2）核对各种批件，主要是项目批件（许可证、用汇证明等）是否完备，合同内容与批件内容是否相符。对核对中发现的问题要及时相互通告，通过再谈判，达到谅解一致。

2）签字人的确认

商务合同的签字，是出于对合同履行的保证，一般情况下由企业法人代表或企业法人的授权代表（出具授权书）签字。签字人的选择可以分级：

（1）成交额在一定数额以下或日常性业务的合同由业务员签。

（2）成交额在一定数额之间、比较重要的合同由部门经理签。

（3）成交额在一定数额以上、重要事项的合同由公司领导签。

3）签字仪式的安排

签字仪式的举行，没有固定的模式，仪式的繁简取决于双方的意愿、事项的重要性和合同的分量。一般合同的签订，签字仪式可能比较简单，但重大的合同往往需要由重要负责人出席，仪式也比较隆重，签字仪式要专门安排，甚至约请电视和新闻记者采访报道。

7.4.3 合同的执行

1）合同有效的条件

（1）合法　即合同标的和合同的内容符合、遵从国家法律法规和政府政策的规范与要求。若是涉外合同，其标的与内容必须符合、遵从双方当事人所属国家及政府的法律法规政策的规范与要求。这是合同有效的法律依据，亦是其有效性的法律保证。

（2）双方签署　合同必须经双方当事人及其代表人签署。合同签字者必须具有完全的缔约权力与能力，即合同签字者必须或为企业及组织的法人代表，或为享有拥有企业及组织的充分授权的代表人，或为自然人（若谈判一方为个人的话）。

（3）不损害公众　合同不得侵害社会公众利益，不得违反社会公德，否则合同无效。

（4）当事人自愿订立　合同必须出自当事人的自觉意愿而订立。合同必须在当事人对各种条件、因素知晓、把握的情况下订立。

2）保证与服务

（1）保证　是指销售方对购买方所允诺的在成交后担负的某种义务，如在保修期内提供免费维修等。保证可以减少买方所冒的风险，树立卖方的信誉和良好形象，提高竞争力，有利于日后的竞争和商务谈判。同时，保证又可以使卖方对其产品所负的责任限制在一定的范围内，超出保证包括的部分，卖方即可表示不负责任，从而保护了自己。诸如保证有一定的有效期，过期不负任何责任的时间限制；在保证书中说明，必须在规定的条件下发生问题时，销售方才负责任；因使用者过失发生损坏将不适用的程度限制；免费范围限制等。

（2）服务　谈判后的服务工作主要有下述内容：

① 技术服务：包括咨询服务、技术培训、提供产品说明书、代客户技术设计、产品维修、实行"三包"。

② 追踪管理：为了了解新老客户和潜在客户的需求情况和对产品的各种意见与要求，

企业应加强对产品、对用户的追踪管理。追踪管理的方式可采取调查、信访、邮寄问卷、电话询问、登门拜访等方式进行。

③ 财务服务：是指企业在财务结算上对购买本企业产品所提供的方便。这是一种商业信用，可为购买者解决缺乏购货资金的困难，又可加快产品的销售速度。其主要形式有延期付款和分期付款两种。

3）鉴证与公证

（1）合同的鉴证　在合同正式签订前，要认真审查复核所要签订的合同的合法性、成交条件的内容、主要条款是否清楚可行、权利与义务是否平等等等。实行鉴证制度是为了增强合同的有效性，也有利于加强对商务合同的管理、监督和指导。按我国的法律规定，重要的合同必须鉴证，当事人一方要求鉴证的也应进行鉴证。商务合同的鉴证一般由国家设立的公证机关负责或由合同管理机关负责进行。

（2）合同的公证　合同的公证是指国家公证机关根据当事人的申请，依据法定程序证明当事人签订合同的真实、合法的司法证明活动。它是国家对合同的签订和履行实施监督管理，以此维护当事人的合法权益。合同的公证在于对合同的真实性、合法性加以认可，赋予其法律上的证明力，以此预防纠纷的发生。

4）合同的履行

合同的履行是指合同订立后，即具有法律约束力，当事人必须按照合同的条件、时间、地点、方法努力完成自己承担的义务并取得应有的权利。任何一方不得擅自变更或者解除合同。如果一方当事人不履行合同或者不按约定条件履行合同就构成违约，就要承担相应的法律后果。

合同履约有 3 种条件：

（1）先决条件　是指要求在某一事件或行为必须发生在履行以此为条件的允诺之前，如甲方 8 月份交货必须以乙方 7 月 1 日前将信用证开到甲方为先决条件。

（2）后随条件　如合同中的品质索赔期限，可以规定为货到目的地后，收货方须在 60 天内向交货方提出，收货方不在规定的期限内提出索赔，便失去了获得索赔的权力。

（3）同时条件　是指合同中要求缔约的当事人双方都要同时行动的条款。如销售合同中的一手交钱，一手交货。

7.4.4　合同的变动

1）合同变动的原因

（1）需经审批的合同，审批手续不全或不能齐备，它分为 3 种情况：

① 审批手续迟迟不能完成，即上级主管部门或上级领导对合同迟迟不予首肯批准，致使合同草签后产生无限期拖延的可能性或造成合同实际上的无限期拖延。

② 部分审批手续迟滞，如设备许可证具备了（进口或出口），但培训许可证却没有。

③ 审批手续不可能完成。这种情况大多起因于事先需报请批准或申报备忘的谈判未按章办理，而事后以既定事实迫使上级认可，而上级予以否决。

（2）经济（背景）条件变化　所谓经济（背景）条件，是指谈判双方达成协议时，亦即双方达成相互承诺时所依据的经济条件。它可以是当时的条件，也可以是以当时的条件为基础做出一定（近期）预期的条件。这些条件是成交的前提和基础，若其发生变化，并且变化的幅度超出可承受的预期幅度，则意味着原来成交前提已经不复存在。在这种情况下，导致合同变动。对于时限较长的合同而言,遇到这种情况的概率并不低。如涉外合同中的成套项目合同。

(3) 技术(背景)条件变化 所谓技术(背景)条件,是指谈判双方达成协议时所依据的承诺的技术条件。它可以是当时的条件或是做出一定(近期)预期的条件。这些条件构成成交的前提与基础之一,若其发生变化,并且变化的波动幅度超出可承受的预期幅度,则意味着原来成交条件已剧变或不复存在,由此导致合同变动。

(4) 违约 是指合同一方违反合同条款,或是部分违反,或是全部违反,不论违反程度与范围如何,只要履约行为与合同条款所作规定不符,均属违约范畴。违约可以是蓄意、故意的,也可以是失误、无意的。但不论主观因素如何,凡属违约,均必须承担法律与信用后果,均会导致合同变动。

(5) 验收失败 有的成套设备交易合同、大宗贸易合同等,在其逐步交付的过程中,即使交付不符也看不出来,此阶段不易检验,甚至即使全部交付也看不出来,尽管其确为交付不符,非得待其使用,见其达不到合同标的规定,才能知其不符。至交易完成阶段也即履约完成阶段检验出其与合同标的不符者,统称为验收失败,它也必然引起合同的变动。

(6) 不可抗力 不可抗力因其影响合同生效与执行,必导致合同的变动。

2) 合同的变更与解除

合同的变更与解除的条件主要包括:发生不可抗力事件,致使合同的全部义务及其责任不能履行;由于合同当事人一方违约,使履行合同成为不必要或不可能,受害的一方可依据法律程序变更或解除合同;合同当事人的一方在合同规定的期限内没有履行合同并已被确认和罚款,同时又被对方允许推迟履行的期限。但在此期限内,合同仍未得到履行,合同当事者的另一方可以要求变更或宣布解除合同。

依据法定条件及程序变更与解除合同,属合法行为。但其常因违约而起,所以必追究负有责任一方及违约方的经济责任,且要求并迫使其承担赔偿经济损失。

3) 合同的转让

合同的转让是指合同当事者的一方将合同中对其所规定的权利、义务、责任全部或部分转让给第三者。转让的一方称让与人(者),接受转让的一方称受让人(者)。

4) 合同的终止

合同的终止指基于一定的法律事实,合同所规定的当事者双方的权利、义务及责任在客观上已不复存在。

合同的终止包括3种情况:① 合同因履行结束而终止。② 合同因双方协议而终止。③ 合同的强制性终止。

7.5 谈判后的管理

7.5.1 谈判总结

谈判结束后,不管是成功还是破裂,都要对过去的谈判工作进行全面、系统的总结。总结从准备工作开始,直至结束,对整个谈判进程都要回顾、检查、分析和评定,吸取每次谈判的经验和教训,不断提高谈判水平。

1）谈判成败得失的总结

要从总体上对己方本次谈判的组织准备工作、谈判的方针、策略和战术进行再度评价，即事后检验，检查哪些是成功的，哪些是失败的，哪些有待于今后改进。同时，每个谈判者还应从个人的角度，对自己在该次谈判中的工作进行反思，总结经验和教训。通过这样的总结，有效地培养和提高己方谈判人员的谈判能力。

2）对签订合同的再审查

虽然合同已经签字生效，在一般情况下没有更改的可能，但是如果能尽早地发现其中的不足和隐患，就可以主动的设想对策，采取补救措施，早做防范工作，这样可以避免事情突然发生而不知所措。

7.5.2　关系维护

合同签字并不意味着交易双方关系的了结，相反，它表明双方的关系进入了一个新的阶段。从近期来讲，合同把双方紧紧地联系在一起；从远期来讲，该次交易为今后双方继续合作奠定了基础。因此，为了确保合同得到认真彻底的履行，以及考虑到今后双方的业务关系，应该安排专人负责同对方进行经常性的联系，谈判者个人也应和对方谈判人员保持经常的私人交往，使双方的关系保持良好的状态。

7.5.3　资料管理

1）谈判资料的整理

谈判后资料的整理包括该回收的谈判文件及时回收；根据谈判的原始档案或已签订的协议撰写和分发谈判纪要；谈判材料和原始档案及协议、合同的立卷归档；如需要，准备好宣传报道工作等。

2）谈判资料的保存与保密

对该次谈判的资料，包括总结材料，应制作成客户档案妥善保存。这样，以后再与对方进行交易时，上述材料就可成为非常有用的参考资料。

在妥善保存谈判资料的同时，还应注意给予一定程度的保密。如果有关该次谈判的资料，特别是其中关于己方的谈判方针、策略和技巧方面的资料为对方所了解，那么不仅使对方在今后的交易中更了解己方，更容易把握己方的行动，而且有可能直接损害目前合同的履行和双方的关系。例如，在谈判中，某个问题上本来对方可以不让步的，或者可以争取己方的让步的，结果因己方采取了某些策略和技巧而使对方做了让步，或没有争取到己方的让步。这一信息如果被对方了解的话，其心中必然懊悔不已，并产生想重新把损失捞回去的念头。这样，其履行合同的热情和诚意就会大大减少，甚至荡然无存，报复的心理转而占了上风。所以，对于客户的档案，非有关人员，未经许可，一律不得调阅，这应成为企业的一项制度。

练习题

一、实训题

中海公司与捷迅计算机公司经过一周的谈判，已基本达成共识。但在大型计算机的维修费用和技术支持方面，双方僵持不下。中海希望捷迅为其培养一批大型计算机的技术人员，捷迅原则上同意，但在培训费上双方有一定分歧。中海提出55%的培训费由捷迅承担，但捷迅只愿承担48%的费用。双方就这个问题已经谈了一个上午,没有一点进展,甚至中海提出取消与捷迅的合作计划。

假设你是捷迅公司的谈判代表,你该如何处理?

___

二、选择题

1. 假设你是出席年度工资谈判第一轮会谈的工会代表,目前通胀率约为5％,其他工会平均争取到的工资增长率为7％,最高者约为10％,那么在第一次会议上你将要:

① 提出增加12％的要求 ② 要求对方先提出意见 ③ 建议你们可以通过提高生产率从而得到15％ ④ 你们可以接受7％的增长率,但对方要保证不解雇人

2. 对方回答说,他们目前尚没有考虑任何增加工资的提议,因为公司营业状况不佳,他们必须提高生产率。对方拿出这方面的证据给你看,而这些证据看起来又确有其事。你也已经知道,你们可以在许多方面协助厂方提高效率和节约费用。你应该:

① 表示只有对方先同意一项满意的工资解决办法,你们才讨论提高生产率的问题 ② 提出增加12％的要求,任何有关生产率的问题都只在这一基础上作为另外的交易讨论 ③ 表示只有在对方把他们的条件摆出来之后才可以开始讨论问题 ④ 逐项提出改善生产率的设想,前提是你的伙伴们都应得到相应的好处

3. 供货商控告某个公司对某项双方有争议的账目拒付货款,假设你是该公司的律师,并正在为此案进行辩护。当你知道即将举行法庭听证时,你应该:

① 建议与对方律师私下会面,讨论如何不去法庭,把这件事私下了结 ② 要求得到一本关于对方费用的分类细账 ③ 告诉对方,你将为此案辩护到底,因为你的客户对对方的行为感到非常愤怒 ④ 建议你的客户现在答应对方一些优惠条件,以节省卷入辩论所花费的费用

4. 假设你是一位名望正在下降的国际高尔夫明星的代理人,他一度获得很大成功,但是卷入了过多的广告宣传,在世界各地捞钱。现在他收的费用只有当今世界职业高手的一半了。他还没得到西班牙公开赛举办单位的邀请。你打电话给举办单位时,他们询问你这位运动员收费多少。你应该:

① 告诉他们,他之所以收费低是因为他想游览西班牙 ② 提醒他们注意他过去的成绩,然后告之其费用 ③ 向他们解释说,你完全理解他们承担的大笔费用,但他的一点点费用不会给他们增加多少负担 ④ 如果有可能,不要告诉对方费用 ⑤ 询问对方所希望的费用是多少

5. 假设你是一艘拖轮的船长,正在10级风暴中作业。一希腊货船因为引擎故障正陷入危险的境地。如果你能将货船船长救回,作为海难救助,你和你的船员们将可以分到一笔酬金,但是你首先应征得这位希腊船长的同意,他可能留在船上试图自己把船救回。现在你用无线电向他喊话,你应该:

① 告诉他,靠获得保险金他可以弄一条新船(也许他弄不到,也许他保的险很低) ② 告诉他,根据你个人的观察,他的船若没有你的帮助就会完蛋的,因为你非常熟悉这一带的海域 ③ 向他解释说,你刚刚收到你的老板发来的指示,要你赶快改变航向以免船只受损,他必须马上靠拢,否则永远没有机会了 ④ 向他解释说,他的船最多再过3年就要送拆船厂,现在作为海难而将其放弃,虽然会使他损失约10万美元的赢利,但除去税收后只合每天50美元。他是为公司每天多50美元的利润去冒生命危险呢,还是现在一次就把保险金弄过来

6. 在提出你的价格以后你还应该说什么?

① 什么也不说,保持沉默 ② 增加一点点小甜头 ③ 询问对方意见如何 ④ 询问对方对这一生意的看法 ⑤ 告诉对方你对这一生意的其他条件

三、案例分析

2008年3月,李先生决定卖掉5处房产中的一套,这套房是1999年以4 000元/米²的价格购得的,现

在市值在 10 000 元/米² 左右。一周后，一位私营企业主王先生找到李先生，表示有兴趣购买他的房子。见面之后，李先生对王先生说："目前深圳的房价都在下跌，其实我根本不想卖。这套房子是我的第一栋产业。自从买了这套房子以后，事业就发展得很顺利，我的儿子也是在这套房子里出生的。我是想等到深圳房价整体回升时再卖。不过，既然你来了，请告诉我你最多能出多少价钱呢？"王先生思考了一下，开价 150 万元（其实李先生的目标价位是 160 万元）。李先生装作大吃一惊，说："你也开得太低了吧！"王先生又出价 155 万元，并问对方的想法，李先生脱口报出了 190 万元。经过一番商讨，王先生报出了他的最高上限——170 万元。这时，李先生故意面露难色，表明基本同意这个价格，但需要回去向太太请示后，才能给予答复。

3 天后，约了王先生见面，李先生表示，太太一开始不同意以 170 万元成交，最终是在他的说服下，才将价格调整到 172 万元，而且还会赠送房间内的空调、电视机等所有电器和家具。王先生听完李先生的讲话后欣然答应，并在当天就签订了合同。

3 天李先生就多赚了 12 万元，真是太不可思议了！

1. 李先生运用了哪些报价策略和技巧？

_____

_____

2. 李先生是如何促使对方作出让步的？

_____

_____

3. 李先生运用了哪些促成成交的策略？

_____

_____

第8章 商务谈判控制

【本章要点】

☐ 如何与不同的对手谈判？

☐ 谈判中如何向对方实施压力？

☐ 谈判僵局出现后该如何解决？

☐ 如何识破防范谈判中的诈术？

【技能测试】

有一个项目你已经和供应商谈得差不多了，但就是最后的价格谈不拢。对方的销售一直跟你说，他们自己是非常愿意给你们再降 5% 的，但是美国公司总部不同意，他们也没办法。你会：A. 没有办法，只好接受目前的谈判结果；B. 不接受目前的谈判结果，让他们继续去跟总部申请折扣；C. 让他们提供美国总部负责人的联系方式，你要跟他们亲自谈判。

选择 A：你也许中了对方策略性僵局的套。对方使用权力有限策略给你设了一个僵局，试图让你主动让步来破解僵局。选择 B：也许可行，你可以使用攻击法，告诉供应商，如果他们不能把价格降到你要求的程度，你是不会下单的，而且你还会去找别的供应商合作；当然，如果你没有替代商，又有时间压力，那就比较麻烦了，对方可能会拖到你一直同意为止。选择 C：你采用了多案法，不钻对方的圈套。你用这个办法试探对方，是真的权力有限，还是美国总部真的不同意？如果是前者，他们肯定会找很多借口，说总部的人不好联系等等；如果是后者，十有八九他们会配合你的要求。不管是哪种，你都可以找到你想要的信息，确定下一步的谈判策略。

8.1 商务谈判驱动力

8.1.1 谈判驱动的过程

需要是谈判的基础和动力。作为谈判者行为动力的需要，是一种有意识的需要，只有那些引起谈判个体强烈的情绪和情感，进而唤起他的持久注意和他对满足这种需要的意识的需要，才能真正成为驱动谈判行为的动力，此时，需要则成为谈判的动机。谈判驱动的过程如图 8.1 所示。

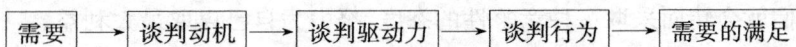

需要 → 谈判动机 → 谈判驱动力 → 谈判行为 → 需要的满足

图 8.1 谈判驱动的过程

在这个谈判驱动过程中，谈判动机是被意识到的谈判者的需要，需要被意识则成为一种激发谈判行为的驱动力,推动着个体的活动以满足其需要。当需要得到满足时,这一动机过程也随即告终。之后,新的需要又可能产生,从而诱发新的谈判动机。谈判动机始终是一种动态的过程。

[案例]

不懂国王的心就会被杀头

从前有一个国王,他虽然长得身强体壮,可惜一只眼睛是瞎的,一条腿是瘸的。一天,国王找来三位著名的画师给他画像。第一个画师把国王画得双目炯炯有神,两腿粗壮有力,膀大腰圆,甚是高大威猛。国王看过画后,气愤地说:"这是个善于奉承的家伙。"随后,他叫卫兵把这位画家推出去斩了。国王又叫来第二位画师,第二位画师按照国王本身的样子画得栩栩如生,国王看后,又是一脸气愤,说:"把我画得太难看了!"接着他又叫卫兵把这位画师的头砍了。这下,轮到第三位画师了。他把国王画成用一只腿半跪打猎的样子:双手把枪依托在瘸腿上,一只眼紧闭着瞄准前方。在画中,国王的生理缺陷完全被这幅构思巧妙的画掩盖住了,而且还看不出半点蛛丝马迹。国王看了十分高兴,奖给他一袋金子,称他为"国内第一画师"。

8.1.2 商务谈判驱动力

客户在与你谈判的过程中可能有哪些真实的动机呢? 发现并了解这些动机是取得双赢谈判结果的关键所在。

1) 竞争驱动

竞争驱动就是客户把你看成竞争对手,谈判目的是为了打败你、战胜你,尤其是客户认为你是一个经验丰富的谈判高手或残酷无情的谈判专家时。

与竞争驱动下的对手谈判,最好的方法是了解对手,同时又尽可能多地不让对手知道你的情况。知识就是力量,你了解对手越多,而让对手了解你越少,你就越容易赢得谈判的胜利。通过更好地了解对手,双方都可以有意识地在那些对自己并不重要,但对对方却很重要的条件上作出让步,从而最终达到双赢的谈判结果。

2) 解决驱动

解决驱动是最理想的谈判形势。这时双方都非常希望能够找到一个问题的解决方案,并愿意通过共同讨论来解决,双方都不会对对方产生威胁,而是抱着良好的意愿,寻求一个双赢的解决方案。如房屋交易中,客户可能很喜欢某套房子,你发现他唯一担心的问题就是资金问题,这时你提出可以帮助对方寻求信贷,双方就会很快达成交易。

与解决驱动的人谈判,最大的好处是他们不会受到公司政策或传统的限制,任何条件都是可以商量的,只要不违法或不违反他们的原则,他们愿意考虑你的任何建议,不会把你看成是竞争对手。但也要保持警惕,例如对手可能假装只想找到解决方案,而一旦你亮出了自己的底牌,他们就会转而采取一种竞争性的态度,努力为自己谋取最大利益。

3) 个人驱动

个人驱动的谈判者,在谈判时的主要目的就是谋求个人利益。例如一些律师,有时候不会尽快解决一起官司,因为那样并不符合他们的个人利益,遇到这种情况,你最好的办法是先满足其个人利益。还有那些急于表现的年轻谈判者,他们不愿两手空空地回到公司,这时你的最佳策略就是确定对方的最后期限,这样他们会在谈判的最后时接受你的条件。还有那些想在同事中树立威信的谈判者,一个有效的谈判策略就是,在谈判一开始就提出特别过分的要求,然后作出一定让步满足他。如果你一开始就提出接近于底线的要求的话,他就很难向自己的同事交代。

4) 组织驱动

这类谈判者,他们谈判的目的除了寻求一个合理的解决方案外,同时又必须向自己的组织交差。例如政府组织、行业组织以及一些国企的谈判者,他们一方面希望一个尽可能好的解决方案,但又必须向自己的上级组织交差。他们经常不愿意在对手面前摆明自己的问题,因为那样会让人感觉他们是在和你共谋。一旦你弄清了他们所面临的问题,你就可以调整自己的方案,让对方所在的组织更容易接受;同时不妨为你的谈判对手创造一些条件,帮助他来说服自己的组织。例如工会代表觉得劳资双方的工资方案非常合理,但工人们就是不接受,此时就可以通过发布一些舆论来影响他们,比如说工厂可能要搬家等。

5) 态度驱动

这类谈判者,他们愿意与你谈判的主要原因是喜欢并信任你,他们喜欢直接面对对手,希望能亲自感受一下对方是怎样的人,能够和对方建立良好的关系,并常常受此影响。他们认为,只要双方彼此融洽,就可以成功地解决分歧。显然,如果你和客户都互有好感,那是一件对双方都有利的事,因为你们会很容易作出让步达成协议。但这是一对平行线,当你设法让客户喜欢你的同时,客户也在想办法让你喜欢他们。谈判高手知道,有些事情要比让对方喜欢你更重要,那就是维护己方的合理利益。

8.2 与不同对手谈判

8.2.1 关系/利益型对手

与谈判情境一样,根据对谈判中对利益和关系的重视和追求程度,可以将谈判活动中谈判者的类型分为关系型、权力型、原则型和消极型4种类型,如图8.2所示。

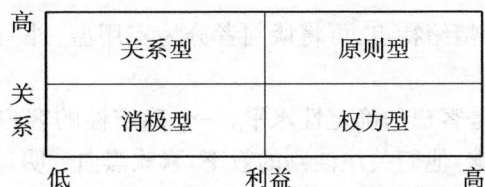

	关系型	原则型
高 关系 低	消极型	权力型
	低　　　利益　　　高	

图8.2　关系/利益型对手

1) 关系型谈判对手

关系型谈判者,在谈判中注重建立和维系与对方的个人关系,生怕得罪对方,引起对方的不满,因此在谈判中往往表现出比较温和、友好的一面,不轻易向对方施加压力;为了维系关系,往往作出较大的让步,他们谈判的首要目标是达成合作,而不是争取己方利益的最大化。这类谈判者在谈判中往往实力弱于对手,或地位、经验、年龄等低于对手。

对付关系型的谈判者,一方面要善于建立与对方的人际关系,并利用对方的关系情结,以关系、感情等因素影响对手;另一方面,要适当给对方施加压力,争取己方利益的最大化。

2) 权力型谈判对手

权力型谈判者与关系型谈判者恰好相反,谈判中他们不太在乎与对方的个人关系,而是追求己方利益的最大化,为此他们在谈判中往往以自我为中心,追求自己在谈判中的地位与权力,不断给对手施加压力,迫使对手作出让步,因此,往往表现出比较强硬、霸道的一面。这类谈判者,往往是谈判实力比较强大的一方,或者自认为优于对手,以发号施令者自居。

对付权力型谈判对手,一般不可硬碰硬,而是要善于以柔克刚,靠耐性、韧性取胜。一方面要表现出尊重之意,仔细倾听,给对方戴高帽,但不轻易附和;另一方面要不惧对方的压力,维护己方的合理利益,并适当展示己方的谈判实力,使对手不至于轻视自己;同时,要善于提出一些有价值的信息和建议,构思新的谈判方案诱导对手,使其作出对己方有利的决策。

3) 原则型谈判对手

这类谈判对手是比较理性、高明的谈判者,追求谈判的效率,讲究原则。他们一方面注重与对方建立良好的人际关系;另一方面也尽力争取己方利益的最大化。在谈判中,他们风格比较灵活,既懂得作出合理、必要的让步,同时也善于给对手施加压力,软硬兼施;他们不会因为对方的赞美或攻击而轻易放弃自己的原则;也不会因惧怕谈判的破裂而作出无原则的让步。

与原则型对手谈判,最佳的方式是坦诚相待,以原则对原则,双方充分沟通,畅所欲言,发现面临的问题,并积极探索,共同寻求对双方都有利的双赢谈判方案。

4) 消极型谈判对手

这类谈判对手在谈判中往往表现出对谈判兴趣不大的情绪,既不关心与对方的关系,对己方的利益和要求也不过多提及,甚至认为谈判可有可无,常常给对方以强烈的挫败感。消极型谈判者往往有两种情况,一种情况是谈判前双方的沟通不充分,对方的谈判意愿还没有充分激发出来,因此在谈判中表现消极;另一种情况是,谈判者有意为之,以消极对积极,以期降低对方的期望值,从而获得在谈判中的主动权。

对付消极型对手,要区别对待。如果是第一种情况,双方需加强非正式的沟通,加深了解,建立起必要的信任,激发双方的合作意愿;如果是第二种情况,则要心里有数,注意防范被对方利用,要有耐心,要经得起磨,并设法建立高调的谈判气氛,化解对方的心理防线。

8.2.2 理性/情绪型对手

根据谈判者的理性和情绪特点,可将谈判者分为实用型、外向型、亲切型、分析型4类,如图8.3所示。

客户的理性水平,就是客户的确定性水平,一个确定性的客户会迅速作出决定,希望尽快达成交易,属于左脑思维,他们关注谈判的效率,喜欢黑白分明,只关心事情最终的结果;而情绪型的客户,属于右脑思维,他们会先花些时间来了解你,喜欢慢慢作决定,极富创意,又关心他人。你可以通过客户的言谈方式及他们回应别人的热情程度来判断他的情绪水平。

高		
理性	实用型	外向型
	分析型	亲切型
低	情绪	高

图8.3 理性/情绪型对手

1）实用型对手

实用型也称确定/非情绪型，他们是非常理性、讲究实际的人，没有废话，有极强的求胜欲，他唯一的目标就是获胜，击败自己的对手，所以在谈判中表现非常强硬，经常咄咄逼人，他不在乎与你的感情，喜欢吓唬人，似乎随时会表现敌意。为了找到获胜的感觉，他必须看到对方的失败。他们之所以会投资，是因为他相信这样做会给他带来想要的回报。

对付实用型这样做对手，不要跟他谈什么感情或"双赢"，一定要向其大倒苦水，告诉他你受到了多大的损失，满足其心理需求；同时，要设法改变对方的立场，使其看到双方合作的根本利益所在，创造出各方都能获利的解决方案。

2）外向型对手

外向型也称为确定/情绪型，他们通常非常友好和开放，比较直率、容易激动，他的目标是影响对手，喜欢改变别人，他会先激发对方的情绪，然后逐渐说服对方；他们喜欢你的热情，会经常为眼前的事激动不已，以至于忘了自己的真正目标；同时，他们也会毫不顾忌地拒绝你的条件，虽然非常容易接近，但也极具确定性。

与外向型的对手打交道，一定要向他描绘交易后的美好前景，先让他激动起来，聊聊他感兴趣的话题，他们往往会根据自己对该项目的兴奋程度而迅速作出决定。对这类客户往往需要坦诚相见，否则他不会对你产生热情；他会迅速作出决定，但前提是你要给他足够的证据。

3）亲切型对手

亲切型也称为非确定/情绪型，他们看重交往时的人际关系，希望建立良好的感情，注重与你谈判时的感受，也常常为你的热情所感染；他们不希望得罪人，也不善于拒绝人，因此经常会变成和事佬，他的目标与其说是赢得谈判，不如说是让所有人开心。他的目标是达成共识，他相信只要大家在某个问题上达成共识，所有问题都会迎刃而解。

与亲切型的对手谈判，一定要放慢节奏，要耐心等待，直到得到对方的信任。要让对方感觉，你非常注重人情，同时要礼貌谨慎，因为他们会非常在乎那些小的细节。不要给他们太大压力，他们不喜欢被迫做出决定；一定要有耐心，直到对方感觉与你合作很舒服时，再开始进入正题。他们需要你的热情、主动，非常在乎与你的交往感受；同时也愿意做出让步，因为他们相信，只要自己肯让步，对方也会作出同样的让步。

4）分析型对手

分析型也称为非确定/非情绪型，他们往往拥有工科或会计背景，好奇心非常强，喜欢收集信息；他们的时间观念非常强，对数字有非常精确的要求；他们不会受你的热情影响，不会根据情感来作出决定，在收集到足够多的信息之前，他们不会作出任何决定；在谈判中表现出明显的执行官风格，不喜欢含糊其词，喜欢规则和严谨，不在乎双方的人际关系，会严格根据事实来谈判。

在与分析型对手谈判时，一定要有数字概念并保证精确，分析要深入，证据要确凿，一定要用数据和事实去说服他们；不要跟他们谈什么人际关系，只要你的分析严谨，中规中矩，符合行业规则和实际，他们就会比较容易被说服。

8.3　运用谈判压力

8.3.1　谈判压力的影响

商务谈判过程中，当谈判双方就所谈问题存在意见分歧时，一方采取一定的方式或行动逼迫另一方,使其按照己方意愿行事,否则就要采取行动造成一个不利于对方的结果,这就是谈判压力。这种压力迫使对方重新调整自己的条件,做出一定的让步。

压力存在于商务谈判过程的始终,对每一个谈判者都有两种相反的作用:它既是促使谈判者调整、平衡双方利益的因素,从而起着促进谈判走向成功的积极作用,也是导致谈判双方产生分歧和对抗的因素,从而使谈判陷入僵局甚至走向破裂。

8.3.2　谈判压力的类型

1）目标压力

谈判者都是带着谈判目标谈判的,谈判目标能否实现给谈判者自身带来巨大的压力。因此,为了实现谈判目标,谈判者一方面要给对方施加压力;另一方面,谈判者本身也承受着对方实现谈判目标的压力。优秀的谈判者懂得如何向对手施加目标压力,同时在向对手施加目标压力时保持适当的分寸,不至于使对手因畏惧困难而放弃谈判。

2）时间压力

谈判活动往往具有一定的时效,在谈判临近最后期限时,谈判者常常面临时间的压力,会变得更加灵活,也更容易作出让步。经验证明,谈判双方所作出的80%让步,都是在最后20%的时间里完成的。谈判开始时,双方一般很少会做出让步;当双方在最后的20%的时间里提出要求时,对方往往更容易作出让步。因此,在谈判时千万不要告诉对方你的最后底线;即使最后期限来临,也应该让它变得灵活一些;另一方面,在谈判中拖住对方的时间越长,他们越有可能接受你的观点。此外,在一次谈判中投入的时间越长,你就越容易做出让步。

3）信息压力

在谈判过程中,拥有信息多的一方往往是主动的一方。因为信息就是力量,对对方了解得越多,获胜的机会往往也就越大。对对手了解得越多,你就可以更好地实施压力;相反,对对手了解得越少,你就面临更大的谈判压力。虽然信息在谈判中非常重要,但却很少有人愿意在谈判开始前分析自己的对手。为了缓解谈判中的信息压力,必须更好地了解对手,比如让对方进入你的势力范围,脱离他们的工作环境来进行沟通,或通过对方的同行、客户或下属了解信息,都会让你更好地了解对方的真实情况。

4）疲劳压力

任何谈判者在长时间的谈判中都会有疲劳感,特别是紧张的冲突性的谈判,更会导致人的心理和身体出现疲劳。人在疲劳的情况下,注意力减弱,大脑对信息的整合、加工、决策的水平下降。为了缓解疲劳,谈判者往往愿意早点结束谈判。为了使对手出现心理疲劳而作出让步,谈判者可以"磨"和"拖"住对方,使其因过度疲劳而放弃自己的立场,从而同意己方的要求;另一方面,谈判者也要防范对手向己方实施疲劳压力,保持清醒的头脑和旺盛的士气。

8.3.3　实施压力的方法

1）强硬要求

谈判者常常在谈判一开始时就要求很强硬,提议很极端,目的是给对方施压,降低其期望值。以报价为例,作为买方,最初开价十分苛啬,通常是关起门来秘密报价,以免别的买主出价,目的在于使卖主相信,除他之外无其他买主可选,使自己处于绝对优势地位;作为卖主,恰好相反,起先总是"漫天要价",然后敞开大门,鼓动众多买主竞争报价,让他们互相厮杀,以求最后得到最高的售价。

2) 情绪攻击

谈判者抓住对方的差错或弱点,利用情感的爆发来向对方施压,从而达到自己的目的。如有时居高临下脸色变红,嗓门提高,怒不可遏;有时拂袖而去,怒气冲冲地退出会场;还有时保持沉默,含蓄地威胁。凡此种种均能激发对方的心理活动,消磨和软化对方的立场。

3) 最后通牒

这是实施谈判压力最常见也是最有效的方式,往往可以迫使对方迅速作出让步,它包括最后期限和最后条件两种情况。最后通牒就是给对方一个最后答复的期限或条件,如对方不同意,己方则退出谈判,往往给对方施加强大的压力,使对方在难以选择的情况下作出让步。使用该策略时,应注意己方要求的灵活性,一旦对方不同意,应留有适当的余地。

4) 有意拖延

时间是商务谈判中最主要的压力来源之一,故意拖延时间是一种常用的施加压力的方式,尤其是当对方急于成交时,迫于时间压力,往往愿意作出更多的让步。拖延策略实施的前提条件是,如果拖延对己方有利,则适当拖延可以给对方实施压力;相反,如果拖延对己方不利,则应尽快解决问题,防范对方的拖延。

5) 坚决抗拒

抗拒是谈判一方阻抗、拒绝、反对谈判另一方的意见与要求的行为,其坚决、有力程度是反施压力的重要方式。抗拒越坚决、越有力,给对方施加的压力越大。在抗拒对方的要求时,据理力争,针锋相对,寸步不让,不仅可以抵挡对方的要求,也是降低对方期望值、给对方反施压力的一种有效手段,其核心是己方的坚决程度、反击力度。

6) 巧妙威胁

威胁一般不是谈判的常用手段,尤其是明目张胆的威胁更不可取,但在谈判相持久久不下的情况下,巧妙的威胁往往是实施谈判压力、迫使对方作出让步的强有力手段。谈判威胁一旦实施后,将可能对谈判双方造成利益损失,具有较大的风险,因此要把握好其"度"。高明的谈判者一般不会公然地实施威胁,而是在话语中暗藏威胁,含蓄、委婉地实施威胁,并给自己留出退路或给对方留下台阶,所谓"硬威胁,软表达"。

[案例]

巧妙施压降房租

汤姆在美国一家大型房地产公司担任总裁时,其中有一家分店一直在赔钱,那家分店当时大约开张了一年时间,但分店与房东签订的租约是 3 年,换句话说,即便是赔钱,根据租约,分店还要继续租 2 年时间。现在的问题是,想办法增加这家分店的收入不容易,并且也没办法减少它的开支(按照合约,租金是每月 1 700 美元,这项开销几乎耗尽了这家分店的全部利润)。开支中占比重最大的就是租金。于是汤姆给房东打电话,向他了解情况,希望房东能够把房租降到每月 1 400 美元,这样分店还可以有些薄利。而房东回答道:"合约规定,你们还要续租 2 年,我也没办法。"汤姆用尽了他所知道的各种谈判策略,还是没能让他改变主意。似乎结局是只能认命了。

最后，汤姆决定自己先做白脸让对方麻痹，同时还要在时间上给对方施加压力。几个星期之后，汤姆给房东打了个电话："关于租约，我不得不说，我要告诉你的是，我非常同意你的观点。我们之前签了3年的租约，到现在还有2年时间，本来我们必须按租约办事。可现在出了点问题，情况很严重，再过半个小时我就要和董事会碰面了，他们想让我问你是否愿意把租金减少到1 400美元。如果你不答应，他们很有可能选择让我关掉这家分店。"

房东立刻表示抗议："那样我会把你们告上法庭。""是的，您有这个权利，我知道，我完全同意您的做法。"汤姆说，"而且我也完全支持您。可问题现在是，我必须向董事会交差。如果您威胁说要起诉，他们肯定会说，'好吧，让他告吧。这可是洛杉矶，就算他起诉的话，恐怕要2年时间才能立案。'"只听房东说道："你愿意和他们交涉一下吗？我愿意把价格降到1 550美元，如果他们还是不能接受，1 500美元也可以。"

【技能训练】

你经营着一家小型机械厂。你的一位客户已经拖欠了你三次货款，你觉得对方的会计部门在"踢皮球"，拖延付款。下批货需要在下周交付。此时你会：A. 告诉对方会计部门，如果不付清货款，下批货暂时不发了；B. 继续向会计部门追讨前三批货款；C. 告诉对方货品使用部门，如果不付清货款，下批货暂时不发了。

选择A：你的施压对象找错了人，会计部门只在乎公司账目，才不会管公司其他部门能否收到货，你的威胁完全无效，只可能拖长争执的时间；选择B：会计人员都擅长无视债权人的追讨，这样做只会增加他们的烦恼，从而给他们继续拖付提供另一个借口；选择C：正确，向损失最大的人施压，他们为了避免没货可用，会替你在公司内部施加压力。

——来源：盖温·肯尼迪《谈判：如何在博弈中获得更多》

8.4 应对谈判僵局

8.4.1 僵局的含义

1）僵局的含义

谈判进入实质性的磋商之后，谈判各方往往会由于某种原因而僵持不下，陷于进退两难、谈判暂时停顿的局面。僵局的影响有消极和积极之分。消极的方面，僵局影响谈判的效率，挫伤谈判人员的积极性，如不能很好地解决，也会导致谈判破裂。积极的方面，僵局可以成为谈判的一种筹码和策略，借此向对方实施压力，促使对方作出己方希望的让步。

2）正确地对待僵局

谈判中出现僵局是很正常的，谈判者不应该为此感到恐惧和压力，也不应为极力避免僵局的出现而放弃原则。同时，僵局出现后，应仔细分析其成因，找出正确的应对之道，不能让僵局长期存在下去而致谈判的低效或失败。此外，要学会积极运用僵局，将其视作一种有效的谈判策略，合理利用它迫使对手妥协让步，实现己方的谈判目标。

大卖场如何破解与强势供应商的僵局？

一次一家大卖场搞促销，将某供应商的饮料全部7折销售，引发对方不满，决定停止供货，双方坐上了谈判桌。面对强势的供应商，卖场方分析，供应商有意进入冷藏食品市场，但当时在市场上的竞争力不如竞品，于是向对方提案：只要继续饮料供货，将提供供应商销售冷藏食品的渠道与促销活动。双方很快达成了一致，那次谈判之后，大卖场的饮料品类和供应商都获得了有史以来的最大增长。大卖场的采购总监说："我们在帮助对手认清一个事实，你在投的是一个有潜力的渠道，现在吃亏一点点，但换取的是有发展的未来。""真正高级的谈判是谈未来，把买卖关系变为合作关系"，如果只是就事论事，很可能会陷入死胡同，把关系谈崩掉。

8.4.2 谈判僵局产生的原因

1）情绪性僵局

情绪性僵局是指由于双方的情感冲突或不和产生的僵局。例如在谈判中，由于一方言行不慎，伤害对方的感情或使对方丢了面子，就容易形成僵局。情绪性僵局对双方均有害无利，因此应尽量避免。

2）认知性僵局

认知性僵局是指谈判双方由于认知不足导致的利益分歧或差距产生的僵局，其最直接的诱因是双方互不让步，各持己见，使谈判难以继续向前。例如卖方要价为20万元，而买方报价为10万元，卖方要一次性付款，买方则坚持两次付清，如有任何一方不妥协，僵局就会形成。认知性僵局出现在谈判中是非常正常的，也是僵局形成的主因，有的是客观存在难以弥合的僵局，有的只是沟通不足导致的暂时性僵局，随着谈判的深入会逐步打破。

3）策略性僵局

策略性僵局即利用主观行为刻意制造僵持局面。其一般方法是向对方提出较高的要求，要对方接受自己的条件。对方可能只接受己方的部分条件，即作出少量让步后便要求己方作出让步，己方此时如果坚持自己的条件，而对方又不能再进一步作出更大让步时，谈判便陷入僵局。

8.4.3 缓解僵局的方法

1）劝导法

即晓之以理，动之以情，证之以实，循循善诱，劝说诱导对方放弃自己的立场，分析利害得失，让对方接受己方的建议。

2）多案法

当一种道路或方案走不通时，谈判者可打开谈判思维，思考其他的方案或出路，重新找到双方的共同之处，合作之道。

3）转移法

当一个条件或问题成为谈判的焦点，双方相持不下时，谈判者可以暂时放弃双方的争议，转移到双方容易解决的问题上，先易后难，培养双方的共同感，逐步解决难题。

4）攻击法

当对方通过有意制造僵局，给己方施加不合理的压力时，谈判者可以用反击的方法，让对方自动放弃过高的要求：一是揭露对方制造僵局的用心，使其要求难以成立；二是离开谈判桌，以显示自己的强硬立场。如果对方确实想与你合作这笔交易，他们早晚会再来找你的。

5）妥协法

由于客观存在的利益差距，谈判者在谈判目标范围内可以主动采取妥协退让的办法来打破僵局。即首先在某些条件上做出让步，然后要求对方让步。当然，先让步的前提是那些本来可以做出让步的条件，用己方的让步换来对方的让步，从而打破僵局。

6）休会法

谈判出现僵局一时难以突破时，提出休会是一个较好的缓和办法。双方可借休会时机冷静下来，仔细考虑争议的问题，也可以召集各自谈判小组成员，集思广益，商量具体的解决办法。当双方再按预定的时间、地点坐在一起时，会对原来的观点提出修正的看法。这时，僵局就比较容易打破。

7）换人法

当谈判僵持的双方已产生对立情绪并不可调和时，可考虑更换谈判人员，或者请地位较高的人出面，协商谈判分歧，缓解谈判僵局。

8）调停法

当谈判双方出现话不投机、僵局已无法在场内打破的场面时，可以到场外寻找调停的办法。可以在场外与对方进行非正式谈判，通过私下接触，进一步增进了解，消除彼此间的隔阂，增进友谊，也可以不拘形式地交换意见，缓解僵局。还可以利用调停人，寻找一个双方都能够接受的中间人作为调停人或仲裁人，提出符合实际的解决办法，启发双方提出有创造性的建议，不带偏见地倾听和采纳双方的意见，并综合双方观点，提出合理公平的方案，促进交易。

8.5　识破谈判诈术

8.5.1　谈判思维诡道

诡道是谋略的一种，它包含着某种程度的欺骗和狡诈，因而历来褒贬不一，但它始终在谈判中存在着。谈判既然是双方为各自的利益而进行的竞争，那么诡道与其他各种谋略和技巧都会一样地被使用。因而诡道也是道，不能否定它在谈判中的运用。会使用诡道而又不被对方识破，在对方使用诡道时能及时识破，这才是真正的"谈判高手"。

1）诡辩逻辑

凡诡道之术都与形式逻辑的思维方式相违背，违反逻辑思维的基本规律，使用语言戏法，兜售歪理，迷惑他人。

（1）循环论证　就是用论题来论证论据的真实性，以论题为据转移视线，是典型的自相矛盾。

（2）机械类比　就是把对象间的偶然相同或相似作为论据，或将两个仅表面相似而实质完全不同的对象进行类比，从而推出一个荒谬或毫不相干的结论来，以混淆视听，进行谬论辩护。

（3）平行论证　就是当你论证他的某个弱点时，他虚晃一枪另辟战场，寻找你的另一个弱点或故意捏造论据制造弱点，形成新的论题，以达到偷天换日的目的。

（4）以偏概全　就是只根据个别情况就得出一般性结论。如在谈判中抓住对某个零件报价不合理而推断整个报价都不合理，或抓住对方某点错误纠缠不放等。

（5）滥用折中　利用谈判中发生分歧时，折中往往被人们接受的情况，对双方分歧不作历史的具体分析，把双方分歧混合起来加以折中，各打五十大板，名为公平，实则利己。

（6）偷换概念　把表面相似而实质不同的概念加以混淆、张冠李戴、偷梁换柱、制造迷惑、转换问题。

2）制造错觉

制造错觉是有目的、有计划地创造种种假象，使对方产生判断错误而造成失误。

（1）故布疑阵　如在谈判中找人作"托"，制造紧俏热烈的气氛，让你竞争；或创造"失密"，通过巧妙的暴露，在"公开"中隐藏秘密，给对方制造假象，如"遗失"笔记、便条、文件，或将一些数据资料丢到对方容易见到的纸篓里，用假资料将对方引入歧途。

[案例]

小心投标时的"托"

尼尔伦伯格曾与合伙人同去参加某家汽车制造厂的拍卖，这家工厂属政府所有。总务管理局把这家工厂拿出来拍卖，打算谁开价最高就卖给谁。合伙人弗莱德和尼尔伦伯格一起估算了这项资产的价值，他们决定出价37.5万美元来购买这家工厂的全部股份。等他们到达现场时，已有10多家公司和个人抢先到达。在济济一堂的看客中，经纪人和投标人的举止显得与众不同。竞价开始后，尼尔伦伯格开价10万美元，其他人将价格加到13万美元。尼尔伦伯格再叫到15万美元，别人很快又加到22.5万美元。此时，弗莱德却不再应叫，拉着尼尔伦伯格一起离开了拍卖场。当时，尼尔伦伯格感到非常困惑，因为他们拟定的最高出价是37.5万美元。刚出拍卖场，弗莱德就解释说，他刚才读了出售通告，按照此次拍卖的规则，如果政府认为出价不够高，就会视这次拍卖无效。根据其观察，其他所有参与竞价的公司很可能是由政府委派的，目的是拉高拍卖价格，所以在所有的出价中，他们的出价位列第二。拍卖人肯定会再和他们商谈，告诉他们，那个22.5万美元的报价已被否决，让他们再报价。到那时候，他们就可以开出个稍微高一点的价，与此同时政府也要作出让步，如要求政府同意用抵押方式支付一部分款项等。

（2）故意犯错　加错或乘错某些数字，错漏字句或作不正确的陈述等。如写错金额小数点、产品规格、零件清单、模糊服务条款概念等。这些错误即使被识破也可推托，"人非圣贤，孰能无过？"

（3）装疯卖傻　在谈判中故作姿态，嬉笑怒骂、撕摔拍走等，以"无知"为武器，一问三不知，不论你提出什么条件"我只能这样了"。以此动摇对方的谈判决心，既可麻痹对方又能回避一些尖锐问题。

3）攻心夺气

攻心夺气是针对对方谈判者的个性心理进行欺骗施加压力，使其丧失斗志，陷于迷乱，进而乱中取胜。

（1）恶人告状　谈判中遇到软硬不吃的强硬对手时，就利用"离间术"，通过单独接触对方上司或其他成员，表明诚意，分析难以签约的症结，流露出"不换将，难成交"的意思，使对方主谈失去上司和同事的信任，达到施加心理压力、动摇主谈意志的目的。

（2）卑辞厚礼　以切实或不切实的恭维颂扬对方，以合适或不合适的礼物赠送对方，助长对方的骄傲情绪，软化其谈判立场，待其弱点暴露有机可乘时再出其不意抓住对方的弱点，实现自己的谈判目标。

（3）佯装可怜　利用对方的恻隐之心，在谈判中故装可怜、为难，以打动对方，求得让步。如"卧病不起""满目愁容""言真意切"，求对方高抬贵手留条生路等，给对方造成心理压力。

8.5.2　常见谈判诈术

1）故意刁难

其基本手法是故意提出并坚持一些对方难以做到的要求，让它看起来合理，但对方确实做不到，然后他设法找个解决方案，前提是对方作出他所希望的让步。例如你公司最快的交货期是 3 个月，但对方坚持要求 2 个月，因为只有这样他们才能完成某个重要项目，你无法满足但希望做成这笔生意，对方提出可采用某种办法，但增加了成本，为此你必须承担该部分成本或直接让价。实际上，对方的交货时间根本不是问题，只是一个借口而已，之所以大做文章，就是为了让你降价。

识破故意刁难，首先应收集相关情报，验证对方要求的真实性与合理性；其次，一定要集中精力关注眼前的问题，设法淡化对方的反对意见，如可以诉诸更高权威，"我去请示一下上级，看看我们能为你做些什么"，或红白脸策略，"我们可以提前交货，但这需增加你的赶工费"。

2）转移视线

对方首先提出一个并不是很重要的要求，然后他会收回自己的要求，作为回报，他要求你做出一些真正重要的让步，以达到转移视线的目的。例如，当对方想要拖延付款时间时，你去催账，对方却对你大发雷霆，埋怨你上次送货延迟，导致整个生产线停工，还没有找你们算账呢，你大吃一惊，因为此前从来没有听对方提及此事。结果，在对方的斥责声中，你不得不同意延期付款。

在应对转移视线时，必须冷静对待，不管有没有这回事，你需要给对方讲明，一事归一事，把注意力放在真正重要的问题上，不要让对方将其与其他事搅在一起；同时，你也可以说明，我们会调查清楚此事的，如果是我们的问题，一定会给你满意的答复。

3）分割取价

对方告诉你，他很想跟你做生意，但收到了几份报价单，而你的价格又很高，他要求你按照业务类别分开报价便于评估。然后他将整体业务分割，试图要把每块业务交给在该业务上报价最低的公司完成。该诈术关键在于，他会从每张报价单中挑选出每项业务的最低报价，然后将其作为最终定价，要求你做出让步。这种做法通常让销售人员头痛不已。

应对分割取价，你需要先与对方建立良好的私人关系，因为该种策略通常只对陌生人使用；其次，你要告诉对方，你的优势是什么，你不可能在所有项目上价格都低于别人，说明整体合作的好处；再次，你要使对方明白，按照行业规律，分散业务的风险及麻烦。

4）故意泄密

对方故意不小心泄露某些信息，使你信以为真，从而作出他们所希望的决定。人们往往更容易相信那些通过非正常渠道得来的消息，该策略就是利用了人们的这一心理。对付这一诈术最有效的办法是,识破对方故意透露的那些信息。要明白,在谈判过程中不能仅仅依靠对方告诉或泄露给你的信息进行判断,那会使你处处受制。因此,当发现对方故意透露某些信息时,你一定要提高警惕,判断对方的真实用意。

[案例]

真假难分的价格"秘密"

一位销售人员正在向一家公司的董事会做一场销售演示,他使出浑身解数来说服客户接受自己的服务,因为他坚信自己是市场上最优秀的供应商和最优惠的价格,并充满自信地认为对方会接受自己82万元的报价。突然,他发现一位董事给另外一位董事写了张纸条,然后只见那位董事点了点头,把纸条放在了桌子上。

这位销售人员顿时变得好奇起来,他告诉自己一定要看到那张纸条上究竟写了什么。于是,趁演讲结束提问的机会,他夸张地把身子向前倾斜,用眼角瞅了瞅那张纸条。虽然倒着看,但还是看到了纸条上写着:"环球公司的报价是76.2万元,还是选他们吧。"

董事会主席说:"我有一个问题。你们的价格看起来太高了。如果别人也能达到同样要求的话,我们就会考虑选择最低的价格。82万元是你们的最低价码?"几分钟之内,那位销售人员就把价格降低了5.8万元。

5) 临时变卦

临时变卦是指在双方即将或达成交易之时提高价格,或改变交易条件。很多使用这种策略的人并不把自己的行为看成是不道德的,认为努力为自己争取最大的利益并没有什么不对。不为别的,只是因为他们觉得自己有足够的筹码这样做。其结果很可能导致一锤子买卖,双方以后不会再打交道。

对方临时变卦时,你可以采取几种方式来反击:可以使用更高权威策略来保护自己,比如,"我需要请示董事长,我们从来没有碰到这样的事,如果我现在答应你的话,生意可能就要泡汤";当对方提高条件时,你也可以提高你的要求;或者告诉对方,你不会提高价格,但可以提供一些有价值的服务;此外,应对谈判的所有细节问题做好准备和解决方案,那些没有得到解决的问题往往是对方进一步提高要求的源头。

练习题

一、实训题

王毅是一位刚毕业的大学生,虽然学过许多的销售和谈判的知识,但是第一次进行销售谈判时就遇到了一个难缠的对手,这个家伙老是给王毅施加各种压力,提出额外的交易条件优惠,有时还利用强硬的语言与行动要求王毅让步,王毅面对这个对手产生了强烈的悲观情绪。可是作为刚刚涉足该领域的他却不甘心,因为双方有很大的合作空间。试回答:

1. 王毅的对手是一个什么类型的谈判者?

2. 如果你是王毅,该如何与他谈判呢?

二、选择题

1. 你的公司正在处处碰壁,你可以采取以下几种办法摆脱困境:关闭部分工厂,解雇 250 名工人;退出一项于你不利的有关生产率的协议;编造某些数字使得奖金率不再像以前那么高。你怎样做?

① 向工会公开表明你的选择　② 编造数字　③ 重新与工会进行那次关于生产率的谈判　④ 关闭工厂

2. 作为公司的会计师,你检查供货人发票的方针是怎样的?

① 检查所有发票,并对任何错误都提出质询,而不管它们于您方有利或不利　② 检查所有发票,但只对那些于您方不利的错误发出质询　③ 不检查发票,并且按照已同意条款付款　④ 只要有机会就从供货商那里得到好处,如所有的于您有利的错误,所有已商定的折扣等

3. 你正在起草一份重要协议的最后草稿,你的老板希望你去掉一项你已经同意向对方提供的项目。该项目虽然不大,但老板说这会导致一种先例。实际上,你认为对方根本不会注意到这一小小的删节。这一协议是经过艰苦的工作才取得的,你决不想重开谈判。你应当:

① 忘掉这件事,看对方是不是会重提该项目　② 向对方解释清楚,并试着就此问题重新谈判　③ 说服你的老板,你应该信守你的保证　④ 让老板自己去告诉对方

4. 作为航空公司的经理,你发现大雾正在延误飞机的航行,乘客陆续到来并且赶不上转乘的航班。你的助手捅了一下你的手臂,有一个重要的电话等你去接,扩音器里在喊你的名字,而你的个人通讯器亦在不停地响。这时,有一位怒气冲天、面红耳赤的妇女在人群中指着你,大声叫喊着说你的公司把她的行李箱弄丢了,明天她要出席她儿子的婚礼,可她现在只穿着牛仔裤和汗衫。遇到这种情况,你该如何处理?

① 把她交给你的助手去处理　② 在航空公司的休息室请她喝一杯咖啡　③ 告诉她,正如她所看到的那样,你现在忙极了,请她稍候　④ 告诉她将得到赔偿　⑤ 请她再重复一遍她的遭遇给你听

5. 你是自己开业的牙科医生,有位病人欠你一大笔钱,并且他的账已经拖欠很长时间了。你在什么时候和他提起这一问题为好?

① 你不会提的,你知道他很有钱,这样做不符合职业习惯　② 在你给他钻牙时偶尔提起　③ 在开始治疗以前　④ 在治疗以后,让你的接待员向他提及此事

6. 你根据合同向一家电影制片厂提供舞台布景,但是他们不断以各种方式刁难你,比如改变主意,追加各种新鲜玩意儿,提出迅速交货的额外要求等。同时他们又把合同的价格压到最低限度。你应该怎么做呢? 这一工作已是毫无赚头了,可是电影并没拍完。

① 立刻作出一份详细报告,记录下对合同的修改及每一项额外的费用,然后立即通知制片人　② 一直等到知道全部费用的额度后,再按通常的方式给他送去账单,你有权根据法律索取全部额外费用　③ 把各种费用都登在账单上,以便将来你必须与对方谈判解决办法时派用场　④ 威胁对方说,除非他们同意付清到目前为止的费用,否则就要撤销合同,并对本合同未完成的部分重新谈判,他们没有你是干不下去的

7. 一位轮胎制造商已经悄悄从你手中夺去了轮胎批发的业务,他曾鼓励你囤积,使用他所给的延期贷款大量买入并存放轮胎,然后在市场处于不景气时,他们又把贷款收回去了。现在的问题是:不把你的公司卖给他就要破产,他也已经答应在他们那里找一份工作给你做。你将如何行动?

① 接受这份工作,在你以后东山再起以前,尽你所能学会如何做生意　② 接受这份工作,但是秘密地准备报复他　③ 破产,和他们一块儿完蛋　④ 卖掉企业,然后走自己的路　⑤ 抓住你能找到的任何一种武器与之搏斗:把存货便宜卖出;把即将发生的事通知你的其他供货人和银行,请他们暂时不要催你付款;对这位制造商提出指控,在法庭上与其抗争;如果你必须输掉,就让它输掉好了,但是要一直奋斗到底

8. 多年来公司的劳资关系一直非常糟糕,到处是争执,低生产率而高成本,很坏的风气。假设你是公司的新老板,对这些问题有什么解决办法?

① 对大家讲明现实,让他们明白谁是老板　② 随着问题的出现一件一件地提出来解决　③ 说服工人们相信,就生产率谈判对他们有多大好处　④ 重组企业管理班子,寻求合作　⑤ 搞一个忠于你的新的管理班子　⑥ 照通常那样行事,但是抓住每一次机会来表明你所说的话是表里如一,不夸张也不缩小,要使自己站在丝毫没有讨价还价余地的地位上

三、案例分析

印尼政府对爪哇岛一座新的电站公开投标,该工程需要购买一台非常大的发电机。世界上只有五六家公司可以供应,这些制造商都是通过当地的代理商销售。一位德国制造商的代理惊讶地发现,他自己没有被包括在投标名单中。负责采购的官员拒绝接见他。在已经接到美、日、英、法等国的制造商的报价后,这位官员邀请了那位代理人。他要代理人起誓保密,然后把竞争对手的报价单给他看,并补充说,如果他能给出一个比最低的报价低10%的价格,就有可能得到订货。

代理人当时对于可能达成这一有价值的生意非常兴奋,并报告给了德国公司。德国公司发了些牢骚,很难作出决定。该代理人一点一滴地削减自己的代理费来促进价格的降低。最后他提交了一份比其他投标者最低报价大约低10%的估价表。

接着,采购官员又进一步玩弄计谋了。他只是什么也不做,不接代理人的电话,也不见他。这位代理人的情绪又一次低落下去,他觉得可能丢了这笔买卖。最后,他受到了一次接见。那位采购官员对他拖延了这么长时间表示歉意并解释说,根据政府部门的政策,他必须等着再拿到最后一个估价表,而这一估价表刚刚来。很不巧,新的估价比德国的报价低2.5%。这次,如果德方能把价格再降低3%,他们就可以将此合同交给政府批准了。这位代理人飞回了德国。当时国际市场上大型设备销路不好,德国人同意把价格降低3%。该代理人带着这一新的估价表回来了。这一价格已接近成本了。

那位采购官员非常高兴,他向代理人表示祝贺。他说,第二天讨论支付条件。"什么,支付条件?"代理人问。"要用通常的分段付款方式。"采购官员的意思是,在当时高通胀和高利率的情况下,德国公司必须满足它的竞争对手提出的支付条件。这又敲了对方一记。经过许多次讨论,制造商在德国政府贷款的帮助下同意了提供整整18个月的信贷,这是一个相当大的让步。

这位采购官员可以说把德国公司和代理人逼到了极限。他现在还有最后的一张牌要打。他拜访了德国科隆的制造商,会见公司经理以完成这桩交易。他问公司是否觉得提供长期信贷在财力上负担太重了,德方急于表现他们是如何慷慨大方,为他计算出提供的利息的实际代价。这位采购官员从公文包里取出合同,这份合同已由他的上司签署过了。他解释道,由于大量的石油收入流入印尼,政府此时不需要长期贷款了,不过,如果该公司能把价格表上的信贷现金费用扣除作为额外折扣的话,他还愿意让这一合同得到通过。否则,他怕日本……云云。

最后他并没有得到所要求的全部的现金折扣,但是得到了一半。试分析:

1. 印尼的采购官员是属于什么类型的谈判者?

_____

_____

2. 采购官员是如何给对手实施压力的?

_____

_____

3. 采购官员在谈判中采用了哪些谈判诈术？

_____

_____

_____

第9章　谈判策略运用

【本章要点】
□ 谈判的总体策略有哪些？
□ 如何获得谈判的优势？
□ 如何运用谈判战术取胜？
□ 如何进行跨文化谈判？

【技能测试】

你的公司正在评估几个供应商的成套生产设备，其中一个供应商主动提出来，他们可以提供免费的样机供你们测试，而其他供应商暂时还没有这样的想法。你准备怎么做？A.好的，你们尽快送过来；B. 你说不急，过段时间再看；C. 说不需要。

选择A，你等于把合作的先机拱手让给了这个供应商，在以后的谈判中就被动了；选择B，是高明的做法，既没同意也没拒绝，留有余地，同时你用这个建议可以和其他供应商谈谈，也许他们都能提供呢，那你就可以做全面的评估比较，争取更有利的条件，更重要的是你掌控了谈判的整个局势，游刃有余；选择C，你可能就失去了测试样机的机会，而你们又确实需要这个机会。

9.1　商务谈判策略分析

9.1.1　策略与技巧的区别与联系

策略与技巧是既有联系又有区别的两个概念。策略是指人们谋事的计策与方略，技巧是指人们进行某种具体活动的技术及其灵巧性。策略与技巧的区别在于，策略解决的是较大的、影响局面的问题，主要目的是获取优势，而技巧解决的是具体的、一时一事的问题，主要目的是获取效率；策略具有相对的稳定性，而技巧具有很大的灵活性。策略指导技巧，技巧实施策略。例如，报价需要策略，要考虑报价的时间、先后、方式、高低等方面，但报价的表达则需要技巧。

9.1.2　影响谈判策略的主要因素

1）谈判情境

谈判情境是对双方谈判优势和目标的综合评估，是影响谈判策略最主要的因素，所处情境不同，谈判的方式、方法具有很大的不同，例如交易型情境更强调竞争性质的一面；而关系型情境更强调合作性质的一面；平衡型情境则强调合作与竞争的适度平衡。

2) 谈判实力

谈判实力是影响谈判策略的主要和直接因素,因为谈判实力综合反映了双方的状况和力量,决定着谈判的主动权和谈判双方的利益分配。一方面,谈判者要根据双方的实力对比情况来制定谈判策略,如果己方实力弱于对手,则更多地会采用建立良好关系、以柔克刚等方面的策略;而当己方实力强于对手时,则更多地会采用向对方实施压力、主动进攻等方面的策略。另一方面,因谈判实力是可变的、潜藏的,因此,如何增强和运用谈判实力本身就构成谈判策略的一个重要组成部分。

3) 谈判对手

谈判是通过人去实施的,不同的谈判对手其风格、个性、素质、能力等是不同的,这就决定了其谈判的方式方法的不同。只有弄清了谈判对手的特点,才能通过这些特点去影响和调动对手,从而达到说服对手的目的。例如,针对强悍派对手与逃避派对手的策略是不同的。因此,谈判不仅要因时、因地制宜,也要因人制宜。

4) 双方关系

谈判双方的关系是指谈判双方之间的交往程度、熟悉程度、友好程度和信任程度等,它决定着谈判策略的"质"(性质)和"度"(力度)。例如,谈判双方已经比较熟悉和了解,那么谈判就可以更直接、更坦诚、更爽快一些,谈判谋略的运用也会少一些,谈判策略的力度也会低得多;相反,如果谈判双方是首次谈判,因双方不可知、不确定的因素较多,所以谈判谋略的运用多一些,力度也大一些。一方面谈判需要更多的策略;另一方面也为策略的运用提供了较大的空间。

5) 谈判进程

谈判过程是一个谈判信息和实力状况不断变化的过程,谈判处在不同的阶段,一方面谈判者的任务和重点是不一样的,决定了谈判的具体策略是不同的,如开局阶段讲的是开局策略,成交阶段讲的是成交策略;另一方面,因谈判信息和实力的变化,谈判者也需根据谈判的情况变化来调整、修正自己的策略,谈判策略不是一成不变的。

9.1.3 谈判策略的基本分类

1) 谈判的总体策略

谈判的总体策略是指谈判的总体思路和行动方针,是主要根据谈判所处的情境、双方的实力对比等因素制定的基本行动方略,主要包括根据谈判情境制定的总体策略和根据谈判实力对比制定的总体策略两种类型,如关系型情境下谈判的总体策略,优势地位下谈判的总体策略等。

2) 谈判的具体策略

谈判的具体策略是指针对某一具体场合和目标的策略,是谈判总体策略的具体化。总体来看,一般可以分为以下几种类型:

(1) 不同态势的谈判策略　是指针对不同实力对比情况下的谈判策略,如优势条件下的谈判策略,均势条件下的谈判策略,劣势条件下的谈判策略。

(2) 不同阶段的谈判策略　是指在不同的谈判阶段下采取的谈判策略,如开局阶段的谈判策略,摸底阶段的谈判策略,成交阶段的谈判策略等。

(3) 不同对手的谈判策略　是指针对不同的谈判对手所采取的谈判策略,如针对强悍派对手的谈判策略,针对苛刻派对手的谈判策略等。

(4) 不同任务的谈判策略　是指针对不同的谈判任务活动所采取的谈判策略,如开局的策略,报价的策略,还价的策略,让步的策略,处理僵局的策略等。

9.1.4 商务谈判的总体策略

1）根据谈判的基本方针划分

根据谈判的基本方针，可以将商务谈判的总体策略划分为软式谈判策略、硬式谈判策略和原则谈判策略3类。3类谈判策略的比较如表9.1所示。

表9.1　3类谈判策略的比较

项目	软式谈判策略	硬式谈判策略	原则谈判策略
对人	对人温和、以和为本 视对方为朋友和信任 友好协商、避免冲突 为培养关系而让步	对人强硬、以战为本 不信任对方 向对方施加压力 以对方让步来保持关系	对人温和、对事强硬 视对方为合作伙伴 尊重对方的意见 人与事分开处理
对事	对事谦让、易改变立场 目标是达成协议 尽量满足对方的需要 避免意志的抗衡 寻找对方可接受的方案	固执己见、坚持立场 目标是己方利益最大化 尽量满足自己的需要 在意志抗衡中取胜 寻找己方可接受的方案	重利益而非立场 目标是公平合作 尽量满足双方需要 不受意志的支配 寻找多种方案择优
适用对象	一般适用于实力弱者	一般适用于实力强者	实力强弱均适用

应该看到，以上3种策略各有其优缺点，不能说哪一种策略就一定比其他策略好；同时，每一种策略都不是绝对的，都有一个"度"的问题。但是，原则谈判策略更符合现代谈判的理念，因此，也为大多数谈判学者所推崇。

2）根据谈判的基本姿态划分

（1）积极策略　它是指以创造良好的谈判气氛、推动双方积极合作的一种谈判策略，其基本方式是行为的正强化，即鼓励对方作出有利于己方的行为，同时己方也将给予对方相应的报偿，实现互利互惠。积极策略的要义在于通过一种积极的、高调的姿态，创造一种有利于双方互谅互让、精诚合作的氛围和行动。

（2）消极策略　它是指以维护己方利益为主、迫使对方主动让步的一种谈判策略，其基本方式是行为的负强化，即阻止对方采取于己方不利的行为，否则就要给予相应的报复或惩罚。消极策略的要义在于通过一种消极的、低调的姿态，给对方施加压力，促使对方降低对谈判的期望或主动作出让步。

积极策略和消极策略亦各有其优缺点。一般来说，积极策略更适合于谈判实力较弱的一方，及谈判双方比较了解或关系比较友好的情况；而消极策略更适合于谈判实力较强的一方，及谈判双方不太了解或关系比较紧张的情况。

［案例］

看消极谈判策略如何完胜对方

日美商人有一项重大的技术合作的谈判。谈判伊始，美方代表便拿着各种技术资料、方案等一大堆资料，滔滔不绝地发表意见，完全不顾日方代表的感受。而日方代表则一言不发，仔细倾听并埋头做记录。美方讲了几个小时后，向日方征求意见，日方代表却显得迷迷茫茫，反复地说："我们没做好准备，请给我们一些时间回去准备一下。"第一次交锋就这样结束。

第二次交锋的时候，日方以上次谈判的成员不称职为由，撤换了谈判代表。他们全然不知上次谈判的结果，一切犹如原来那样，日方代表最终又以研究为名结束了第二次谈判。几个月后，日方又如法炮制了第三轮谈判。美方人员大为恼火，认为日方没有诚意，于是下了最后通牒：如果半年后日方仍然如此，两国的协定将被取消。随后美方解散了谈判团，封闭了所有的资料，以待半年后的最后一次谈判。

谁料到，几天之后，日方即派出由前几批谈判团的首要人物组成的庞大代表团飞抵美国，美方人员在惊慌中仓促应阵，匆忙将原来的谈判成员召集起来。在谈判中，日方一反常态，带来了相关详尽的资料，做了精细的筹划，并将协议书的初稿交给美方。这使美方代表无从抗拒，只有签字。谈判以日方获胜而告终。

3）根据谈判的基本方式划分

（1）攻势策略　攻势策略是指以进攻为主，主动向对方实施压力的一种谈判策略。攻势策略强调的是先发制人，先入为主，攻其不备，出其不意，在主动中去掌握主动权。但其缺点是容易暴露己方的意图和实力，一旦为对方所利用，反而会失去主动。例如，谈判中先提出条件的一方，往往容易比较被动。

［案例］

班超先发制人不辱使命

汉明帝永平十六年（公元73年），班超带队出使西域的鄯善国。鄯善王开始对班超等人非常热情，待若贵宾，后来几天却突然冷淡起来。同行的人都感到非常困惑，不知是什么原因。班超分析说："鄯善王一直在我们汉朝与匈奴之间摇摆不定。我想，他对我们的态度变化一定与匈奴有关。会不会是匈奴的使者也来到了鄯善国呢？"

大家认为班超的分析有道理，于是把接待他们的鄯善国侍者找了一个来，诈唬他说："匈奴的使者来了好几天了，现在在哪儿呢？"侍者不敢隐瞒，只好照实说了匈奴使者的情况和住处。班超于是把侍者捆了起来关在他们住的营帐里，以免泄露消息。

然后，班超将其所带的36个人全部找来喝酒。正喝到兴头上，班超突然站起来说："我们一起来到这么远的地方，原来是想为国立功而求得富贵。想不到，匈奴使者也来到了这里，鄯善王的态度已明显亲匈奴而冷淡我们。如果他把我们出卖给匈奴人，那我们恐怕就死无葬身之地了。怎么办呢？"

大家都表示愿听班超的。班超说："事到如今，我们只有先下手干掉匈奴的使者，使鄯善王断了与匈奴友好的念头，我们的情况才会有所好转。"大家同意班超的意见。于是班超作出了周密的部署。

当天晚上狂风呼啸，班超率领36个人直扑匈奴使者的营帐，见营帐便烧，逢人便砍，匈奴使者还在睡梦中便成了刀下之鬼，一共斩首30多人，烧死100多人。第二天，班超等人提着匈奴使者的头去找鄯善王。鄯善王大惊失色，心想已对匈奴王说不清楚，只好死心塌地与汉朝友好了。

班超等人圆满地完成了出使任务，带着鄯善王的儿子作为人质回到了汉朝。

（2）防御策略　是指以防御为主、伺机发动反攻的一种谈判策略。防御策略强调的是坚固防守,后发制人,消耗对方的力量,摸清对方的虚实,一旦对方弱点暴露就反守为攻。纯粹的防御策略是不可取的,因为这会让对方不断地将攻势由一个点转移到另一个点,以搜寻防御中的漏洞,而己方只能疲于应付,最终难以招架。

攻势策略与防御策略是辩证的,不可能纯粹的"攻",也不可能纯粹的"守",攻有攻的优点,守有守的优点,该攻则攻,该守则守。一般来说,攻势策略适用于对对方的情况相当了解,或己方的实力强于对方;相反,则适宜采取防御策略。

4）两种典型的谈判策略

在谈判学的发展史上,有两种风格鲜明的谈判模式为人们所关注,后经谈判学者的总结,把它们概括为两种谈判策略。

（1）苏联式谈判策略　多年来,苏联人无论在国际关系还是在商贸交往中的谈判都给人们留下了深刻的印象。在谈判中,苏联人固执地坚持他们的信念和维护他们的利益,他们丝毫不考虑别人的需要,也不顾忌他人对自己的看法,甚至也不去想双方的未来关系。总之,为了达到自己的目的,他们不惜一切代价。多少年来,苏联人总是无缘无故地把文件往旁边一推,表现蛮横无理,一味地发火,打乱或威胁对方,迫使对方接受自己的条件,完全是一种强权主义的做派。

如今,"苏联"已是历史的代名词,但人们把苏联人那种在谈判中誓不低头、态度强硬的方法总结下来,并称之为"苏联式"谈判策略。这种策略在谈判实力明显强于对方的情况下,有时候不失为一种争取己方利益最大化的有效方略,但对双方的关系可能会有所损害。

（2）犹太式谈判策略　犹太人是世界上商场的佼佼者,堪称具有卓越的谈判观念与艺术,能恰到好处地将机智、幽默及风趣穿插其间,往往能把一次极为困难的谈判处理得尽善尽美,是一种灵活、富有成效的谈判策略。犹太式谈判的基础是综合性的人生观,其特点是:融入人性,富有弹性,随机应变,攻心为上。其谈判的精髓要点主要有以下几点:

① 目标明确:定好自己的目标,并做好如何实现它的计划。在谈判中,时时不忘自己的目标,控制好自己的情绪和心态,保持始终如一的坚定态度。

② 采取行动:想象固然是必要的,但不采取行动,事情永远不会改变。如果你抱定了目标,就应该坚定地前行,积极进取,而不是坐等利益的降临。

③ 重视承诺:犹太教是契约的宗教,认为人们若遵守契约,便会得到神的祝福;一旦毁约,就会受到神的惩罚。他们认为契约本身即拥有绝对的权威,不能以任何理由破坏,人人都必须严格遵守。

④ 不感情用事:感情容易冲动的人是不适合参与谈判的,带着情绪进入谈判,往往会造成对自己不利的局面。因此,在谈判中要镇定自若,冷静清醒。

⑤ 不忽略对方:重视对方的需要,找出双方的共同利益。人们相互交往的原则从本质上来说,是公平地相互妥协,看清了这一点,在谈判中就可以进退自如了。

⑥ 认清情况:在谈判中要充分了解和掌握对方的情况,认清时时变化着的情况,及时采取应对措施,因时、因地制宜,并防患于未然。

⑦ 换个角度想:谈判中遇到了难以克服的障碍,就应返回原来的出发点重新审视,换个角度思考问题,换个方向前进,而不要太执着于眼前。

⑧ 不怕处于劣势:犹太人在五千年的历史中,一直在谈判中处于劣势,因而也早已习惯了与强大对手的谈判。正因为处于劣势,因此他们练就了一套了极为高明的谈判术。在劣

势情况下,最重要的是保持从容不迫的态度。

9.2 谈判优势谋取策略

谈判优势或谈判主动权谋取策略是商务谈判运用最广泛的策略之一。无论谈判各方的谈判优势或实力状况如何,尽力谋取谈判优势,增强谈判主动权都是谈判者最重要的任务,它贯穿商务谈判始终。根据影响谈判结果的主要因素,可以从人员、时间、信息、权力等方面来增强优势。

[案例]

汽车推销员的"高明"谈判术

一位真正老练的汽车推销员总会胜过一个个人顾客,因为他平均每周要卖掉2辆汽车,而顾客要几年才买一次车。推销员之所以更厉害,是因为他更有经验。

在卖汽车的交易中,最大的难题是对待那些"随便逛逛"的顾客,他们在寻找最合适的便宜货。有这样一位推销员,当他认识到某位顾客"只不过随便逛逛"的时候,就拒绝告诉对方价格,他只是掏出自己的名片,写上顾客的姓名,再加上一个不可对顾客暴露的数字。然后他把这个名片别在办公室的墙上,对顾客说:"这就是你可能找到的最合适的价钱了。"他劝告顾客可以去和别的经销商谈谈,谈完以后再回来看看,他写在名片上的价钱到底是多少。

实际上每个顾客都会回来的,他们对此存有好奇心。当然,写在名片上的数字不一定是最合适的价钱,但是推销员并不吃惊。"先生,人家和您谈的买卖条件如何?"他会问返回来的顾客,而顾客也几乎总是告诉他。随后,推销员就明白了自己所处的地位如何。他已有一位认真考虑买东西的"候补顾客"了,而且相当准确地了解到了竞争者的价格。现在,他就可以选择做还是不做这笔生意了,这要视具体情况而定。这位推销员每年所卖掉的汽车都要比别人多得多。

上述汽车推销员通过信息的保密与获取(售价保密与获悉竞争者的价格)、谈判姿态的正确把握(故作神秘)、耐心(让对方先去找别的经销商)、谈判地位的转换(让顾客主动来找自己、决定权在己方)等方法,使自己取得了谈判的主动权,从而获得了理想的效果。因此,要取得谈判的成功,掌握谈判的主动权,争取己方在谈判中的优势地位是十分重要的。

9.2.1 人员优势策略

谈判者的素质、能力、风格、经验、关系等,是影响谈判实力和结果的主要因素。选择合适的谈判人员、进行良好的谈判人员的组织和管理,是获取谈判优势的重要来源。人员策略的表现方式有多种多样,以下是几个主要方面。

1) 专家策略

派出某一方面的专家或权威参与谈判,因专家有较高的威信和影响力,易取信于人,其观点也易被对方接受,因此谈判效果较好。

2) 对等策略

谈判中讲究等级资格和地位的对等,派出等级、职务对等的谈判人员往往可以进行充分的沟通和协商,取得较好的谈判效果。

3）升格策略

当等级较低的谈判人员之间不能取得较好的谈判效果时,谈判双方或一方派出等级更高的谈判人员是取得谈判突破的一个良好策略。

4）影子策略

为了摸清对方的虚实和底细,先派出"影子人员"（非真正的谈判人员）与对方接触和周旋,待情况清楚后,再派出真正的谈判人员开始谈判。

5）幕后策略

谈判的真正决策人物不出场,躲在幕后操纵,其好处是给己方留出足够的回旋空间,一旦谈判出现什么情况,幕后人物可出来斡旋或圆场。

6）红白脸策略

"红脸"强硬,"白脸"温和,一唱一和,一张一弛,既给对方施加强大的压力,又使对方留有谈判的希望,在进攻与缓和中争取己方的最大可得利益。

7）第三方策略

包括使用第三方来增强己方的谈判实力,或当谈判双方陷入紧张的矛盾不能自拔时,从外界寻求有影响力的第三方来缓解双方的关系、立场,并谋求各方接受的新方案,从而推进谈判。

8）车轮战策略

即派出不同的谈判人员轮番上阵与对手辩论,形成一种人数、气势、论理的优势,同时形成不同态度造成的心理压力,使对手疲于应付,做出退让。

9）预备队策略

在谈判中,充分利用台上、台下人员的分工,在台上人员与对手交锋时,让台下人员充分准备,并不失时机地让台下人员来到台上参与谈判。

10）调整关系策略

通过调整双方谈判人员之间的亲疏、远近关系,以谋求有利的谈判地位。一般来说,谈判实力弱于对方,应尽量搞好与对方的个人关系,拉近双方的距离,做好关系"润滑";相反,若谈判实力强于对方,则不宜与对方个人的关系搞得太近,以免受制于人。

[案例]

红白脸不同人员的谈判效果

美国大富豪霍华·休斯为了大量采购飞机而亲自与飞机制造商谈判。霍华·休斯脾气古怪,性情暴躁,谈判中他列出了 34 项要求,对其中 11 项要求是非满足不可的,对此,对方表现了相当的不满,谈判陷入了僵局。后来,休斯派他的私人代表继续与对方谈判,他对自己的代表说:"只要争取到那几项非得不可的要求我就满足了。"该代表经过一番谈判后,竟然争取到了 34 项要求中的 30 项,当然包括那 11 项必不可少的要求了。当休斯问及是怎样取得这次谈判的成功时,他的代表回答说:"这很简单,因为每到相持不下时,我都问对方'你到底是希望与我解决这个问题,还是留待与霍华·休斯跟你们解决?'结果对方无不接受我的要求。"

9.2.2　时间优势策略

任何形式的谈判都有时间限制,随着时间的推移,对谈判各方的心理影响是不同的,双方的实力对比和地位也会发生相应的变化。运用时间已成为谈判策略的重要组成部分,是谋取谈判主动权的重要途径。

1）时机策略

时机策略的主要含义是谈判者要选择适当的时机采取行动、在适当的时机开始谈判、在适当的时机提出谈判方案、在适当的时机报价与讨价还价、在适当的时机作出必要的让步、在适当的时机退出谈判、在适当的时机达成交易等。时机选择不当,过早容易导致准备不充分或显示己方的急切心态,失掉主动权;过迟则容易失去谈判或进攻的最佳机会,事倍功半。时机策略的精髓在于懂得选择于己有利尤其是己方的谈判实力强于对手的时候果断出击。

[案例]

知州妙计如何买马

明朝有一种差役,是官府将官马分派给民户饲养,过段时间再由民户向官府交纳验收。由于各州县都不能自己繁殖小马,必须靠马贩子从外地贩来,于是奇货可居,马贩子经常趁机抬高马价。开州地势偏远,交通不便,买马比别的州县更困难。为了解决这一长期存在的难题,开州知州陈霁岩在琢磨了这一情况后,心生一计,佯装不急,表示要等马贩子到齐后再出堂看马。在看马前一天,他把负责马役的差官招来,向他们详细地询问了市场的行情,然后又悄悄地对他们说:"虽然我现在非常急于买马,但明天看马之时,要装出一副不在乎的样子,这件事先让你们心中有数。"差官们原本是怕交不了差而被上司惩罚,在听了陈知州的一席话后犹如吃了一颗定心丸,赶快叩头谢恩。

看马的日子到了,管马的差官把马贩子齐聚堂上,他们带来了各种各样的马匹,其中大部分都很健壮,但陈知州却是一概不要。他对马贩子说:"马的高矮就怕比较,我宁可要矮一寸的马。我已经发文通知太仆寺(当时朝廷负责马政的官署),说这是自己繁殖的马驹。"众差役于是齐声呼应道,再过三日到临濮的市场上去选购,一定能够得到知州所要求的这种马。陈知州答应了,对谁也没责备。

马贩子眼看成交无望,内心非常失望,为了保本,都争相把手中的马贱价脱手。结果,这年开州需要的马匹不到两天就全部买齐了,而且价钱都在 20 金以下一匹。而周围的州县,为了争取早日完成任务好得到官府的保荐,地方官们都争相高价买马,马价有的竟然涨到40～50 金一匹。

2）拖延策略

一般来说,在谈判中谁越能经得起时间的考验、越有耐心,谁就越能取得有利的结果。拖延是削弱对方实力、由被动转为主动的有效手段,也是谈判中最常用的战术之一。拖延的手段可以是暂时中止谈判、暂不回答对方、有意回避问题、有意延缓时间、耐心等待让对方先表态等。当然,不是什么时候都可以拖延,也不是越拖延越好,当时机变化对己方越来越不利时应果断行动。

3）僵局策略

僵局策略是指谈判有意通过较苛刻的条件或拒不让步来制造僵局,随着时间的推移,对方面临的压力将越来越大,最终不得不作出某种选择。僵局策略是一种假性败局,一定要掌握好"时"和"度",否则就会弄假成真,成了真的败局。

4）休会策略

休会策略是指在谈判过程中，当遇到某种障碍或出现某种突然事件时，谈判一方或双方提出暂时中止谈判，另约时间重新谈判的策略。休会，可以缓冲双方的矛盾或紧张关系，转换谈判的气氛，可以让谈判人员得到修整，重新思考谈判的方法与策略，可以在己方不利的时候退出谈判来改变不利的局面，从而谋求有利的谈判地位和利益。

5）截止期策略

截止期策略又称"最后期限"策略，是指通过向对方提出谈判的最后期限（截止期），给对方施加压力或打乱对方的部署，给自己争取谈判主动权的一种策略。运用该策略的前提是使对方相信这个"最后期限"是真实的，否则就会失效。因"最后期限"具有一定的威胁性，因此使用时应把握好它的"度"，考虑好口吻与语气；同时，应给自己留出一定的余地，以免对方一旦不予理会，己方仍有继续谈判的可能。

6）控制议程策略

谈判议程分配了不同谈判议题的顺序和时间，以己方为主控制谈判议程是争取谈判主动权的一项重要措施。通过议程安排，可以使谈判紧凑进行，紧扣谈判主题；也可以使谈判变得冗长乏味，偏离主题而陷入枝节的纠缠。谈判议程不同，对谈判者的精力、心理、意志的影响也不同，争取于己有利的谈判议程就可以取得有利的谈判结果。

9.2.3 信息优势策略

商务谈判是一场心理战，也是一场信息战。信息掌握的多少与真伪，在很大程度上制约着谈判的局面；信息运用的得当与否，则影响着对方的行为反应与谈判的成效状况。因此，信息策略是谋取谈判主动权的重要策略。

1）信息控制策略

信息控制策略是指通过掌握比对方更多、更确切的信息，从而取得信息控制优势的策略，简单地说，就是要知道对方的多，而让对方知道己方的少；或己方掌握相关信息多，对方掌握相关信息少。尤其是对对方不利的信息掌握得越多，己方的优势就越大，谈判的主动权就越强。

制造信息优势的基本策略是：在自己的公开中藏匿自己，在对方的藏匿中公开对方。也就是在自己公开的资料和信息中，要将己方真正的利益、需要、意图和计划等隐藏起来，让对方难以捉摸、无从进攻；同时，要尽量搜集对方的真实情报和实力，掌握对方隐藏的真正意图，有的放矢，避实就虚。正如一位谈判学家所说：马商永远不会让卖方知道哪一匹马是他们真正想买的，否则，这匹马的价格必然要上涨；而卖方极力想弄清马商到底想买哪一匹马，以便将这匹马以高价出卖。

2）信息传递策略

同样的信息内容，由于信息传递的方式、时机、场合、渠道等的不同，谈判者对信息的接受程度、信任程度亦不同，信息于对方的影响作用也就大不一样。因此，信息传递策略，就是要选择于对方接受程度和信任程度高的传递方式，以增强信息对对方的影响力，获得有利的谈判地位和结果。例如，从信息传递的媒介来看，越是正式的媒介（如报刊），其传递效果就越好；从信息传递的方法来看，暗示就比明示具有更大的回旋性；从信息传递的渠道来看，统一传递就比分散传递的效果要好，第三者传递就比自己传递的效果要好；从信息传递的时间来看，信息传递越及时，对对方的影响力就越大；从信息传递的场合来看，一些信息适合于公开传递,一些信息则适合于私下传递。

3) 信息诱导策略

在谈判过程中,谈判者是根据其所掌握的信息来采取行动的,信息诱导就是要通过有意识的信息发布和传递,来达到调动和诱导对方行为的目的。信息诱导策略强调的是造势夺声,虚实结合。势,就是要通过信息传递营造于己有利的形势;声,就是要通过信息传递制造于己有利的言论或舆论;虚,讲究的是迷惑对方,使对方难以正确判断;实,强调的是以理服人,事实胜于雄辩。例如,在谈判某个条件之前,通过某种方式的"放风",就可使对方事先产生某种心理适应或定势,一旦在谈判桌上正式提出条件时,对方就不那么抗拒了,而变得容易接受得多了。

[案例]

焚画救画

清代,福州有个叫郑堂的画商,他办有一家书画当铺。有一次,一个叫陈松的人,拿来一幅画,说要典当。郑堂打开一看,认出这是五代画家顾闳中的佳作《韩熙载夜晏图》。这个作品是稀世之宝。郑堂问:"贵画打算现卖还是寄售?"陈松回答说:"此画乃我祖遗物,在下不敢当败家子,没打算出售,只是家中有变,为了应燃眉之急拟将此画押当贵店,因为郑先生识货,可求高价。"于是郑堂就花 8 000 两银子的高价当入。

可是,过了当期,陈松一直没有来取画,郑堂有点紧张起来,取出放大镜在画上看了半天。出乎意料,这是一幅仿造得十分逼真的假画。8 000 两银子可不是一个小数目,足以让整个当铺倒闭。一时,郑堂被骗 8 000 两银子的消息不胫而走,传遍了全城。

在这种情况下,郑堂临危不乱,不动声色。第三天,他在城里最大的酒家——聚春园办了 10 桌酒席,请来全城的社会名流和字画行家。酒饮一半,郑堂取出那幅画,挂在大厅的正中,抱拳作揖地对大家说:"众位亲友同行,郑某由于才疏学浅,一下子被人骗了 8 000 两银子,多年积蓄付诸东流。郑某立志字画行业,决不会因此罢休,倾家荡产也要支撑下去。当铺是不会倒闭的,请诸位放心! 今天宴请各位,是想让大家看看,认识认识这些骗子的手段。"说完,大家纷纷起立,观看假画。待大家看完后,只见郑堂取下假画,将它投入火炉。片刻,假画化为灰烬。一夜之间,郑堂火燃假画的消息轰动全城。

到了第二天,陈松突然出现,见到郑堂,又是鞠躬又是作揖:"郑先生,真对不起,在下前几天到乡里应邀做客,误了贵银还期!"郑堂说:"只误 3 天,无妨,加三成利息。"陈松满不在乎:"好说,好说,利息当然要加,只要画保管好就行了。""这个……这个,贵画是要保管好的,请放心!"郑堂面露慌张之色。"那么,是不是请郑先生把画取出来一起看看好吗?"陈松不无得意地问。"不急,钱交完就给你画。"郑堂打完算盘后说,"连本带利共 12 000 两银子。"陈松得意地取出钱,交给郑堂,说:"郑先生兑画吧!"郑堂不慌不忙地从柜子里取出画交给陈松。陈松展开画,一看确实是自己典当的那幅假画,顿时吓得面如土色。

原来,郑堂请人照着那幅假画仿制了一幅,然后当着众人的面烧毁了它,并广造舆论。按照典当规定,当铺丢失当物要赔双倍的价钱。陈松得知消息,以为郑堂烧去的是自己的那幅假画,认为有利可图,只要自己去赎画,郑堂拿不出画来就可以再赚一笔。结果,"偷鸡不成蚀把米",中了郑堂的以毒攻毒之计。

9.2.4　权力优势策略

权力是一种影响力和决定力,谈判权力是谈判主动权的重要来源。谈判权力策略就是如何增强谈判权力的策略,它往往与人员策略、信息策略等结合起来运用。

1) 正式权力策略

正式权力策略是指运用正式的权力来增强谈判主动权的策略,一般包括 3 个方面:

(1) 权力更大策略　通过赋予谈判者更高的职务、荣誉或更大的谈判权限,或者派出职位更高的谈判人员,来增强己方在谈判中的影响力。例如,给谈判者封一个更有利于谈判或表态的职务,就可以更好地促进谈判。当然,谈判者表现出来的权力与实际拥有的权力是两码事,一般来说,授予谈判者部分权力比授予全权要更有利。

(2) 权力有限策略　当谈判者发现他正在被迫作出他不能接受的条件时,就可声明自己没有被授予相应的权力,以达成拒绝对方要求的目的。"权力有限"可以是真的,也可以是假的,它常常是谈判者抵抗到最后的一张王牌,对合理合情地抗拒对方的要求十分有效。

(3) 主持权力策略　是指利用谈判主持人或主场人的权力的策略。例如,谈判主持人可以在谈判的时间、地点、议程的安排,谈判开局等方面发挥主导作用。

2) 合法权力策略

合法权力策略是指利用法律政策的规定、商业惯例、文化习俗、交易先例等方面赋予的"合法"权力,为己方谋得有利地位的一种谈判策略。合法权力往往具有较强的约束力和说服力,因此易于被接受。例如,利用宗教习俗可以更改谈判的时间,利用商业惯例让对方先报价,利用"没有先例"来拒绝对方的要求等。

[案例]

正统性权力的威力

芬特几年前曾把特拉华州封闭了一个半小时。怎么干的? 只不过在一条主要的高速公路上放了一块牌子,牌子上简单地写着:"特拉华州封闭了"。

一部又一部的汽车停了下来,驶离公路。莫名其妙的司机们下了车,来到芬特面前。而芬特这时正站在牌子下面,用潜藏的摄影机记录着这一事件。司机们异口同声地问道:"特拉华州发生了什么事?"芬特只是用手指了一下牌子,"看牌子吧!"

司机们皱着眉头,搔搔脑袋,抿着嘴唇,很是无奈地绕道而走了……

3) 竞争权力策略

竞争权力是指来源于己方给对方制造的竞争压力所带来的权力。在谈判中,己方给对方制造的竞争对手越多,竞争压力越强,己方的谈判权力就越大,谈判的主动权也就越强。无论是买方还是卖方,都可以给对方制造竞争压力。作为买方,可以"货比三家";作为卖方,可以展示己方的交易记录,表现己方的独特性,显示货源的紧张等。

4) 专长权力策略

它是指利用谈判者某一方面被公认的专长或利用专家的权威来取得对谈判的影响力的一种策略。专长,是一种影响力,因而也是一种权力。利用专长带来的权力,往往能取得较好的谈判效果。例如,已方是某一行业或领域的领先者,已方的技术专家是某一方面的知名权威,已方的谈判人员有高学历、高职称或获得过什么荣誉等。

5）魅力权力策略

人格魅力是一种影响力,因此也是一种权力。魅力权力策略就是通过展现谈判者的人格魅力来取得对方的信任,从而获得影响力的一种策略。谈判者的魅力主要来源于谈判者的气质、魄力、胸怀、见识、修养、形象、幽默感等方面,是谈判者所拥有的最主要的权力之一。提高谈判者的个人魅力,是获取谈判主动权的基本途径。

6）筹码权力策略

筹码是指谈判中对已方有利的交易条件。筹码越多、越强、保留的时间越长,与对方讨价还价的条件就越有利,谈判的主动权就越强。筹码权力策略主要是通过设置和保留谈判的筹码来获取谈判权力的一种策略。筹码主要来源于设计交易的保留条件,在需要时才把它拿出来与对方讨价还价,此时它就成了"筹码",如果一次或过快地就把所有的条件或优惠端给对方,就失去了筹码。例如,如果已方可以给对方10,那么就先给8,此时剩下的2就成了筹码;可以给一二三,就先给一二,三就成了筹码。

7）模糊权力策略

模糊权力策略是指在谈判中模糊其事、不予明确表态所获得的谈判主动权的一种策略。在谈判中,有时越具体、越明确就越被动;相反,越抽象、越模糊就越主动。模糊使对方不明确已方的意图,使已方赢得了时间和空间,因此也就获得了主动性。

8）逼迫权力策略

逼迫权力策略是指在谈判中逼迫对方作出最后表态,否则已方就要采取相应行动所获得的谈判主动权的一种策略。任何人都有权力,最起码有选择做还是不做的权力。逼迫权力在谈判中常常表现为"最后通牒""最后期限""威胁"等方式,使对方不得不作出回应。但是这种权力是有风险的,因此往往放在谈判的最后阶段使用。

［案例］

不管再弱,任何人都有权力

有一个单间关押的犯人,他被搜走了所有的东西,每天吃着别人的残羹剩饭,一切似乎对他不公平,他也似乎什么权利都没有。一天,他闻到一股××牌香烟的味道,正是他喜欢抽的那个牌子。透过门上的小孔,他看到警卫正在悠然自得地吸烟,显得舒服极了。这个犯人想烟都快想疯了,于是他轻轻地敲了一下门。警卫踱过来吼道:"干吗?"犯人答道:"请给我一支烟吧……就是您抽的那个。"这个警卫认为犯人是没有任何权利的,所以他嘲弄地哼了声便走了。

犯人对自己的处境则有不同的感觉。他再一次叫了警卫,这次他是命令式的。警卫从嘴里喷出一股浓烟,没好气地喊:"你想干什么?"犯人答道:"劳驾把你的香烟给我一支,我只等三十秒。如果得不到,我就在水泥墙上撞头,直到流血昏倒为止,当狱官把我拉起苏醒后,我就发誓说是你干的。"

"当然,他们绝不会相信我,但是请你想一想吧,你得出席听证会,你填的报告要一式三份,你要卷入一大堆诉讼公务……你想一想吧,所有这一切仅仅是因为你不给我一支××牌香烟。只要一支,保证以后不再打搅你了。"

警卫终于递给了他一支香烟。

9) 后发权力策略

在谈判中,先提出条件与后提出条件,主动与被动往往影响着双方的主动权。所谓后发权力策略,就是指通过有意让对方先提出条件、让对方主动与己方协商,或先造成某种有利己方的既成事实后谈判,来获取谈判主动权的一种策略。谈判中"后发"常常具有优势(不是绝对如此),因为,先发的一方已经有了限制的一端,而后发方则可以自由地跑到另一端。例如,谈判中少表态、迟表态,就可以争得更多的主动权;让对方来说服自己做交易就比己方去说服对方做交易要主动得多、强力得多。

[**案例**]

后发制人低价买得二手车

一对夫妇在报上登广告以 4 万元卖一辆二手车。一下子有许多人感兴趣。有一个买者开价 38 000 元,并留下了 200 元定金,被他们接受了。于是他们回绝了其他所有买主。

他们等了很长时间对方还没有寄支票来结束交易。他们有些迫不及待地打电话给那位买主。但是,买主却很难过地解释说他的搭档不同意 38 000 元的出价。他说他们曾看到一辆相似的汽车,而那辆车只卖 34 000 元……

这对夫妇当然十分生气。但这时他们早已扔掉了其他感兴趣的买主的名单,他们也不愿重新登广告、接电话及讨价还价了。最后,他们只好以 34 000 元卖给了那位买主。

9.3　商务谈判战术运用

商务谈判战术是商务谈判过程中处理某一具体问题的方式、方法和技巧,它源于人们对长期商务谈判实践中有效经验的总结,是谈判智慧的体现,它将谈判更多视为一场没有"硝烟"的战争。但随着时代的发展,现代商务谈判更强调双赢和长期利益,因此对谈判战术应根据谈判的不同情境辩证看待,可借鉴吸收,不可完全照搬。

9.3.1　情感战术

1) 满意感

满意感是指通过己方主动满足或答应对方的需求,给予良好的物质待遇,使对方在精神上感到愉快和受到尊重,从而达到让对方因满意而放弃或减弱挑剔对立心态的做法。满意感的实施主要做好礼遇、理解和耐心 3 个方面工作,款待周到,宽容慰藉,礼貌耐心,春风化雨,使对方盛情难却,不好提出过分的条件。满意感实际上是一种"润滑"策略,往往适用于谈判实力较弱的一方。但满意感也有一个"度"的问题,不是无原则的退让,亦不是阿谀奉承、一味迎合。

2) 鸿门宴

鸿门宴是指通过设"宴"麻痹和瓦解对手,使对方放弃对抗或作出让步,从而达到自己的目的的一种做法。"宴"不只是食宴,也可能是球宴、舞宴、歌宴等,是软化和消磨对方意志的一种宴请,讲究的是投其所好。设宴的目的是为了提事,在宴中或宴后,趁对方高兴或时机成熟之时,再提出自己的要求或所办之事,此时对方往往不好拒绝。"鸿门宴"是商务谈判中最常用的战术之一,且功效良好。

3)借恻隐

借恻隐是指通过一种装扮可怜相、为难状,唤起对方的同情心,从而达成阻止对方进攻的一种做法。该战术与"三十六计"中的"苦肉计"相似,关键是要通过自己逼真的"痛苦"之情使对方信以为真,不好再逼迫。首先要"扮相",如愁眉苦脸、双眼红湿、双手作揖等;其次要"扮言",如"若这样做决定,我回去就要被撤职""我已经做了太多让步了,再让必死无疑了,求贵方给我一条生路",等等。借恻隐,也有一个"度"的问题,要避免失掉人格或国格。

4)扮疯相

扮疯相是指在谈判中,针对对手的言语或情节,故意表现出急、狂、怒、暴的姿态和样子,以镇住对手,动摇其谈判决心,迫其却步或让步的做法。该战术是"强与力"的体现,是胆略的较量,具有很大的冲击力,对谈判者的要求较高。其基本做法是:拍——拍桌子;摔——摔东西;撕——撕资料;喊——大声斥责;走——扭头欲走。扮疯相也要把握好分寸,一是要有"因",借机发作;二是要留有退路,攻时有防。

5)激将法

激将法是指在谈判中,故意运用适当语言刺激对手,使其感到坚持自己的观点或立场已直接损害其形象、荣誉和自尊心,从而动摇或改变其态度和条件的做法。激将法运用的关键是要选择好"激点",即对方反应大的敏感点,它常常是对方关注的自我表现方面,如个人的面子、地位、权力、名誉、虚荣等;同时,要把握好表达的强度,以有效地激起对方的反应,如激点为地位时,"你方到底谁是主谈,谁说的话算数""我们认为您的话很有道理,您的上司怎么这么不尊重您的意见呢? 换了他们来谈,其结果未必比您谈得好""按我方的习惯,像您这样资深的专家应该有决定的权力",等等。激将法最忌人身攻击,即不可对对方的个人缺陷、人品等进行刺激。

6)戴高帽

戴高帽亦称伪假设策略,是指谈判者根据对手的弱点和虚荣心,赋予对手一个假设的角色(高帽),促使对手按照假设的角色行事,从而削弱其优势的一种做法。如对手是个外行,但又希望别人把他当作内行。例如"你是这方面的老手了,一定对它很熟悉吧",这么一说,就会使对手不得不充当起某种角色来,对这份东西不是拿来仔细研究,而是不屑一顾。"高帽"的种类很多,要依据对手的情况而戴,使其戴得稳、戴得受用。

7)小气鬼

小气鬼是指在谈判中,对大小利益均不轻易放过,尤其是对自己让出的条件更是斤斤计较,大肆渲染,从而使对方降低自己利益要求的一种做法。小气鬼策略运用的关键是要小利,因为连小利都锱铢必较的话,就会强化对方的心理压力;同时,在让小利时要懂得渲染,即使是小利,也要让对方明白己方是损失了重大利益的。当然,小气也要有度,要小利时要有"理";让小利时要大利小利区分清楚,不能把大利当小利,把小利当不利。

8)吹毛求疵

吹毛求疵是指通过故意寻找或挑剔对方的缺点或毛病,促使对方作出让步的一种做法。该方法的关键一是找"疵"要准,即挑毛病要挑到点子上,使对方心服口服;二是要懂得一定的渲染,善于小题大做,虚张声势,使对手高度重视。吹毛求疵是削弱对手谈判实力的有效方法,也是商务谈判中屡见不鲜的手段。

9) 针锋相对

针锋相对是指在谈判中,针对对方所言的论点和证据,毫不妥协,一一驳斥,据理力争,从而动摇对方的意志和要求的一种做法。该策略塑造了谈判者"强硬"的形象,它不考虑对方的论点是否正确,而只考虑己方是否应该退让。即使对方的论点正确,但己方不该让步时坚决予以否定。针锋相对关键是要准与狠,"准"就是要针对对方的言论及其漏洞;"狠"就是驳斥要有气势和力度,要有震慑力。

10) 软硬兼施

软硬兼施是商务谈判中最常用的策略之一,相当于"红白脸"策略。它将温和与强硬、要求与让步、给予与抗拒相结合,反映了商务谈判合作与竞争的本质特征。温和,使对方看到己方的诚意,增强信任和友谊;强硬,使对方看到己方的决心和意志,不作非分要求。凭软的方法,春风化雨,以柔克刚;凭硬的方法,强力冲击,以刚取胜。

［案例］

孔镛独赴贼营收服强盗

明朝孔镛时任田州太守。上任不久,附近的强盗突然聚众侵犯田州城。众人都建议闭守城门,孔镛却说:"闭门而守支持不了几天,当今之计,只有向他们宣扬朝廷的恩威,或许还可以让他们退兵。"孔镛不听众人劝说,备马出城。

围攻的强盗见一个当官的骑马出城,只带两个随从,非常惊讶,有人上前拦住盘问,孔镛答道:"我是新来的太守,你们快领我到寨子里去,我有话对你们的头领说。"强盗们不知他的用意,只好把他带到头领面前。众强盗拔刀亮剑,怒视孔镛。孔镛沉着镇定,缓缓下马,站在他们中间,说:"我是你们的父母官,快拿出椅子来给我坐下,你们来参见。"强盗们取过一个坐榻放在当中,孔镛不慌不忙地坐下,招呼众人上前。贼首问孔镛是谁。孔镛说:"我是孔太守。""莫不是孔圣人的子孙吗?""正是。"强盗们一听都赶忙下拜。孔镛这时便说:"我知道你们本都是良民百姓,因饥寒交迫,聚集在一起企图逃避死亡。"强盗们点头称是。"但前任官员不体谅你们,要将你们赶尽杀绝。"强盗们纷纷骂起来,历数前任官员的劣迹。

孔镛微微一笑,接着说:"我这次奉朝廷之命,来做你们的父母官,是要把你们当亲人看待,并不忍心加害。如果你们能听我的话,我就赦免你们的罪过,你们送我回府,我拿出粮食布匹周济你们,从今以后就不许再干杀人越货的勾当了。若不听我的劝告,现在就可以把我杀了,日后便有朝廷官军前来问罪,你们要因此承担罪责。"

强盗们惊呆了,他们的头领说:"假如您能抚恤我们,只要您在这做太守,我们一定不再侵犯骚扰。""我一言既出,决不反悔。何必多疑呢?"孔镛拍着胸脯说。

众人再次拜谢,连忙杀牛宰羊,做了一顿丰盛的晚餐招待他。孔镛饱餐一顿后,在寨中过了一夜,第二天便带领大家进城取了布匹、粮食。从此田州一片太平。

9.3.2 信息战术

1) 稻草人

稻草人是指在谈判中根据需要人为地制造一些合乎逻辑的假象代替真实的存在,并以此为由说服对手退步的一种方法。该战术与"三十六计"中的"无中生有"类似,其本质是"虚""诈",即通过手法巧妙地将"虚无"变为"实有",还要不显山露水,让对手信以为真,从而达到预期效果。例如,在谈判中设计一个或几个虚无的"竞争者"来给对方施加压力,又如在谈判中明明自己可以作决定,却声称要请示上级等等。"稻草人"因是虚,因此在运用时一是要做到不露虚,要言行一致,前后一致;二是要把握好"虚"因,让对方难以或不会调查核实,而不能公然欺骗,一戳就穿。

2)空城计

空城计是指谈判中以自信的态势将"无"充"有"或将"不完全的有"充"完全的有",形成己方强大的气势,迫使对手调整谈判态度与条件的做法。该战术与商场上的"漫天要价"相似,"空"就是"苛刻""严格",要求越高越严,就越"空";同时,要懂得表演和渲染,让对方信以为真。"三国演义"中孔明为示空城并不空,抱琴上城楼弹奏一番,其气势让千军万马却步。例如,己方资金其实很充裕,却声称资金困难,己方本来实力一般,却通过造势使对方感觉实力强大等。空城计的"空"不能过头,不超过合理的极限,否则,就会使对方怀疑或跑掉;同时,"空"亦有一定灵活性,不能把自己架上"空城"上下不来,对方破"空"时,还要善于填"空"——解围、下台。

3)回马枪

回马枪是指在谈判中佯装对对手的论述、条件等关注并感兴趣,但就是不表态,待对手毫不戒备地把信息或底牌泄露后,再利用其攻击对手,从而获得有利结果的一种谈判方法。"回马枪"是古代马上作战武艺之一,其形式在"佯败",其本质在进攻。在谈判中,有的对手常会自我陶醉,丧失警惕,最易中"回马枪"。回马枪,首先要佯败,装作几乎被对方说服的样子,引导对方的兴趣,如"我十分欣赏对方的说法""换了我,也会提出像贵方一样的要求""听贵方这么一说,我开窍多了",等等;其次要反击,反击是用对方说过的话作自己的结论,即用其"布料",做自己的"衣",如"诚如贵方前面提到的一样,你方在这个问题上应持某某条件才对,除非你原先说的话不是事实。"

4)反间计

反间计是指在谈判中,故意挑拨多个对手之间或对手的内部人员之间的矛盾、猜忌和不和,或收买或利用对方人员为己方所用,从而创造机会实现己方谈判目标的做法。反间计的实施,一是要选准对象,拉拢那些易被拉拢的对方人员;二是要实施离间,如强化对方的内部矛盾,利用其传递某些信息诱导对方,故意让对方得到错误信息引其上钩等。

5)投石问路

投石问路是指通过初步表达己方的意图或提问的方式来试探对方的意图和需求,然后采取相应行动的一种做法。投石问路的好处在于既达到了试探对方的目的,又保持了相当的灵活性。

有这样一个眼镜师向顾客索要高价的故事。顾客向眼镜师问价:"要多少钱?"眼镜师回答:"10美元。"如果顾客没有异议,他便加上一句"一副镜架",实际上就成了"10美元一副镜架"。然后他又开口"镜片5美元"。如果顾客仍没有异议,狡猾的眼镜师就会再加上一句"一片"。

这里,眼镜师采用了投石问路的方法,通过观察、判断顾客的反应,达到了自己的目的。

6)化整为零

化整为零是指在谈判中,将预计一次不能谈成而又志在必得的条件,分成几部分,分别作为不同的谈判内容,以求得各个突破,最终实现整体谈判目标的做法。该战术运用了人们的谈判心理,当事物作为一个整体时,给人感觉总量较大,进与退的难度较大,而将其分解后,每个部分的难度就相对较小。例如,交钥匙工程、成套设备交易,往往可以将其分成设备、技术、服务几个部分来谈判,而设备、技术、服务又可以再细分,通过取得局部的进展,就可降低谈判的难度,加快谈判进程。

7) 请君入瓮

请君入瓮是指在谈判中,给对手的谈判条件划定一个范围,以防其"狮子大开口",或进一步压低对手最后成交条件的做法。"瓮"就是范围,它可以是价格或利益,也可以是限制条件。例如,谈判中的"最大预算""最大权限""最低价格""最后期限"等都可以是"瓮",它往往具有较大的说服力和约束力,因此在谈判中十分奏效。此法运用的关键在于使对方信瓮和入瓮。

[案例]

吓唬燕人成功逃脱

春秋时,张丑到燕国去充当人质,燕王想杀掉他。他连忙出逃,逃到国境线时,被守境的官吏捉住了。张丑心生一计,说:"燕王之所以要追杀我,是因为有人说我藏有宝珠,燕王想夺到它。如今我在逃亡,并没有宝珠,燕王却不肯相信。如果你把我抓回去,我就说是你抢了我的宝珠,并且吞到肚子里去了。燕王准会杀了你,剖膛开腹,取出宝珠。"守边的官吏听了非常害怕,赶快将张丑释放了。

8) 欲擒故纵

欲擒故纵是指对于志在必得的交易或条件,故意通过各种措施让对手感到自己满不在乎,从而压制对手在谈判中要价的企图,使己方以预想条件成交的做法。该策略是商务谈判的基本策略,运用甚广。它有"惑敌""麻痹"对手的意味,主要是掩盖己方的真实意图,谨防被对手利用为压己成交的条件。首先要"纵",如态度上不冷不热,进度上不急不躁;其次要"擒",即在"冷"对手的同时,还要挑动其谈判的兴趣或欲望,例如,"贵方在这方面有优势,若真想赢得交易,我方可以配合。"该策略关键是要掌握好"纵"与"擒"的分寸,"纵"过了头,对方就"再见";"擒"早了,又要付"大价钱"。

9) 声东击西

声东击西是指在谈判中通过转移对方对己方真实意图的注意力,使对手产生错觉,从而实现预定谈判目标的做法。该策略"声东"部分是虚张声势的进攻,"击西"才是真实的目的,而"声东"占了谈判的大部分,只有在尾声才转入"击西"。其基本做法:一是要选择两个客观议题,即"东"与"西",例如设备("西")与技术("东");二是制造"东"的声势,如本来设备("西")是要压价的对象,但重点谈技术费用("东")的难度(技术费用己方本来有退让余地);三是交换条件,将"东"换"西",以技术费用的让步来换取对方在设备价格上的让步。

[案例]

会谈判助物流公司化险为夷

某物流公司李先生遇到一件十分棘手的事情。公司新仓库的竣工日期意外延期了,从而导致客户新生产的产品无处存放,将面临巨大损失。当时物流公司心急如焚,根本没有任何退路。因为它们需要的是一个非常特殊的仓库:要有非常高的天花板;离物流公司不能太远,运输时间最好控制在10～15分钟;能立即搬过去。李先生心里非常清楚,因为情况紧急,只要能同时满足以上3个条件,无论对方提出多高的条件,公司都可能答应。

杨先生联系了一家地产中介,先跟他们说了以上3个要求,然后说愿意按现行的租金价格来支付租金,当时预估每平方米大约20元。但对方回复说,在物流公司附近很难找到这个价格的仓库。杨先生电话中这样回答对方:"我们还在找其他中介帮忙看看有没有合适的仓库,当然我们更愿意在这附近找。但如果价格和条件太离谱的话,我们也会考虑去其他地方。"事实上物流公司并没有去找其他的中介公司,只不过是虚张声势而已。

几天后地产中介约杨先生一起去看一个仓库。杨先生非常满意这个仓库,因此就价格和条件开始了谈判。地产中介提出了两个条件:价格每平方米40元;签约时间5年。"怎么这么贵!我们已经了解过了,这周边的仓库价格最多也就每平方米15元。"他非常生气地喊道。虽然他们在意的不是价格而是签约时间,表面上却非常认真地把谈判的所有力量都全部集中在价格上,让对方觉得谈判的问题就是出在价格上面。双方的争议全部都集中在价格上。最终,地产中介提出,每平方米25元的价格是底线,这个价格不能再让了,此时杨先生顺水推舟地说:"那好吧,如果我们接受这个价格,那么我们先签一年的合同,可以吗?"最终,双方达成了协议。

10)减兵增灶

减兵增灶是指在谈判中,卖方为了提高卖价有理可讲,故意多列费用名目;或买方为了压低买价有理可讲,精心编制各种缘由的做法。减兵增灶,原意是兵法上为了迷惑敌人,佯装虚弱,一边减兵,一边增灶。商务谈判中是指,灶多——理由多,兵少——付出少,该策略亦类似"浑水摸鱼",即把各种理由搅起来,让对手不辨真伪而从中获利。该策略的关键是"灶"要让对方可信或有据可查,忌灶无据、灶太白(一点就破)。

9.3.3 时间战术

1)疲劳战

疲劳战是指通过有意安排的超负荷、超长时间的谈判,或故意冗长乏味的陈述,使对手从肉体上和精神上感到疲劳厌倦,从而使其造成漏洞、动摇立场的做法。该法与兵法上的"以逸待劳"有相通之处。该策略运用的关键在于营造"疲劳"要自然合理,避免被对方识破,忌把自己也搞"疲劳"。

2)缓兵计

缓兵计是指在谈判中为了争取时间和机会,对于对方的说辞和条件既不说"行",也不说"否",使对手进退两难处于等待状态的做法。该策略是时间策略中的一种拖延策略,首先要找准"兵",即己方欲延缓的事项;其次要选择缓法,即延缓的理由要能成立,如"我方需要对这一问题作进一步的研究,目前讨论A问题的时机还不成熟,不如让我们先来解决B问题"。

3)磨时间

磨时间是指在谈判中以善意的、重复的、慢节奏的表述方式损耗谈判时间,造成谈判的低时效,迫使那些与时间关系重大的对手尽早作出让步的做法。该策略既是"时限"的游戏,又是"耐性"的考验。其基本做法是：重复——反复讨论某个问题耗时间；沉默——让对手多说；节奏——放慢谈判的节奏，如果再能配合上态度温和，谦恭有礼，则磨时间的效果更好。

4）兵贵神速

兵贵神速是指在谈判中以快速行动赢得时间和机会，或促使对方尽快作出决定的做法。兵贵神速与缓兵计、磨时间相反，因时间越拖延对己方越不利，因此要抢时间。例如，为了增强谈判实力比对手先行准备一步，"过期不候"或"过时不再优惠"使对方尽快表态。又如在谈判中先提出某个要求或事实进行先入为主预防，使对手不能再作此要求。

时间战术中还有一些战术与"时间策略"中的策略相同，在此不再叙述。

9.3.4 权力战术

1）挡箭牌

挡箭牌是指通过寻找各种借口、遁词，达到阻止对方进攻、坚守己方条件的目的的做法。该战术的"借口""遁词"有虚设的成分，主要表现为"推"与"磨"。如权力有限、时间太紧、情况有变等。此外，在使用中要注意，一忌实挡，即"牌"宜虚不宜实，如不能以己方的真人真事来做"牌"，否则易露馅；二忌生硬，"牌"与"箭"要相对应。

2）选择权

选择权是指一种故意摆出让对手任意挑选可以接受的两个或两个以上的解决方案中的一个，而自己绝不反悔，以使对手感到己方真诚和大度，从而放弃其原来的条件，反过来考虑己方方案的做法。该策略旨在争取总体成功，以退为进，以让步求和，因为两种或两种以上的选择方案有给对方"一让到底"的感觉，具有退中求进的威力。例如，双方在设备价格与技术费用上均有分歧，可以有3种方案让对方选择：降低设备价格而不降技术费用；降低技术费用不降设备价格；设备价格和技术费用均有所下降。要求对方选择时，只能选择，不能再还价。同意选择，即同意成交。使用选择权策略，一是要量有度，即让步的分量还要留有一定余地，同时每种方案的量应相差不大；二是要时机适宜，选择权往往应放在谈判的最后阶段，不能让对手感到出手轻易。

3）打虚头

打虚头是指在谈判中，为了突破对方的防线、动摇其立场，首先分析并找准对方最虚的条件，亦即最不合理的部分开展攻击的做法。该策略强调的是"击虚"，求的是必胜之果，往往在谈判初期使用得较多。使用时，首先要找准最虚处；其次要击虚有力。

4）挤牙膏

挤牙膏是指在谈判中，针对某个谈判条件，通过向对方不断施加压力，促使其一点一点地逐步改善其交易条件的做法。该战术的实质是"挤"，俗话说"价不压不实""水不挤不干"。首先，要找准"挤"的对象，即有"水分"的地方；其次，要准备好"挤"的理由，不仅要找到理由，还要把理由条理化、秩序化，因为要"一点一点"地挤，因此就要有一连串相互联系的理由；再次，要考虑"挤"的时间和次数，"水分"越大或对手愈强，"挤"的时间越长，"挤"的次数也就越多。

5）扮菩萨

扮菩萨是指在谈判中，不论对方如何说理，均态度友善、立场坚定地予以否决，使对方不知所措，重新思考谈判方案，以维护己方利益的做法。运用该策略首先要取得"菩萨"的地位，即在谈判中先取信于对方；其次，要善于"扮"，即面露笑容、目光慈祥、举止端庄等，其形可敬或可畏,其位不进也不退,让人感到若即若离,深不可测。该策略忌无位,即胡搅蛮缠、言语啰嗦;忌无形,即形象猥琐,举止失当。

6）步步为营

步步为营是指在谈判中,对于交易的条件或条款的每一次进退均采取顽强推进或坚定防守的做法。该策略既是进攻之策,也是防守之策。进则顽强挪动,不求大进,但求有进;退则坚强抵抗,难以攻破,是量(小量)与力(大力)的统一。"步步"强调的是一点一滴的进退(不放小),"为营"强调的是支持的理由要坚固,所谓"铁打的营盘"。

7）最后通牒

最后通牒是指在谈判进行到一定阶段(通常为后期),通过提出一个新的让步条件作为合同成败的最后妥协条件,以逼迫对方对此作出答复的做法。该策略硬在"不可谈判",行则成交,否则再见,给对方以极大的压力。最后通牒无论实或虚,均要取信于对方,一定要让对方相信"有这么回事",否则易致被动;同时,也可留一定时间让对方考虑"通牒"。

8）模棱两可

模棱两可是指谈判者在处理谈判中的一些棘手或不便表态的问题时,含含糊糊,没有明确的主张和态度,从而为自己留有进退余地的做法。模棱两可,不仅可以让对方猜不透己方的意图,而且可以谦虚地表达意见,使对方服从自己,还可以减少自己失言和出错的机会。该策略关键是要学会使用"模棱两可"的语言,如"可能""大概""也许"等,同时配合"似懂非懂"的肢体语言,如皱眉、叹息等。

9）折中调和

折中调和是指在谈判的后期,针对双方的利益差距,采取平分均摊或以一换一,以解决双方最后分歧的做法。因平分或互换,故有公平感,往往易被双方接受。折中调和是解决双方最后分歧最有效的方法之一。例如,对双方的价格差距取其中间值。当然,折中应该对己方比较有利,若对己方不利则不能折中。

10）放线钓鱼

放线钓鱼是指在谈判中,故意让对方先得到某个有利于他的条件,以激起对方与己方谈判到底的欲望的做法。该策略是"以小求大""先予后取"或"抛砖引玉",属远谋。做法上,首先要选准"诱饵",让对方感兴趣,对胃口;其次要懂得放线,不能让对方过于轻易地得到,不以为然。

[案例]

商标被抢注的惊险索赔谈判

JBS是一家销售家居日用品的电商公司。2019年6月,JBS突然接到投诉消息,说他们在天猫销售的所有拖把商品链接全部被投诉,原因涉及搜索关键词以及商标侵权责任问题。平台要求JBS在3个工作日内提供相关的有效证据,否则会全部下架,并进行扣分处理。JBS在天猫清洁工具类中的销售额常年位居第一,被投诉的所有链接年销售总额约4.2亿元,如果被全部下架,那就意味着产品销量归零,同时天猫会暂停公司的全部官网活动。

公司的采购总监李总针对此次危机进行了三个步骤的规划:第一,发动资源深度了解对方,确定投诉目的地;第二,核算被投诉所产生的经济损失,以及公司所能承受的最大限度;

第三，立即通知公司法务团队，准备反诉资料。李总很快就找到了投诉方，而且把投诉方锁定在浙江某个小城市。为了尽快解决问题，李总连夜赶到那里。同时，通过朋友 A 先生的相关渠道摸清了对方的底细，投诉方在外面有欠债，大概 40 万元，压力很大，想通过这次投诉索赔来还债。了解这一情况后，李总迅速通过 A 先生找到了投诉人的朋友，让这两位中间人帮忙进行谈判。A 先生很快得到了对方的回复：如果要他撤诉，需要赔偿其 300 万元。

对方开价 300 万元，李总直接还价 10 万元。对方被镇住了，不想跟李总直接谈判，而是派了律师直接跟 A 先生把他们的要求重申了一遍。李总没有办法，只好再找其他朋友帮忙，居然还真找到了一个很关键的人物，投诉方的发小 G 先生。李总通过 G 先生与投诉方约定第二天早上 9 点见面。如果问题再不解决，平台规定的 3 天时间就要到了，李总这时候不禁有点心急如焚。毕竟除了前面所说的直接损失之外，如果他们要想重新打造这个链接，预计将花费几千万元的费用，而且未必能够成功。因此，实际上不管投诉方提出什么条件，他们恐怕都得答应。

谈判的地点选在了 G 先生的家中。李总带着自己的朋友 A 先生，早早就赶到了那里。等了大半天，投诉方才带着他的律师姗姗来迟。坐下来之后投诉方一声不吭，有什么要说的也不对李总说，所有的要求和谈判的内容都由他的律师谈。此时，李总一方两人，与对方两人开始了漫长的谈判。说实话，李总见对方的律师比较专业，心里还是有点发怵的，生怕被他看出了什么破绽，因此说话也比较谨慎。李总提出的价码 10 万元，当然也被对方一口否决了。不过，因为他前期跟本地朋友做了很多沟通，心里还是有点底的，对这个价码还比较有信心。其实，李总心里早已留出了 5 万元的余地，以便在最后迫不得已时再加上去，促使对方同意撤诉。

时间一分一秒地过去，一转眼已经到了下午。李总一直询问对方到底要多少钱才能够撤诉，对方没有明确答复。随着时间的推移，对方一直没有第二次开价，李总有点坐不住了，再拖下去怕时间来不及而出什么意外，影响大局。于是一发狠，索性就把价码加到了 20 万元，希望对方能够立即接受。哪知对方一看李总松口了，觉得还有戏，就要求 40 万元才肯撤诉。不过很明显，谈判到了这个地步就比较好办了。因为对方总算第二次开价了，李总心里也算松了一口气，但他还不能马上就答应对方，还要再谈一谈，于是双方进行了反复拉锯。李总中途还出去装作打电话向老板请示。最后，双方折中，把金额定在了 30 万元。一场惊险谈判总算圆满结束。

——来源：宫迅伟《全情景采购谈判技巧》

9.4　跨文化商务谈判

9.4.1　商务谈判中的文化差异

[案例]

怎么让不同国家的人跳船？

几个商人在一条船上开国际贸易洽谈会，突然船开始下沉。

"快去叫那些人穿上救生衣，跳下船去。"船长命令大副。

几分钟后，大副回来。"那些家伙不肯跳。"他报告说。

于是，船长只得亲自出马。不一会儿，他回来告诉大副："他们都跳下去了。"

"那么您用了什么方法呢?"大副忍不住问道。

"我告诉英国人跳水是有益于健康的运动，他就跳了。我告诉法国人那样做很时髦，告诉德国人那是命令，告诉意大利人那样做是被禁止的……"

"你是怎么说服那帮美国人的呢?"

"这也很容易，"船长说，"我就说已经帮他们上了保险了。"

1) 文化差异的主要来源

（1）地域差异　不同地理区域由于地理环境、经济发展水平和传统习惯等的差异，人们往往也有着不同的语言、生活方式和爱好。这会影响到他们的行为。

（2）民族差异　就拿我国为例，我国是世界上多民族国家之一，不同的民族群体在长期的发展过程中，形成了各自的语言、风俗和爱好、习惯。他们在饮食、服饰、居住、节日、礼仪等物质和文化生活方面各有特点。

（3）政治差异　各国的政治制度及政策法规不尽相同，对人们的行为的规范也有所不同。

（4）经济差异　经济因素造成的文化差异也是非常明显的，例如，西方发达国家的人们生活富裕，受教育水平高，人们更注重生活质量，安全意识也普遍较强。而经济落后的第三世界国家，人们更加关心温饱问题。

（5）宗教差异　世界上有3大宗教：基督教、佛教和伊斯兰教。基督教（新教）主要流行在北欧、北美和澳洲；基督教（天主教）主要流行在西欧和南美国家；中东及北非大体上属于伊斯兰教范围；亚洲很多地区的人民则信奉佛教。不同的宗教有着不同的文化倾向和戒律，从而影响到人们认识事物的方式、行为准则和价值观念。

（6）观念差异　价值观念是指人们对客观事物的评价标准。它包括时间观念、财富观念、对待生活的态度、对风险的态度等。由于教育、后天环境等，即使是同一地区的人，也会形成观念差异，对同样的事物和问题，会得出不一样甚至截然相反的结论。

2) 东西方文化的主要差异

（1）关系导向与任务导向　在行为模式上，东方人一般是关系导向型，而西方人一般是任务导向型。中国、日本等东方国家的谈判者非常重视人际关系，在谈判前期阶段，不会急于进入正式谈判问题，而是耐心地认识和熟悉对方，并期待建立像朋友一样的关系。而西方商人则分清生意与朋友，强调任务和效率，信奉"生意归生意，朋友归朋友"，谈判过程中不会过多受关系因素影响。

以中国为例，西方商人常常不习惯于中国对手的再三宴请，其实这就是中国商人在谈判桌下发展双方感情的常用方式。宴请总离不开喝酒，"干杯"和谈判之间往往大有奥秘关系。"干杯"在西方不过是一个热情却空洞的口语；在中国，"干杯"的背后则有丰富的文化和寓意。一杯酒可以化干戈为玉帛，使陌生变得"熟悉"。一杯酒既可以预祝谈判成功，也可以作为完美的终结。

（2）面子与利益　在西方的亚洲谈判技巧里，对中、日、韩三国以及东南亚国家的谈判有3个要点：避免公开对峙；发展个人关系；重视礼仪在亚洲文化中的重要位置。西方人丢

"面子"也许是令人尴尬的,东方人丢"面子"则可能是灾难性的。

在谈判桌上,如果要在"体面"和"利益"这两者中作出选择,一般情况下中国人往往更多选择"体面";而西方人则不一样,他们看重利益,在"体面"和"利益"两者中常常会毫不犹豫地选择"利益"。

(3)原则与细节　按照中国文化特点,在谈判时,一般比较关心原则问题,而对细节往往关注不多,喜欢"先谈原则,后谈细节"。中国人喜欢在处理麻烦的细节问题之前先就双方关系的一般原则取得一致意见,把具体问题安排到以后的谈判中去解决。西方人对中国人的这种谈判方式常常不能适应,西方人通常认为细节是问题的本质,因而他们既关心原则,但更注重细节。西方人习惯一个问题一个问题地谈,中国人则把敏感议题和让步留在最后。

(4)含蓄与直率　西方人生活节奏快,视时间为金钱,对谈判的要求也是速战速决。如美国人崇尚奋斗和独立行动,性格外露,充满自信,热情奔放。所以,他们对表面的、仪式性的东西看得极淡,而对实质性的问题却非常敏感,对直率的谈判对手怀有好感。

东方人则表现得比较含蓄收敛,即使拥有有利条件,也不会盛气凌人、锋芒毕露。日本人即使是拒绝别人,也不会直接说"不",而是以迂回的方式陈述自己的观点,或是支吾其词,面露难色。

(5)实用与规范　西方人逻辑线性思维,给人总是"有板有眼"的印象。他们有备而来,计划缜密。例如,在商务活动中,英国人总是准时到场,做事规规矩矩,认真严肃,崇尚绅士风度。而中国人跳跃式非线性的思维,更注重实在利益,不太计较形式规范。

(6)集体与个体　东方的文化属于"集体型",西方的文化属于"个人型"。因此,东方的谈判者往往需要考虑内部的集体和谐,甚至地方政府的行政干预;西方的谈判者则往往有个人的授权,重视个人的机动性。如果在谈判中遇到意外的进展,东方人的灵活性将受到考验。因此,西方谈判者往往需要找到谈判的最终决策者。

9.4.2　跨文化谈判的基本策略

1)了解并尊重当地的文化习俗

民族、地理、宗教、政治等原因,形成了不同国家和地区不同的文化习俗,其是在长期的历史生活实践中形成的,很难短时间内改变,人们只能遵循它、习惯它;文化习俗也很难用统一的标准去评价孰优孰劣、孰好孰坏,在当地我们只能去尊重它、适应它,违背当地的习俗与禁忌,是不能被容忍的,也是严重的失礼行为。到一个国家或地区进行商务谈判,我们首先要了解和熟悉当地的文化习俗尤其是行为禁忌,我们可以不知道对方喜欢什么,但一定要知道对方不喜欢什么,如此才能不犯低级错误,一旦失礼往往会付出较大乃至失败的代价;其次,一定要学会入乡随俗,即使我们不喜欢乃至反感当地的习俗,也要督促自己接受它、试行它,尽快融入当地文化,与当地人打成一片,使对方对我们产生好感和信任,为谈判创造良好的氛围与基础。

[案例]

周总理巧妙处理"13"

1972年尼克松访华时,住在上海锦江饭店,饭店服务人员不懂西方文化的习俗,将尼克松安排在第15层,基辛格安排在第14层,接下来国务卿罗杰斯等人就安排在第13层。本来罗杰斯等人心中就有气,主要是针对基辛格产生的意见。基辛格深得尼克松赏识、重用、中美联合公报的起草过程中,美方的意见都是基辛格一手包办的,而罗杰斯被撤在一边。按美国的规定,外交事务本来理应由国务卿主管的。恰好罗杰斯又被安排在第13层,更是气上加气。他们对即将发表的中美联合公报提出了一大堆意见,要求修改,不修改他们就不同意。尼克松差点气昏过去。他们虽然知道这是罗杰斯存心捣乱,但也毫无办法,后来还是周恩来出面做工作,才解决了这个问题。

1972年2月27日,周恩来特地去看望罗杰斯及其助手们。他走进大厅,上了电梯。电梯迅疾上升。头顶的电梯标志牌上,"13"处亮着红灯。周总理望着标志灯,恍然大悟似的说:"怎么能安排他们住第13层? 13呀! 西方人最忌讳13……"见面后,周总理对罗杰斯说:"有个很抱歉的事,我们疏忽了,没有想到西方风俗对13的避讳。"周总理转而又风趣地说:"我们中国有个寓言,一个人怕鬼的时候,越想越可怕;等他心里不怕鬼了,到处上门找鬼,鬼也就不见了……西方的'13'就像中国的'鬼'。"说得众人哈哈大笑。"13"的忌讳问题于是得到了圆满解决。

2) 克服人际沟通的差异障碍

在不同国家和地区交往,由于语言、环境、习惯、个性等的差异,特别容易产生沟通障碍甚至误解,对谈判造成不利影响。一是语言语义的障碍,对一般谈判人员来说,即使你熟练使用当地语言,也不可能做到真正精通,如果语言障碍较大,比较好的方法是聘请当地人做翻译;二是肢体语言的障碍,相同的动作在不同国度意义可能完全不同甚至截然相反,在你看来友好的动作在对方看来可能是冒犯,对此一方面要尽量多了解对方的肢体语言含义,此外最好的办法是模仿对方的动作习惯,这是商务谈判的重要技巧,你会发现你很快就能与他们融洽相处;三是个性特点的障碍,不同国家和地区的人们往往表现出不同的民族性格和气质特点,价值观也有较大区别,例如东方人相对含蓄、内敛、重集体,西方人相对直率、开放、重个体。两种性格特点和行为偏好不同的人相处,理想的办法是对事而不对人,对人友好对事原则,重利益而非立场。

[案例]

日本人的点头动作意味着什么

一位德国工程师曾到日本磋商技术合作问题,在日本期间,他受到热情的接待。当他提出自己的意见时,日本对手微笑着频频点头。他回去后满怀希望地期待了3周之后,却得到了完全出乎意料的回音:他所提的意见,半数以上遭到否决。原来他并不知道,日本人的微笑点头,只是表明对客人有礼貌,并非表示同意客人的意见。

3) 遵循国际惯例和公平标准

在不同国家和地区谈判,法律政策、行业规则、商业惯例等的不同,使得人们评价是非优劣的标准和规范不同,公说公有理,婆说婆有理,从而给谈判造成困扰,对此有效解决的办法是遵循国际惯例和公平标准。首先,要找到和熟悉相关业务领域的国际司法标准和国际通用规则,如适用哪种法律的规则,运输、交付、验收、信用、保险的规则等;其次,如果没有现存的国际惯例,那么最好的办法是首先确立公平的标准,然后按公平的标准而不是各自的标准谈判,一旦双方确立了公平的标准,那么谈判自然顺当得多。同时,在谈判中要尽量坦诚沟通,善于发现对方的真实需求和核心利益,谋求一致,努力构建互利双赢、价值更大型谈判。

[案例]

灵活变通化解法律分歧

20世纪80年代中期,美国一家大型企业来华投资,兴办合资企业。在完成技术、商务谈判的许多细节磋商后,中美双方在起草合资企业合同时,发生了严重的意见分歧。美方坚持要求在合同中写明,该合同的适用法为美国某州州法,中方代表则认为这是无视我国涉外经济法规的无理要求,坚决不予考虑,为此双方陷入僵持状态。

美方负责此项谈判的福特先生花费了大量时间、精力和费用,眼见谈判将要前功尽弃,不禁黯然神伤。这时,中方代表向一位通晓中外双方经济法的专家咨询。这位专家约请福特先生晤谈,从中了解到美方的要求是出于对当时中国在知识产权保护方面法律体系不完备的担忧。

对此,中方代表予以理解,并意识到我们的法律确有待完善。中方代表向美方代表提出了一个建设性方案,即在合同中明确表达:该合同适用法为中国法律,在中国现有法律一些个别不完备之处,补充几个专门的保护条款,这些补充条款适用法为美国纽约州州法(因为当时中方代表对美国另一州的法律知之甚少,故建议改成适用纽约州州法)。这一方案提出后,美方代表对我方的诚意十分欣赏,并很快同意了这个方案,僵局随之化解。

4) 熟悉并适应不同的谈判风格

受文化习俗和社会制度等的影响,不同国家和地区的人们在长期的商务实践中形成了自己所特有的谈判风格和行为模式,制约和影响着商务谈判的开展与洽谈方式,如果我们不了解、不适应,无疑会增加谈判的难度。例如日本人的典型谈判风格是:讲究礼节、要面子,组织观念强、决策慎重,重视个人关系和信誉,耐心坚忍、不易退让,不喜欢依法解决纠纷等;阿拉伯人的典型谈判风格是:宗教意识浓,等级观念强,重信义、讲交情,谈判节奏慢,喜欢讨价还价,代理商作用大等;而美国人的典型谈判风格是:个人主义、公私分明,直率自信、不喜欢拐弯抹角,珍惜时间、讲究效率,法制观念强,喜欢轻松幽默的语言等。针对不同的谈判风格,我们首先要学会适应并泰然处之,注重礼仪礼节;其次,要善于发现其谈判风格中为己所用的地方,回避于己不利的地方,在合作中斗争,在竞争中求同,有理有节,有度有利。

[案例]

东西方人如何对待啤酒杯中的苍蝇?

曾有这样的故事流传:在餐厅盛满啤酒的杯中发现了苍蝇,英国人会以绅士风度吩咐侍者换一杯啤酒来;法国人会将杯中啤酒倾倒一空;西班牙人不去喝它,只留下钞票,不声不响地离开餐厅;日本人会令侍者把餐厅经理找来,训斥一番;沙特阿拉伯人会把侍者叫来,把啤酒杯递给他,并让他喝;美国人则会对侍者说:"以后请将啤酒和苍蝇分别放置,由喜欢苍蝇的客人自行将苍蝇放进啤酒,你觉得怎样?"

5）塑造和建立谈判优势

无论处在何种文化环境和情势,谈判永远最佳的方法是塑造你的谈判优势,增强谈判的实力和主动权,将命运掌握在自己手里。国与国之间靠的是国力说话,企业与企业之间最终比拼的是核心竞争力。尤其是在当今国际环境充满斗争的情况下,我们要学会依实力说话,靠本事干活,虽然不可仗势欺人、倚强凌弱,但也不能任人摆布、受制于人。一方面要充分学习和运用现代商务谈判的战略战术、策略技巧,懂得如何增强己方的谈判实力,削弱对方的谈判实力;另一方面要善于灵活变通,审时度势,因时、因地、因人制宜,开阔思维,创新路径,谋求共同利益的最大化。

6）维护国格和人格形象

由于旧中国的长期积贫积弱以及新中国的特色社会制度,一些外国人尤其是西方人总是带着"有色眼镜"看我们,轻者轻视怠慢,重者诋毁诽谤,加之部分国人过去在境外言行失当,也影响了部分外国人的看法。虽然改革开放四十多年来,我国综合国力早已步入全球第二,无论物质文明还是精神文明都比许多国家强,但是由于部分西方国家的舆论操控,中国形象、中国地位一时还没有得到根本性的改观。因此我们在对外谈判和交往中,一定要把国格放在首位,坚持"四个自信"(道路自信、理论自信、制度自信、文化自信),维护和提升国家形象,决不允许损害国格的行为,赚钱事小,失节事大。没有国家哪有企业?没有国格哪有人格?其次,要注意塑造和维护个人的人格形象,国格第一,人格第二,利益第三;提升个人素质和人格魅力,把自己当成中国的一张名片,讲好中国故事,传播中国文化,让中国品牌走向世界,让中国人受到世界广泛欢迎。

练习题

一、实训题

1. 假如你是某空调生产企业的销售经理,公司派你去美国与一家大型超市进行空调出口销售的谈判,以开拓海外市场。

你应做哪些准备工作?在谈判中应注意哪些问题?

_____

_____

_____

2. 假如你是某公司一次涉外销售谈判的负责人,一个澳大利亚的客户要过来就购买事宜进行谈判。为了使谈判顺利进行,你要做哪些工作?

_____

_____

_____

二、案例分析

【案例分析1】中国某公司欲进口急需的农业加工机械的关键设备,经考虑选定日本某株式会社为合作对象。谈判在上海举行。中方事前对国际行情进行了充分了解。

谈判开局,按惯例由卖方先报价。日方深谙报价要高的策略,首次报价为1 000万日元,该价格比目前市场价高出许多。日方之所以这样做,是因为他们此前确实卖过该价格。若中方不接受,也可圆其说,是进可攻、退可守的方法。中方知道日方是在试探,于是单刀直入,直接指出该价格不能作为谈判的基础。

日方十分震惊,于是转移话题,介绍起产品的特点和优良品质,以求用迂回的方式来坚持自己的报价,这样既可避免正面被点破,又可宣传产品,还指出了价格偏高的理由。中方一眼就看穿了日方的把戏,于是暗含回击地明知故问:"不知贵国生产此种产品的公司有几家?贵公司产品优于 A 国、B 国产品的依据是什么?"中方点到为止的话,让对方骑虎难下。但日方毕竟是商场老手,临阵不慌。其主谈借故离开,副主谈也装着在找资料。过了一会,日方主谈回来,问其助手,"这个报价是什么时候定的?"其助手心领神会,答道:"以前定的。"于是主谈笑着解释:"时间太久了,不知这个价格是否有变动,我们只好回去请示总经理了。"中方知道其意,主动提出休会,给其台阶。

1. 中日双方的谈判风格有何特点和差异?

_____

_____

2. 中日双方各采用了什么谈判策略或战术?

_____

_____

【案例分析2】某橡胶厂(甲方)曾进口一整套现代化胶鞋生产设备,但由于原料和技术设备跟不上,设备白白闲置了三年。后来,新任厂长决定把它转卖给外地一家橡胶厂(乙方)。谈判之前,甲方了解到两个重要情况:一是乙方经济实力雄厚,但基本都已投入到再生产中,如果要马上拿出 200 万元购买设备困难很大;二是乙方厂长年轻志大、自负好胜。对内情有所了解后,甲方厂长决定与乙方厂长直接谈判。

甲方厂长:"经过这两天的交流与了解,我详细了解了贵厂的生产情况,你们的经营管理水平确实使我肃然起敬。厂长年轻有为,有胆识,有魄力,令我由衷敬佩。可以断言,贵厂在您的领导下,不久的将来将成为中国橡胶行业的明星。"乙方厂长:"老兄过奖了,作为一厂之长,年轻无知,希望得到您的赐教。"

甲方厂长:"我向来不会奉承人,只会一尺十寸,实事求是。贵厂今天办得好,我就说好;明天办得不好,我就说不好。昨天,我的助理从厂里打来电话,说有个棘手的事等得我,催我一两天内返回。关于咱们洽谈的进口设备转让问题,通过在贵厂转了一两天后,我的想法又有所改变了。""有何高见?""谈不上什么高见,只是担心挺大、疑问挺多。第一,我怀疑贵厂是否真有经济实力能在一两天内拿出这么多资金;第二,怀疑贵厂是否有管理和操作这套设备的技术力量。所以,我并不像原先考虑的那样,确信将设备转让给贵厂,能使贵厂三年内青云直上。"

乙方厂长听到这话,认为受到对方的轻视,十分不满,于是不无炫耀地向对方介绍了自己的经济力量和技术力量,表示完全有能力购买和管理这套设备。这样,乙方为了急于炫耀和购买,迫于时间压力,就不好在价格上再计较了。为了显示乙方的大厂风度,乙方厂长答应了甲方 200 万元的报价,并当即签订了协议,双方握手共庆。

甲方成功地将"休养"了三年的设备转卖给了乙方。试分析:

1. 甲方厂长采用了哪些谈判战术?

_____

_____

2. 乙方厂长谈判的失误表现在哪里?

_____

_____

参考文献

［1］周忠兴. 商务谈判原理与技巧［M］. 南京：东南大学出版社,2012.

［2］谢尔. 沃顿商学院最实用的谈判课［M］. 林民旺,李翠英,译. 2 版. 北京：机械工业出版社,2013.

［3］汤普森. 商务谈判［M］. 赵欣,译. 5 版. 北京：中国人民大学出版社,2013.

［4］道森. 优势谈判［M］. 刘祥亚,译. 重庆：重庆出版社,2008.

［5］道森. 绝对成交［M］. 刘祥亚,译. 重庆：重庆出版社,2015.

［6］宫迅伟. 全情景采购谈判技巧［M］. 北京：机械工业出版社,2020.

［7］西奥迪尼,马丁,戈登斯坦. 说服力［M］. 冯银银,译. 天津：天津教育出版社,2011.

［8］易开刚. 现代商务谈判［M］. 3 版. 上海：上海财经大学出版社,2013.

［9］李品媛. 现代商务谈判［M］. 2 版. 大连：东北财经大学出版社,2013.

［10］权丽,陈文静. 商务谈判［M］. 北京：中国电力出版社,2015.

［11］段淑梅. 商务谈判［M］. 2 版. 北京：机械工业出版社,2016.